本書得到中央民族大學中國邊疆民族歷史研究院專項課題資助

民大記憶
名家手稿

韓鏡清北大聽課筆記

宋凡奇 整理

學苑出版社

圖書在版編目（CIP）數據

韓鏡清北大聽課筆記/中央民族大學民族博物館編；宋凡奇整理. —北京：學苑出版社，2022.3
ISBN 978－7－5077－6387－4

Ⅰ．①韓…　Ⅱ．①中…②宋…　Ⅲ．①史學－文集　Ⅳ．①K0－53

中國版本圖書館CIP數據核字（2022）第055309號

責任編輯：周　鼎
出版發行：學苑出版社
社　　址：北京市豐臺區南方莊2號院1號樓
郵政編碼：100079
網　　址：www.book001.com
電子信箱：xueyuanpress@163.com
銷售電話：010－67601101（銷售部）、010－67603091（總編室）
印　刷　廠：三河市靈山芝蘭印刷有限公司
開本尺寸：787×1092　1/16
印　　張：25.25
字　　數：332千字
版　　次：2022年4月第1版
印　　次：2022年4月第1次印刷
定　　價：350.00元

《民大記憶》系列叢書
學術委員會

主　　任：張京澤　郭廣生
副主任：麻國慶
委　　員：（按姓氏筆畫排序）
　　　　王麗萍　石亞洲　田　琳　李計勇
　　　　宋　敏　馬文喜　張　焰　張銘心
　　　　張艷麗　董真褘　鄒吉忠

《韓鏡清北大聽課筆記》
整理編輯工作小組

組　　長：張銘心　賈仲益
組　　員：（按年齡排序）
　　　　索文清　定宜莊　張龍翔
　　　　馬曉華　高　源　藍咏石

總　序

　　1950年4月，中共中央政治局做出了在北京設立中央民族學院的決定。6月30日，中華人民共和國政務院任命中央民委副主任烏蘭夫、劉格平分別兼任中央民族學院正副院長，由中央民委主持的中央民族學院建校籌備工作正式啓動。9月，政務院任命劉春出任中央民族學院副院長，主持日常工作。在北京市政府的支持下，確定將校址選在北京西郊的魏公村，著名建築學大師梁思成親自設計了風格古樸典雅的校舍建築群。11月24日，周恩來總理主持政務院第60次政務會議，通過了《培養少數民族幹部試行方案》和《籌辦中央民族學院試行方案》兩個重要文件。1951年4月12日，政務院第78次政務會議決定任命費孝通爲中央民族學院副院長。6月11日，中央民族學院舉行開學典禮，中央人民政府副主席朱德、政務院副總理董必武出席并講話。一所新型的、富有中國特色的現代大學在北京誕生了。

　　此時的中國，剛剛結束了長期的戰亂，硝烟尚未散盡，瘡痍觸目可及，河山亟待重整，人民嗷嗷待哺。在這百廢待興之際，新生的人民共和國爲什麼要急于創辦中央民族學院這樣一所大學？這所大學的使命何在？這份使命有怎樣的特殊重要性？要回答這些問題，就必須回顧中國歷史，瞭解中國基本國情，認識中華人民共和國這個新生政權的性質，理解執政的中國共產黨的歷史使命。

中國是一個歷史悠久的文明古國，她幅員遼闊，疆域廣袤，地理複雜，生態多樣，資源豐富，人口滋繁。生息在這片土地上的人民，自新石器時代以來，篳路藍縷，開闢家園，創造了形態各异、優勢互補、互惠共生的地域和族團文化，并在你來我往的交流互鑒、相互激蕩、此消彼長的複雜歷史進程中，逐漸匯聚成由政治、經濟、文化、社會等多重紐帶緊密維繫、"你中有我，我中有你""誰也離不開誰"的"多元一體"文明複合體和多民族大家庭。這種多元共生、和而不同、富有張力的特殊結構，既保障了揚長避短、物盡其用的資源開發格局和生產生活方式的成長，及爭妍鬥艷、充滿活力的多元文化的持續繁榮，又促進了互通有無、交流互惠的社會交往格局的深化發展。這是中華文明之所以光輝燦爛、綿延不絕、充滿活力的根本原因，也是中國疆域不斷擴大、民族大家庭聚而不散、大一統政治格局始終是人心所向、大勢所趨的深刻緣由。

1840年以來，以資本擴張和開闢原料生產及商品傾銷市場爲動力、用近代科技製造的堅船利炮武裝起來的西方列強，倚靠軍事優勢，衝開了中國防守薄弱的大門。躺在祖先辛苦經營、財富遍地的富饒温馨家園中沉睡不醒的東方巨人，倉皇失措，任人宰割，劇變之烈，千年未有；錦綉河山被瓜分豆剖，邊疆危機日深，百姓流離失所，奸雄爲虎作倀。不甘亡國奴命運的仁人志士，前仆後繼，赴湯蹈火，抛頭顱、灑熱血，不斷探索出拯人民于水火、挽狂瀾于既倒的民族獨立解放道路。十月革命一聲炮響，給中國送來了馬克思主義。用馬克思主義這一先進的思想理論武裝的無產階級政黨中國共產黨，從誕生之日起，就自覺肩負"爲人民謀幸福，爲民族謀復興"的歷史使命，經過28年艱苦卓絶的鬥爭，最終團結、帶領中國各族人民推翻了帝國主義、封建主義、官僚資本主義三座大山，取得了新民主主義革命的偉大勝利。這一曲折的爭取中華民族獨立解放的奮鬥史深刻昭示：馬克思主義是全世界被壓迫民族和勞苦大衆謀求翻身解放的科學理論，由馬克思主義理論武裝起來的中國共產黨的正確領導是中華民族實現獨立解放和偉大復興的必然選擇，中國各民族人民團結奮鬥、共禦外侮是中國革命取得勝利的磅礴力量源泉。歷史和國情還深刻昭示：中國是各民族共同締造的統一多民族國家，各民族相互依存、互惠共生、唇亡齒寒，民族關係關乎國家治亂興衰，促進各民族大團結是維護國家統一、實現中華民族偉大復興的重要保證。

正因爲中華民族大家庭的民族關係關乎國家治亂興衰，多元一體格局是中華文明源遠流長、中華民族不斷發展壯大的基礎條件，探索符合中國國情、有中國特色解決民族問題的道路，保證各族人民享有當家做主權利，確立和不斷鞏固發展平等、團結、互助、友愛、和諧的社會主義新型民族關係，自然成爲中華人民共和國維護領土完整和國家統一、鞏固新生的人民政權的緊迫任務，成爲擺在黨和政府議事日程中的重大議題。因此，黨中央第一代領導集體深入分析中國國情和歷史經驗教訓，遵循馬克思主義民族理論，及時總結新民主主義革命時期特別是延安時期創辦民族學院、培養民族幹部、發動各族人民支持和投身革命鬥爭的成功經驗，決定將創建中央民族學院作爲新中國成立初期的一項重要任務。

在《籌辦中央民族學院試行方案》這份重要文件中，明確規定了學校的使命：（1）爲國內少數民族實行區域自治及發展政治、經濟、文化建設培養高級和中級幹部；（2）研究中國少數民族問題及各少數民族的語言文字、歷史文化、社會經濟，發揚并介紹各民族的優良歷史文化；（3）組織和領導關於少數民族方面的編輯和翻譯工作。在《培養少數民族幹部試行方案》中規定：（1）爲了國家建設、民族區域自治與實現共同綱領等民族政策的需要，從中央到有關省縣，應根據新民主主義的教育方針，普遍而大量地培養少數民族幹部。初期以開辦政治學校與政治訓練班、培養普通政治幹部爲主，培養專業技術幹部爲輔。儘量吸收知識分子，培養一定數量志願做少數民族工作的漢族幹部，幫助少數民族的解放事業和建設工作。各民族的軍事幹部，在初期一般進政治學校和政治訓練班學習，同時逐步準備在軍事學校開設民族班。（2）在北京設立中央民族學院，并在西北、西南、中南各設分院，必要時還可增設。在各有關省設立民族幹部學校，各有關專區或縣根據實際需要和力量設立臨時性質的民族幹部訓練班。有關各級人民政府應有計劃地逐步整理或設立少數民族中小學、少數民族的高等學校。（3）民族學院設長期、短期兩種班次。長期班用2—3年時間培養知識分子，并培養相當數量兼通本民族語文和漢民族語文的幹部；短期班訓練區級及營連級以上幹部。（4）以學習中國歷史、中國現狀（包括各民族歷史和社會經濟情況）、共同綱領、民族問題與民族政策、毛澤東思想與馬列主義理論爲政治課基本內容。一切民族學校應發揚共同綱領精神，克服大漢族主義與狹隘民族主義傾向，培養民族間互相尊重、平等、團結、友愛合作的作風。（5）各民族學校應聘用適當翻譯人員幫助教學，逐漸做到用本民族自己通用的語文授課。少數民族學生除學好本民族語文外，亦應學習漢語、漢文。（6）中央民族學院及其分院應設立少數民族問題研究室，負責研究少數民族語言文字、歷史文化和社會經濟等，組織和領導這方面的著作出版，用各民族文字翻譯馬列主義、毛澤東思想的各種文獻和其他書籍。（7）中央民族學院及其分院的經費統一由中央財政部撥給，有關省、縣民族幹部學校與民族幹部訓練班經費在中央規定的各級幹部訓練費中撥給，以上各校學生均享受供給制待遇。（8）凡考入高等學校的少數民族學生一律享受公費待遇。民族中學和若干指定的中學亦得設立少數民族學生的公費名額。適當照顧少數民族的文化水平，規定高等學校與一般中學的入學成績標準，入學後予以適當補習。

上述兩份重要文件對中央民族學院及其分院的辦學宗旨、目標、任務、地位、分工等做出了明確規定。根據這兩份重要文件的規定和要求，中央民族學院于1951年6月開學後招收的第一批276名學員，分爲軍政幹部培訓班3個班、少數民族語文1個班，學員來自24個省份，涵蓋33個民族。10月10日，在中央民族學院黨組第二次會議上，決定在教務處領導下成立研究室，下設5個研究組，即：民族問題研究組，組長由副院長劉春兼任；馬列主義研究組，組長由院辦主任兼總務處長劉冠英兼任；中國問題研究組，組長由教務處長尹育然兼任；中共黨史研究組，組長胡嘉賓；中國情報研究組，組長由副院長費孝通兼任；以及中國通史研究組。1952年7至8月間，成立了學院直屬的政治理論教研室，下設馬克思主義教研組、政治經濟教研組、中國革命史教研組、民族問題教研組。9月，成立中央民族學院文工團。10月，先後成立少數民族語文系、政治系、研究部。

少數民族語文系一經成立，又接收了因院系調整從北京大學東方語言文學系民族班轉校而來的90餘名在校生，以及由教育部指令全國各大學保送的數十名在校一二年級學生，分編爲藏、維吾爾、蒙古、苗、瑤、壯、布依、納西、景頗等民族語文班。

研究部成立時，有民族學、人類學、社會學、語言學、歷史學、文物博物館學等多學科領域的45名專家學者，分別來自清華大學、燕京大學、輔仁大學、中山大學、北平研究院史學所等高校和研究機構，一時名家薈萃、人才濟濟。根據分區開展少數民族調查研究的分工需要，下設5個研究室，即中南、西北、東北、內蒙古、西藏研究室，另還設有圖書資料室、文物陳列室，由翁獨健先生任研究部主任。

1953年7月，中央民族學院黨組決定，由政治系招收研究班，招生對象爲民族地區縣長以上少數民族上層人士，包括阿訇、喇嘛及其他愛國人士。9月，決定試辦預科班，對象是當年未能完全達到高中畢業程度而具備長期學習條件的邊疆少數民族子弟或青年幹部。同時決定試辦政治系本科班，學制二年，其生源多來自預科班。

1954年8月底，中央民族學院領導班子決定根據民族地區建設發展和開展民族問題研究的需要，設置以專業人才培養爲目標、符合高等院校辦學規範的專業系科，包括原有的民語系、政治系，新增歷史系、文藝系等，同時明確應與其他高校、地方民族院校和民族幹校形成合理分工。

中央民族學院在短短4年左右的時間里，經歷了從無到有、從僅能開辦短期幹部訓練班和民族語文班，到基本具備現代大學特徵、負有特殊使命的民族高等院校的飛躍性發展，特別是經由費孝通先生等創校領導集體的精心運作，潘光旦、吳文藻、翦伯贊、聞宥、于道泉、楊成志、林耀華、馮家昇、程朔洛、傅樂煥等一大批享譽海內外的學界翹楚先後來到中央民族學院，使這所尚處草創時期的特殊高校一躍成爲全國民族研究和人才培養的重鎮和高地。第四個周年校慶之時，在校師生員工已達1600多人。今天，已經躋身國家重點建設的"雙一流"高校之列、在國內國際有較高知名度和影響力的中央民族大學，正是以此爲張本一步一步成長壯大的。中央民族大學的優勢、特色、地位、作用，也植根於初創時期打下的堅實基礎。

不忘初心，方得始終。今天，正奮進在創建國內一流、國際知名綜合性研究型大學征程中的中央民族大學各族師生，一定不能忘記：中央民族學院是中華人民共和國建立初期籌建的最早一批高等院校之一，是黨和政府爲了探索中國特色解決民族問題道路而創建、承繼了延安民族學院紅色基因、有著光榮傳統的特殊高等院校，肩負着爲國家大量培養堅定維護祖國統一、促進民族團結和堅定貫徹落實黨和國家民族政策的幹部人才，大量培養熱愛祖國、扎根家鄉、發展民族地區和少數民族政治、經濟、文化的各類中高級專門人才，爲黨和國家民族工作提供高水平智庫服務，爲傳承弘揚中華民族優秀傳統文化，確保歷史悠久、光輝燦爛的中華文明歷久彌新、永葆活力提供人才服務和智力支持的重要使命；一定不能忘記：黨和政府一直親切關懷、大力支持中央民族大學的建設和發展，全國各族人民特別是邊疆和民族地區各族人民對中央民族大學師生一直寄予殷切的期望、高度的信任。祇有一代又一代的民大人，牢記使命、擔當使命、不辱使命，學生纔能順利成才，學科纔能枝繁葉茂，學校纔能持續發展。

正是爲了清晰地銘記歷史，清醒地牢記使命，學校在 2013 年 10 月啓動了"民大記憶"口述史研究，努力通過深入訪談曾經爲中央民族大學從籌建、創辦到建設、發展不同成長期奉獻了心力的領導者、親歷者、見證者以及相關知情者，記錄下這所凝聚著老一輩無產階級革命家智慧和心血的特殊高校行進歷程中一個個珍貴的瞬間、一個個探索的足迹、一個個感人的形象、一椿椿重大的事件、一段段耐人尋味的往事、一片片帶著生命溫度的記憶，使國家寄望之殷切、人民托付之深沉，如同燭照；讓前輩篳路藍縷的艱辛、負重前行的勇毅，激發後人。因爲祇有知所從來，纔能鑒所以往，纔能保持前行的動力、定力，把握前進的目標和方向。

這是一項浩大工程，是一項具有重要學術價值和重大現實意義的搶救性工程。它將以"民大記憶"系列出版物的形式公開刊布。通過這些作品，讀者將不僅能更深入、全面、細緻、生動地瞭解中央民族大學的歷史，也可以藉由中央民族大學口述歷史這一扇窗，以微見著，瞭解中華人民共和國民族高等教育事業的發展進程，瞭解中國共產黨探索有中國特色解決民族問題道路的初心、信心、決心、耐心、勇氣與成就。

中央民族大學"民大記憶"編委會

2019 年 6 月 2 日

序

韓鏡清（1912—2003）是我國當代知名的佛教唯識學學者。他在北京四中讀書時即拜常惺法師爲師學習佛法。1932年考入北京大學哲學系，師從湯用彤、周叔迦等佛學大師，學習梵、藏文字，開始校勘唯識宗經典。畢業後雖生活顛沛流離，而研習佛經從未停頓，從事漢譯并校勘梵文《大藏經》中的唯識宗典籍，筆耕不輟，老而彌篤。1992年完成《成唯識論疏翼》380萬字，漢譯《慈氏五頌》60多部260萬字。

我與韓先生素有緣分：先後求學于北京大學哲學系，在《北京大學哲學系系友通訊錄》本科生名錄上，赫然列爲首位的是1932級韓鏡清，他成爲我最老的學長；我倆又曾在中國社會科學院世界宗教研究所共事多年，其爲人温文爾雅，平和友善；他的夫人曾是中央民族學院（1994年改稱中央民族大學）附小校長，夫妻退休後住在民院（中央民族學院）家屬區和平樓309號，我于1987年底調入中央民族學院工作，與韓先生同在一個院内，常有來往。他的住房較爲寬敞，但樸實無華，最顯眼的是書架、書桌，堆滿圖書。看書寫作是他晚年的主業，間歇時到院内散散步，後來坐上輪椅，遇到我說幾句與佛學相關的話，其心業已清净，從不提及俗事。記得他說過，現今懂得唯識學的人已經很少，而把握唯識觀是理解佛學的鑰匙，所以他要寫點文字，有益于佛學精要的流布。

　　韓先生去世已有 15 年，記得他的人不多了。可喜的是，中央民族大學民族博物館在搜集整理老一輩學者資料時，發現了韓先生在北京大學上學時的聽課筆記，厚厚一大摞，講課者皆爲大師級學者，聽課的韓先生細心速記，筆記全用繁體字，當然有詳有略，而其對經典、概念表達的精準程度令人嘆爲觀止。筆記極爲珍貴，與講課人的有關撰述相比有同亦有異，故其文獻價值很高。我們從中可以得知當年北京大學哲學系大師云集的盛況，以彌補北京大學校史的不足；可以窺見 20 世紀 30 年代初人文學術界在中國佛教史、中國通史研究上的名家觀點極其活躍的學術氛圍，感受到當時學術界"獨立之精神，自由之思想"（陳寅恪語）的風貌；更能直接看到韓鏡清作爲一名學生的學習態度，全神貫注，認真聽講，充分領略，堪稱實錄。當民族博物館馬曉華女士把韓先生聽課筆記復印件和打印件送來時，我初看之下就被它震撼，如此精細的聽課筆記，我是第一次看到，而聽課內容又是艱深的佛教史和涉及大量文獻與考古資料的中國社會史，如果當時沒有一定的學問積累和全身心地投入，是無法形成這樣高水平的筆記的。由此我想到，韓先生雖是大學一年級學生，而其在佛教史與通史方面已經下了多年功夫，學業基礎雄厚。

　　據我初步統計，講《印度佛教史》的是居士、佛教大學者呂澂，多次講課；《中國通史》共 30 余講，講課者共 13 位學者：傅斯年、李濟、胡適、錢穆、顧頡剛、陶希聖、馬衡、方壯猷、湯用彤、趙萬里、張星烺、陳受頤、徐中舒。其中錢穆講 5 次，陶希聖講 4 次，胡適講 3 次，趙萬里講 3 次。講課時間：從民國二十一年（1932）10 月至 12 月。講課的特色：一是引經據典，如呂澂引用早期佛教經典很爲詳備；二是通史講述重視地下考古資料與文獻資料的互相印證；三是全面揭示中國社會經濟、政治、文化、民族、對外關係的發展變遷；四是打破以往官方正史的格局，不以朝代分階段，而特別重視民族的變遷、華夷的互動和文化的傳統；五是用新眼光評價科舉制度的歷史功過；六是使用"宗教"這一新的詞語叙述早期宗教史，認爲敬天法祖就是中國人的宗教；七是認爲儒家雖不是宗教，却是中國傳統社會的臺柱子，而佛教、道教次之，佛教的進入經歷了中國化過程；八是講課學者之間和而不同，通史沒有統一綱要，充分發揮個性。講課筆記中有些句子可以成爲警句，如"民族的變遷就是一切的變遷""考古學的精神全在一個'考'字上""儒家講修己以安人，與西方講個人主義完全不同""歷史是盲的，有時一些理性沒有"，這些話雖然不見得周全，但能發人深省。當然，我們從先輩大學者的講課中，也能發現一些時代的局限性：如討論西周以後是奴隸社會還是封建社會，是由於接受了當時流行的五種社會形態論的影響，未必科學；有學者認爲商以前神話不可考，這一論點是需要商榷的，原始神話傳說是口頭流傳，含有先民文化素質，無法考證，却能研究；有學者認爲禪宗史就是佛教史，這有點簡單化了。

　　我不是佛教史和中國通史專家，我的專業方向側重於中國思想史，再加上精力、體力有限，無法全面評述這部聽課筆記的內容，祗是在粗略翻閱之後，寫一點不成熟的感想，拋磚引玉，目的是希望引起學界的關注，使有興趣的讀者把它作爲一種文化資料，從中吸取營養，并進一步認識民國學術史的豐富多彩。現在這部聽課筆記在中央民族大學民族博物館的精心安排推動下正式出版，使之重見天日，必將受到學界歡迎。

牟鍾鑒
2018年深秋
于中央民族大學

前　言

《韓鏡清北大聽課筆記》（以下簡稱《聽課筆記》）爲中央民族大學民族博物館所藏韓鏡清先生1932年在北京大學就讀時的課堂筆記，該筆記涉及歷史學、哲學等學科，是當今僅見的北京大學民國時期的課堂筆記，學術價值極其重要。中央民族大學"民大記憶"項目將其列爲2019年度出版項目，爲方便讀者閱讀，筆者在導師張銘心教授的指導下，對《聽課筆記》進行了整理。

20世紀30年代，中國學術界人才輩出。1930年12月，蔣夢麟正式出任北京大學校長，力圖振興北大，著力整飭和建設師資隊伍。"師資不尊，不足以言重學術"，蔣夢麟精心挑選了胡適、劉樹杞和周炳琳分別擔任文學院、理學院和法學院院長，將聘請教授職權賦予三位院長。在其招賢政策的吸引下，一大批新老北大人聚集起來，組成了頗爲得力的教師隊伍。在胡適、傅斯年等人的幫助下，文學院聚集了一批優秀的文史學者。《聽課筆記》就是韓鏡清先生在此背景下，于北京大學哲學系就讀時記錄的聽課內容。

《聽課筆記》共有《中國通史》《中古思想史》《印度佛教史及印度哲學》三個部分。《中國通史》共分爲31講，由13位學者聯合授課；《中古思想史》分爲五講，由3位學者聯合授課；《印度佛教史及印度哲學》分別由呂澂、湯用彤先生授課。《聽課筆記》所記錄的講授時代，自上古至明朝，內容涉及歷史地理、經濟史、社會史、思想史等不同領域，根據授課學者的研究專長以專題形式展開。例如《食貨》雜誌創辦者陶希聖先生講授的內容主要爲對社會組織構成和社會性質的分析；目錄學大家趙萬里先生對宋代古籍版本做了細緻翔實的分析；張星烺先生在其《中西交通史料彙編》的基礎上講授元代中西交通。每講授課內容都濃縮了學者的研究成果菁華，直觀地展現了大師們在民國課堂的風采，爲我們梳理中國史學教育和史學學術發展進程提供了重要資料。

整理《聽課筆記》至今已經一年有餘，其中有頗多收獲，也有頗多不易。《聽課筆記》爲韓鏡清先生聽課時的速記，字體難免潦草，釋讀過程中常常因爲一二個字難辨而難以推進，筆者一般通過結合上下文、查找文獻的方法，結合字形來進行推斷；顧頡剛先生講授《神話傳說中的古史》《陰陽五行思想與秦漢的宗教》等章節，大量引用金石文字及與現代流行版本有很大不同的典籍，其中特別是"明堂考""五行的運用"等內容，晦澀難懂，是對筆者釋錄文字工作的極大挑戰；張星烺所講《元代之兵力與中西交通之發展》一章中，涉及人名、地名均爲英文，手寫體字母模糊潦草，難以辨別，給整理造成了極大障礙，幸而可以張星烺先生所作《中西交通史料彙編》作爲資料參考進行比對。《聽課筆記》中有部分章節主題或內容和授課講師姓名的缺漏，如《歷代度量之制度》一章沒有記錄授課講師，傅斯年先生所講第一節內容沒有記錄課程主題，爲完整釋讀留下了遺憾。後來，筆者在北京大學圖書館特藏部找到了鉛印資料《北京大學中國通史綱要》（以下簡稱《綱要》），經過與《聽課筆記》內容進行細緻對比，二者授課主題、授課順序等相似度極高，應該爲當時學者編寫的授課講義，講義內容相對完善，二者可相互補充，《綱要》的發現爲《聽課筆記》的整理和釋讀提供了極大幫助。

筆記內容是當時授課學者們史學思想的外化和傳遞，帶有濃烈的個人色彩，韓鏡清先生用嚴謹認真的治學態度爲我們還原了學者的講課內容，很多部分可與授課學者研究成果相印證、相補充。例如傅斯年先生作爲《中國通史》第一講的授課老師，總領性地提出中國歷史需要拿出一個標準來衡量與整理，經濟、地理均不適用于中國古史，并提出了"民族的變遷就是一切的變遷"，主張中國史以民族的關係分期，與其在《中國史之分期》中的論述基本相同，是其提出"中華民族是一個整體"的最基礎的思想來源；陶希聖先生所講《商代的文化與神權思想》一章中，關注思想形成的社會背景，以社會史爲基礎研究商代思想流變；陶希聖

前　言

先生所講的《春秋戰國時代的社會組織》《西漢經濟及王莽改制》兩章，內容涉及社會經濟形態、土地制度、農業等諸多方面，此時社會史論戰正酣，經濟史呈現出社會經濟史的特點，不主張一元的經濟決定論，將各種生產關係都納入視野，至1934年陶希聖創辦研究社會經濟史的專門刊物《食貨》半月刊，正式提出"社會史觀"。《聽課筆記》的史料價值更在於它記錄了授課學者存世撰述之外的研究內容，可以使我們進一步加深對學者史學思想的理解。例如趙萬里先生是著名目錄學家，傳世著述大多涉及目錄學、文獻學內容，但其所講《宋初中央集權之政治》《王安石的變法及新舊之政爭》兩章內容，可以看到趙萬里先生在宋史方向的研究造詣。

《聽課筆記》產生在政治與文化激蕩的時代，筆記內容帶有深刻的時代印記。1931年"九一八"事變之後，中國面臨嚴重的民族危機，"中華民族復興"思想進一步發展，一些知識分子開始把目光聚焦於"中華民族意識"，筆記中也處處可見這些內容。傅斯年先生講"民族的變遷就是一切的變遷"，李濟先生講"有中國民族而無中國人種"，徐中舒先生講"明朝對東北的經略"，等等，旨在強調加強中華民族內部各民族團結，培養和提高整個中華民族的民族認同和民族意識的重要性，并接受"中華民族是一個整體"的思想。《聽課筆記》作爲原始史料，其內容價值還有待讀者細細品讀，深入挖掘。

《聽課筆記》即將付梓，釋錄期間筆者得到了諸多幫助，感謝中央民族大學中國邊疆民族歷史研究院和研究生院"築牢中華民族共同體意識"研究生專項課題的資助；導師張銘心教授對錄文工作的耐心指導，北京大學圖書館特藏部鄒新明老師在資料上的大力支持，筆者在此一并表示衷心的感謝。筆者資質不足，能力有限，錄文之中的錯漏之處，懇請各位師友批評指正。

宋凡奇

2019年10月于北京

整理凡例

一、原稿係課堂筆記，文字、標點率多急就，本次整理，加以糾正、統一，以方便讀者。

二、本次整理，對全書文字施加全式標點。

三、原稿中之訛字以〔 〕標識，脱字以〈 〉標識，衍字以［ ］標識，疑誤者以［?］標識。

四、遵照《通用規範漢字表》（2013）標準，將簡化、俗字、草寫等均統一爲繁體正字；通假字、異形詞，均予以保留。

五、講課教師之名，原稿或居章首，或居章尾，今統一移置于章題之下。

六、章題之數字，或作二十，或作廿，此類統一爲二十，以便劃一。

七、部分章題係原稿所無，爲整理者據北京大學藏《北京大學中國通史綱要》酌情補充。

八、原稿中引用的古籍文字，有歧視含義者（如猺），爲保留文獻原貌，不做改動，但不代表我們的立場。

目　錄

第一部分　中國通史聽課筆記 ………………………………………… 1

第一講　中國史之分期 ………………………………………… 傅斯年　3
第二講　中國民族 ……………………………………………… 李　濟　5
第三講　現代考古學對于中國上古史之貢獻 ………………… 李　濟　8
第四講　神話傳説中的古史 …………………………………… 顧頡剛　11
第五講　商代的文化與神權思想 ……………………………… 陶希聖　19
第六講　周初宗法制度之演進及原始封建制之成立 ………… 陶希聖　22
第七講　周代民族間之鬥争暨其融合 ………………………… 錢　穆　26
第八講　春秋戰國時代的社會組織 …………………………… 陶希聖　31
第九講　春秋戰國時代哲人思想之勃興 ……………………… 胡　適　36
第十講　秦漢統治制度之演變 ………………………………… 錢　穆　38
第十一講　秦漢對外之經營 …………………………………… 錢　穆　41
第十二講　西漢經濟及王莽改制 ……………………………… 陶希聖　44
第十三講　東漢之清議與黨錮 ………………………………… 錢　穆　47
第十四講　兩漢博士制度及其經學 …………………………… 錢　穆　50
第十五講　陰陽五行思想與秦漢的宗教 ……………………… 錢　穆　53
第十六講　兩漢魏晋的思想趨勢（缺） ……………………… 　　　　65

第十七講	歷代度量之制	馬 衡	66
第十八講	佛教之輸入	湯用彤	68
第十九講	魏晉南北朝間之民族同化問題	方壯猷	70
第二十講	魏晉南北朝佛教	湯用彤	74
第二十一講	隋唐統一後之政治制度	錢 穆	77
第二十二講	宋初中央集權之政治	趙萬里	80
第二十三講	中古時代佛教以外的思想	胡 適	82
第二十四講	禪學及理學	胡 適	85
第二十五講	王安石的變法及新舊之政爭	趙萬里	86
第二十六講	宋代之史學	趙萬里	88
第二十七講	宋代北方民族之迭興（缺）	張星烺	90
第二十八講	元代之兵力與中西交通之發展	張星烺	91
第二十九講	天主教士之東來與中西文化之接觸（上）	陳受頤	94
第二十九講	天主教士之東來與中西文化之接觸（下）	陳受頤	98
第 三 十 講	明初之東北及其對東北之經略	徐中舒	101
第三十一講	明之政制與士習	錢 穆	104

第二部分　中古思想史聽課筆記 …… 107

第一講	中國哲學通論	胡 適	109
第二講	中國佛教哲學	李證剛	112
第三講	中國古代哲學	李證剛	115
第四講	宋元明哲學概論	馬叙倫	119
第五講	中國哲學史之中古思想史第二期		122

第三部分　印度佛教史及印度哲學聽課筆記 …… 139

第一講	印度佛教史	呂 澂	141
第二講	印度哲學	湯用彤	158

附錄　《韓鏡清北大聽課筆記》手稿原件 …… 167

第一部分　中國通史聽課筆記

第一講　中國史之分期

傅斯年

　　按朝代去讀歷史，每因朝代年限之不均，而不能得個統一的整個的歷史概念。西洋歷史的分期較易嚴明，而中國反是，我們可拿出來一個標準來量它，來整理它，看出它的綱領與分野。今以一個觀點分它作幾個段落，這是我們對于歷史的理論的提出。

　　法國十八世紀有所謂人文地理一科出，厥後歐西有以經濟看歷史的，有以政治看歷史的。

　　中國的文化起于黃河，以黃河當時有溝洫作用故。Physiacrots 就是以地理及地理上所憑藉的經濟來解釋歷史，認識歷史。但是地理是靜的（static），歷史是 dynamic。它衹可以些斷片的現象，而不能捉住歷史演進的綱領。Buckele 是以經濟觀歷史的，但衹可解釋工業革命以後的現象。因新大陸發現，黃金產富，歐洲遂發生資本。若欲以新經濟學觀古史，恐多牽強。

　　中國經濟現象分三時期：1. 春秋戰國之交；2. 漢武帝（鹽鐵）前後；3. 五口通商，到現在。

　　西洋史整個的全是"民族變遷"。中國的五華〔胡〕亂華，及南宋、金元時的民族變遷，其對于文化的關係甚深，民族的變遷就是一切的變遷。

　　中國史以民族的關係分其時代如下：

1. 東周→秦漢大一統→東漢魏晉→東晉→陳亡（一個大帝國生長成立及滅亡）。

2. 五胡（十六國）→隋唐→宋→南宋。

3. 元、明、清。

21.10.6.3—5

第二講　中國民族

李濟

所以我講起來，"人類祇有一部歷史"。不是像過去的西洋通史可以掩蓋天下，或中國通史就是世界史。一個民族的內容是：1. 人種；2. 語言；3. 文化。兩個限制他們的要素：1. 歷史；2. 地理。但不能因其語言而知其餘二〈者〉，或因知其文化而判其餘，亦過。要談民族，是三種的總合，必要將三個要素綜合起來纔成。

中國歷史祇可說在東亞的地方（黃河流域等）的一個文化系統，前後不大矛盾，而它的語言、人種却有許許多多的變遷。要沒有一個疆域，絕沒有民族，故有些歷史家現在變成地理歷史家了。印度會想，氣候之熱也，歐洲人會幹，氣候之寒也。同時，一個民族是必需在歷史過程中完成它自己。今天祇是關於人種一部分上講，因爲許多對於民族就拿人種代表了它，這種誤解要更正。

有中國民族，而無中國人種。

人種的分類有三系的，四系的，五系的。最要緊的是看頭髮的橫截面（如○○○等形），皮膚的顏色等。但不如此省事，高加索還可以分爲六種，黑種可分三種。構成中國的人種至少百分九十以上是蒙古種。

1. 研究中國人種的方法大概同其他人種學一樣。但雖說中國人的頭髮是黑的、粗直的，但其程度不等，亦甚有紅色的，如鬍子的有無也可以注意。王静安的一個考據說：商周以前的中國祖先無鬚，有鬚是在匈奴那般胡人侵入中國以後。（見《靜安文集》）其餘毛髮所生的地方與多寡的不同，都堪注意。再說皮膚的顏色也不是一樣，大多數固是黃色，但有白的黑的。身長的問題固然有父母的關係。西人謂平均高度是平均男子的高和女子的高之中間，父母高於平均高度，則子必低於父母，餘反是。所以說一種民族有他一定的高度。再次是頭形的標準，以頭前後的長除左右的寬，得一個數目就是 cephalic index（頭形指數）。80 以上是圓頭，75 以下是長形。以頭形分人種，其由來久矣。但其形有隨環境變遷的。不過可以例外看之。甚至鼻臉之長短、指紋、趾紋等均有分別。死人的骨骼亦可得許多結論。

體高（單位：cm）

直隸	170.64	四川	162.68
山東	169.09	雲南	166.30
河南	169.24	貴州	166.60
山西	168.00	廣西	162.10
陝西	166.53	廣東	162.95
甘肅	166.70	福建 165.21	福州 162 / 廈門 167
江蘇 168.61	江北 168.29 / 江南 165.17	安徽	168.95
浙江	165.41	江西	164.39
湖南	168.46	湖北	168.65

（不但北比南高，而〈且〉東比西高）

頭形指數

直隸	82.02	湖南	81.26
山東	80.34	湖北	82.68
河南	80.91	四川	81.88
山西	79.18	雲南	81.25
陝西	78.50	貴州	77.44

续上表

直隸	82.02	湖南	81.26
甘肅	76.54	廣西	78.98
江蘇	82.26	廣東	80.22
安徽	80.68	福建	80.71
浙江	82.59	江西	81.67

（全是男人在22年以上者）

湖南〔北〕的幾個府（體高）

襄陽	166.85
武昌	164.18
安陸	165.33

以省爲單位，一方面是行政的單位，不是人種的單位，一方面是中國的省有如歐洲的一國。地域太大，以其爲單位則數目太粗。

	體高	頭形
山西的介休縣	168.69	81.72
陝西的華州	166.83	75.34
湖北的武昌	165.11	84.70

河南曾發掘出石器時的人骨與滿洲人幾乎沒有分別。

殷墟出有銅器時代的伏身葬的骨骼，以後便皆仰身葬。

周朝是西方來的民族，殷朝又是一種民族，中國民族在秦以後有兩變遷：

1. 從永嘉以後，漢族南遷，而代北的拓跋氏之族，占黃河流域；南方的苗猺等與漢族混合，代北的民族與黃河的民族混合。

2. 南宋時，民族分配的變動又有南北朝時的現象。

21.10.8.3—5

第三講　現代考古學對于中國上古史之貢獻

李濟

何謂考古學？

一門科學的内容，全在材料的真實，令第二人看了不能不相信，考古學的精神全在"考"的一字。歐陽修的《稽古録》等，在十一世紀即出現，而西洋則在十三世紀纔對于古代雕刻等加以注意。金石學祇注重在考古學史下層的功夫。固然發掘出來的實在材料很占重要地位，但考古學對于這材料的來源及發掘的情形等，而金石學祇有賞鑒的意思，不著有濃厚的彩色。金石學之對于破銅爛鐵不肯遺漏，考古學亦同之。我們知道，第一是世界上歷史祇有一部。第二，地下的史物與文字的史有同等的重要。有文字後的歷史固然與我們現在的生活情形差不多。而未有記録以前的歷史，却非靠地下材料不可，而且傳下來的歷史好多是想像的材料，故必要就證于地下材料。現在的古生物學及地質學的發達，亦是我們研究古史的扶助。西洋在文藝復興後，宗教衰微，始對于希臘考古著重。1870年，Schliemann，德人也，在希臘發掘出九個古城後，歐洲的歷史上起了個軒然大波。再先1830年時法人 Bonche de Perlthos 初爲税關的小官，喜在河邊去拾石子，忽然自己發覺有最老的人所作的石器，他便作起文章發表，人初以爲狂，後終爲歷史家所信。直至現在法國的考古學猶在第一位。一方面由于好古之疲〔癖〕，一方面爲文藝復興的推動，再受了古生物學及地質學的啓示，遂確然成立。中國民族號稱"信而好古",祇因沒有自然科學的幫助,致不能大的發展,而金石學在宋朝的成就是很可以爲幸的。比同時期的各國,真算是把頭了。可是以後人家走十步,我們走一步,以致現在纔接受了西洋科學的洗禮。敦煌的發現,是中國學術界的轉捩,一方面許多材料流落西歐,西人引起研究,一方面我國王國維出而倡考古,方法雖不太新,但他的位置很了不得了。但因現在中國古生物學家及地質學的發見,考古學上變一面目,如地質調查所的努力是。

舊石器時代的發現

周口店發現出的北京人,以後又發掘出許多石器,現在還在研究中。舊石器在中國是否有,于以前很發過疑問。民國十二年時有法教師曰德日進及桑志華,他倆常在一塊在中國游歷,在河套的北邊,無定河上游的西拉烏蘇地方發見在河岸高處的黃土層下有石器出現,掘出幾(兩)千噸的石器,并有食餘之獸骨等,如水牛、鴕鳥等。在冲積期一半時,有這般人在這裏住,在寧夏、綏遠一帶住,與西洋的 Mousterian 及 Aurignacian 時代的遺迹相同。中國北部這一段的舊石器時代,它的來源與後繼,還待切要的研究與發見。是不是這種人便是中國現在民族的老祖宗?據協和的顧達生醫師,對于以後在北部的獸骨中的一個人牙的判定,大概似于蒙古種。

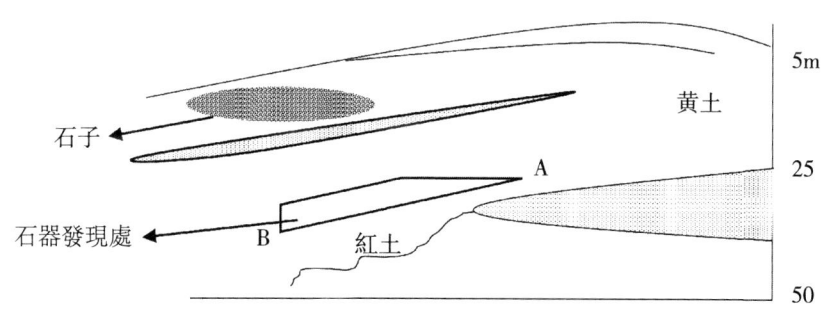

新石器時代的發現

一部是內蒙古,一部是黃河流域,發現磨光的石器及厨房的家具,及家畜的骨頭等,零碎的在各地發掘或采拾,可以斷定熱河、內蒙〈古〉一帶確有新石器的時期。瑞典人安得生(G·Y·Andenson)曾在東三省的沙鍋屯發見許多獸骨、蚌殼一類東西于一個洞中。又在河南的仰韶村發見一個古村落的遺址,發見許陶器,并畫有色彩的花紋。直後仰韶村同縣又發掘一個村,如妝飾品、諸骨器、磨刀石等,遂命名之曰仰韶文化,那時已是農業時代。(同時他在甘肅的墳裏也發現許多陶器等）他便作了一部書發表出來。這個區域非常遠，黃河流域都是。這種材料與中亞細亞、俄國的西部等處相同，遂有人説仰韶文化大概在 3000B.C. 或 2800B.C. 時，或者這種是由中亞發源再到西歐（銅器時代）（從甘肅直到南滿），但河北、山東從未發現任何材料。前年歷史研究所在山東的龍山鎮，因修路切斷一個土丘，掘出許多陶器，斷定一部分是石器時代的東西，可是有一部分陶器，黑色漆光，薄如蛋殼。其工令現在也不能作出。這非常令人驚訝，或銅器時代之物。揚子江流域材料發見的不多，美人 Nelson 曾發現一些東西，或因南方地濕，不易保存。雲南及四川曾有新石器時代材料的東西。在彰德府安陽縣的小屯村，在洹水之旁，灣處有高堆，庚子幾年前有龜甲文之出現。王懿雲〔榮〕先買藏之，王死，歸劉氏鐵雲，他便將其拓出，書名"鐵雲藏龜"。後研究最有貢獻的爲王國維，收藏最多的爲羅振玉，他因此獲得法國某學院的會員，但他們祇注重有文字的甲骨，這該是老風氣。現在發現繼續的已在歷史研究所編號，已至五千多號。羅振玉曾説已被他搜空，由此甚可笑。可以證明《史記》是有所本的，那時已至青銅時代，在盤庚已〔以〕後確起始鑄銅，并且有錫，有武器、祭器、妝飾品等，但猶未將石器脱乾净，猶之現在還有許多石器。商朝的建築確用版築，并且掘地洞。傳説起于版築之間是可靠的。藝術方面也可見，當時有象及水井。那時陶器存于今者有幾百箱，可知當時工業的情形，精不如仰韶時代，但花樣甚多。由甲骨文知卜字是象形的，是燒骨的裂紋，故作卜⺊⺊⺊等等形象，那時的生活一舉一動，幾皆從卜，尤其是皇室。可是無文字的骨頭若干倍于有文字的骨，還没研究出得結論，但可説是普通人用的，就是現在蒙古的邊地等等的野蠻部落，還遺留有骨卜，舊石器與新石器中間的關係，我們不能斷定。新石器與殷商可以説還銜接，但殷商文化的來源頗複雜，西伯利亞的成分，中亞細亞的成分，仰韶的成分，黃河上游的成分都有。石器過渡到銅器的中間，不是一個民族單獨發展可以作到，就是舊石與新石之間，也非以一個民族自己去解釋的圓滿。中國的民族的複雜，及殷商時代的文化的解決，不應當拘現在國別的眼光，這是我們研究中國考古學要注意的第一點。第二我們對古來記録的歷史不全信，因爲當有合乎實際直接材料的，可是也不全不信，如史記在現在考古學的證明，是大半可信的。總言之，不要有什麼偏見在，要多存一點懷疑的精神。

21.10.13.3—5

第四講　神話傳説中的古史

顧頡剛

商代以前神話已不可考。神話的材料衹求之于春秋以後；戰國時的材料到還不少。《詩經》內的《商頌》，是春秋時宋人所作，説："天命玄鳥，降而生商。"（《商頌·玄鳥》）"厥初生民，時維姜嫄。生民如何？克禋克祀。以弗無子，履帝武敏歆（此句不可懂）。攸介攸止，載震載夙。載生載育，時維后稷。"（《大雅·生民》）"赫赫姜嫄，其德不回。上帝是依，無災無害。彌月不遲，是生后稷。"（《魯頌·閟宮》）前一首是説商民族的來源，後二首是説周民族的來源，春秋時代的神話材料衹是這些。禹在春秋或以前的地位，很重要，就是到現在人還傳頌他，我們看那時對于他的神話如何。"洪水茫茫，禹敷下土方……有娀方將，帝立子生商。"（《商頌·長發》）"天命多辟，設都于禹之績。"（《商頌·殷武》）"是生后稷……奄有下土，纘禹之緒。"（《魯頌·閟宮》）"信彼南山，惟禹甸之。"（《小雅·信南山》）"奕奕梁山，惟禹甸之。"（《大雅·韓奕》）"豐水東注，維禹之績。"（《大雅·文王有聲》）這樣看來，商周對于禹的讚揚相同。"桌桌成唐（湯），有在帝所，敷受天命……咸有九州，處禹之堵。"（《齊侯·鎛鐘》）"秦公曰：'丕顯朕皇，祖受天命，鼏宅禹責（蹟）'。"（《秦公敦》）這兩條是金文的材料。禹在古代是頂偉大的一個人，殷、周、齊、秦皆如此是也。《楚辭》的《天問》，大概作于戰國初年，真正屈原作的沒有多少，對于禹的事甚多。"洪泉極深，何以實（填）之，地方九則，何以墳之？應龍何畫？河海何歷，鯀何所營？禹何所成？康回憑怒，地何故以東南傾？九州安錯？川谷何洿，東流不溢，孰知其故？……禹之力獻功，降省下土方焉得彼嵞女，而通之于台桑？"（《楚辭·天問》）比起《禹貢》，當然就知到〔道〕是神話。"洪水滔天，鯀竊帝之息壤以填水，不待帝命。帝令祝融殺鯀于羽郊。鯀復生禹，帝乃命禹卒布土（即敷土）以定九州。"（《山海經·海內經》）《山海經》雖出甚後，其說法與《楚辭》同，不致于大錯。

皇帝兩字現在是連在一起的，我們看看早先如何。"皇天上帝，改厥元子。"（《書·召誥》）；"皇矣上天，臨下有赫"（《詩·大雅·皇矣》）；"皇皇后土"（《詩·魯頌·閟宮》）；"皇后憑玉几"（《書·顧命》）；"皇王維辟，皇王烝哉。"（《詩經·大雅·文王有聲》）；"無忝皇祖。"（《詩·小雅·信南山》》這些皇字都是形容詞，帝是名詞，這是古代很清楚的用法。

$$皇\begin{cases}形容詞\\非名詞\end{cases} \qquad 帝\begin{cases}上\ 帝\\非人王\end{cases}$$

與後來的用法大不同。秦朝時纔用"帝"。"秦文公〈東獵汧渭之間卜居之而吉文公〉夢黃蛇自天下屬地，其口止于鄜衍。文公問史敦，敦曰：'此上帝之徵，君其祠之。'于是作鄜畤，〈用三牲〉郊祭白帝焉。"（《史記·封禪書》）"秦宣公作密畤于渭南，祭青帝。秦靈公作吳陽上畤，祭黃帝；作下畤，祭炎帝。"（同上）起先上帝祇是一個。這裏便出了四個，此現〈象〉非秦獨有。"（蜀帝）未有謚列，但以五色爲主，故其廟稱青、赤、黑、黃、白帝也。"（《華陽國志·蜀志》）蜀國于秦滅了它以後，纔通中國本部。《華陽國志》不怎樣可靠，因爲材料後一點。上帝爲什麼帶顏色呢？很莫名其妙。黃帝與炎帝到人間作王。"昔少典娶〈取〉于有蟜氏，生黃帝、炎帝，黃〈帝〉以姬水成，炎帝以姜水成，成而異德，故黃帝爲姬，炎帝爲姜。二帝用師，以相濟也，異德之故也。"（《國語·晉語四》）本來天上的上帝，變成人間的王。"黃帝之子二十五宗，其得姓者一四人，爲十二姓，姬、酉、己、滕、箴、任、荀、僖、姞、儇、依是也。"（同上）炎帝祇一姓傳後，黃帝子有十二姓。《大戴·禮記》中有《帝繫姓》"少典，產軒轅，是爲黃帝""黃帝產玄囂，玄囂產蟜極，蟜極產高辛，是爲帝嚳。帝嚳產放勳，是爲帝堯"。"黃帝產昌意，昌意產高陽，是爲帝顓頊。顓頊產窮蟬，窮蟬產敬康，敬康產句芒，句芒產蟜牛，蟜牛產瞽叟，瞽叟產重華，是爲帝舜。顓頊產鯀，鯀產文命，是爲禹。"

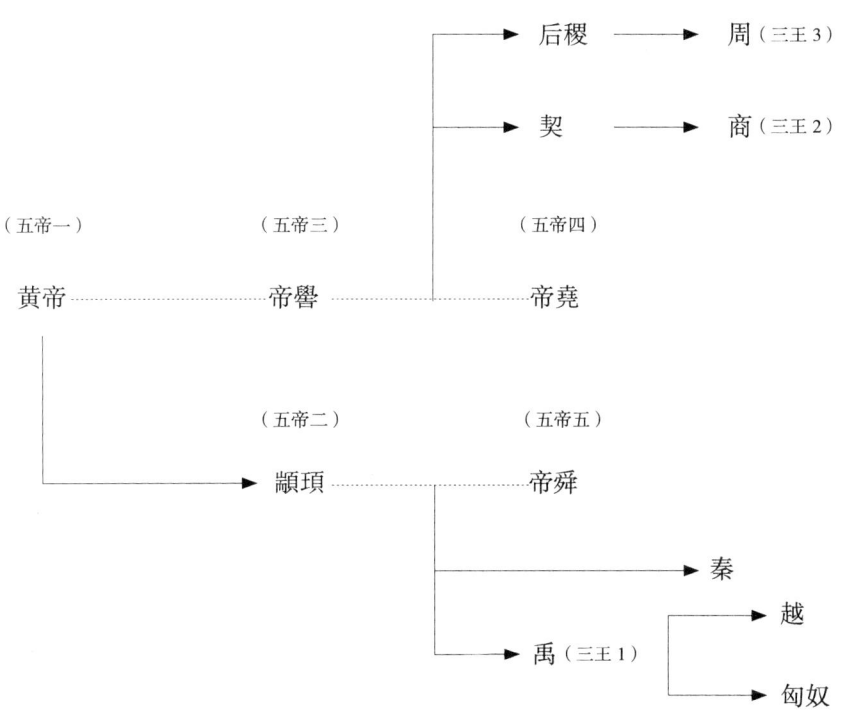

（春秋以後黃帝較重要，以前是禹）

"帝嚳卜其四妃之子，而皆有天下，上妃有邰氏之女也，曰姜嫄氏，產后稷。次妃，有娀氏之女也，曰簡狄氏，產契；次妃，陳鋒氏之女也，曰慶都氏，產帝堯；次妃，娵訾氏之女也，曰常儀氏，產帝摯。"（到秦漢時，炎帝失其位置，祇有黃帝在人的腦裏）

五帝、三王皆黃帝子孫，即《帝繫姓》之説。"秦之先，帝顓頊之苗裔孫，曰女修。"（《史記·秦本紀》）"越王勾踐，其先禹之苗裔，而夏后帝少康之庶子也。"（《史記·越王勾踐世家》）"匈奴，其先祖，夏后氏之苗裔也，曰淳維。"（《史記·匈奴列傳》）

南越、北胡，皆黃帝之後矣。其實這種觀念，應當打破，用這種觀念來聯各族，也是一個辦法而已。戰國時，地方已甚廣，民族太複雜，使率土之民，能團結的堅固，這種辦法，實很有效。秦朝尤崇黃帝者，此也。

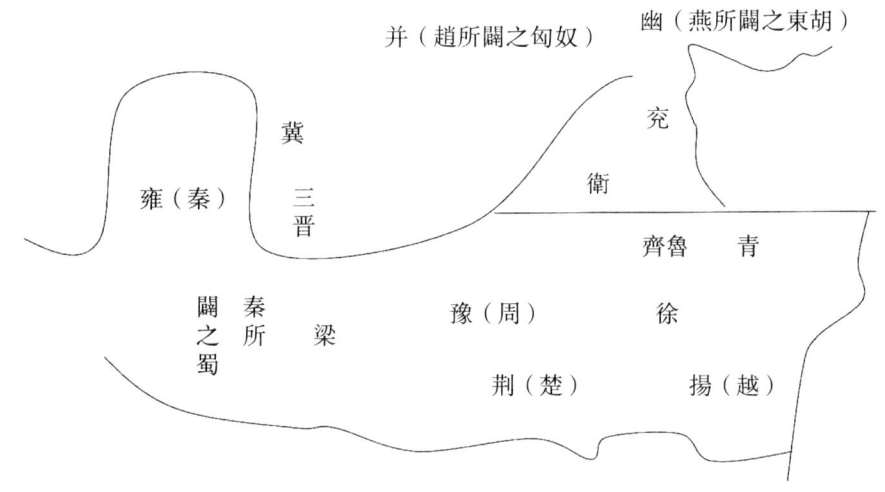

21.10.15.3—4

春秋以後，禹最重要，在乎地理。戰國以後，黃帝最要，要在于民族。

"帝"古于上帝之外，另有一意，即祖先之前之意。《禮·曲禮》："措之廟立已立，所之帝。"▽己△囗屮✕（卤）（帝己祖丁父癸）又有鼎▼己△●屮✕（文同）蓋當時以爲祖亡，往帝獻故，亦謂之爲帝。《楚辭·九歌·東皇太一》："吉日兮良辰〔辰良〕，穆將愉兮上皇。"此皇字爲名詞，上皇即上帝。《離騷》："忽吾行此流沙兮……詔西皇使涉兮。"西皇之皇，亦名詞也。可與東皇太一之東皇相對。《九章·橘頌》："后皇嘉樹，橘徠服兮。"此后皇由后帝變來。此種變化與戰國之時勢有關：

1. 民族混合——皇帝爲各民族祖先之傳說；
2. 地域統一——禹分九州之傳說；
3. 王晉級曰帝——三皇五帝之傳說。

王晉爲帝，于是稱上帝以皇。《呂氏春秋》在《貴公》《用家》《孝行》三篇中，屢稱三皇五帝，而于三皇之名，未之明也。至秦始皇時，李斯等上尊號謂：

"古有天皇，有地皇，有泰皇。"泰皇後變爲人皇。三皇五帝并舉，初即爲有統系之關係，當時爲各處零碎發生者，究何皇、何帝起于何地，今難考。

劉歆之所以改五德，蓋以王莽篡汗，避革命之名而稱禪讓。禪讓則不應取相勝而取相生，故自以爲以土德王，自以爲爲舜之子孫，黃帝之子孫。（王→田→陳→舜→—黃帝）遂使劉歆改五德之序，使黃帝與舜均爲土德與己同，且使汗〔漢〕爲火德，以便生土。

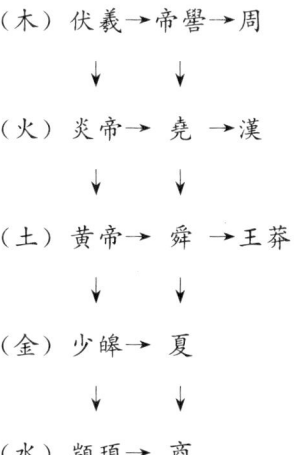

《史記·高祖本紀》："高祖，沛豐邑中陽里人，姓劉氏，字季，父曰太公，母曰劉媼。"

《漢書·高祖本紀》："漢帝本系，出自唐帝，降及于周，在秦作劉，涉魏而東，遂爲豐〈豐〉公，豐〈豐〉公，蓋太上皇父。"

改制後之表如下：

（木）伏羲→帝嚳→周
　　　　↓　　↓
（火）炎帝→ 堯 →漢
　　　　↓　　↓
（土）黄帝→ 舜 →王莽
　　　　↓　　↓
（金）少皞→ 夏
　　　　↓　　↓
（水）顓頊→ 商

赤帝行璽，邦傳于黃帝金策書。

以十二月朔爲建國元年正月朔，服色配德尚黃，犧牲應正用白。

———《王莽傳》

黃帝初祖，德匝于虞，虞帝始祖，德匝于新……據土德受，正號即真。改正建丑，長壽崇隆。

———《嘉量銘》（the end）

鄒衍，齊人，爲陰陽家之始祖。《史記·孟軻列傳》："鄒衍睹有國者益淫侈，不能尚德，……乃深觀陰陽消息，而作怪迂之變，《終始》《大聖》之篇十餘萬言。"其學說關于地理者二，關于歷史者二。

1. **關于地理者**

a. 先列中國名山大川，通谷禽獸，水土所植，物類所珍，因而推之，及海外人之所不能睹。此與《山海經》有關。

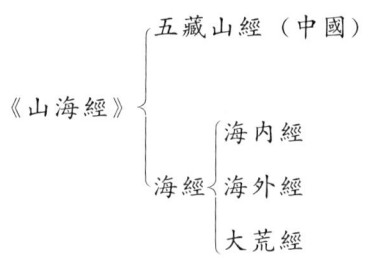

b. 以爲儒者所謂天下（即中國）于天下乃八十一分居其一分耳。中國曰赤縣神州，神州內自有九州，禹之序九州是也。不得爲州數。中國外如赤縣神州者九，乃所謂九州也。于是有稗海環之。人民禽獸莫能相通，如一區中者，乃謂一州，如此者九，乃有大瀛海環其外，天地之際焉。

2. **關于歷史者**

a. 先序今以上至黃帝，學者所共術，因載其機祥度制，推而遠之，至天地未生，窈冥不可考而原也。

b. 稱引天地，剖判以來，五德轉移，治各有宜，而符應若茲：

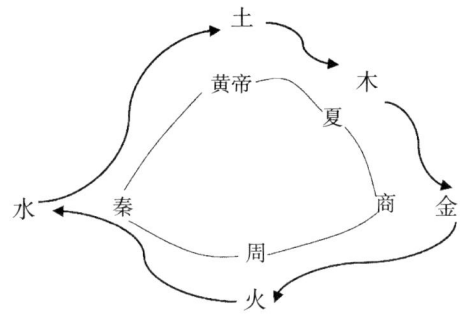

黃帝時黃龍地螾現（土）

夏——青龍止于郊（木）

商——銀自山溢（金）

周——赤烏銜丹書集于周社（火）

秦——秦文公得黑龍（水）

始皇推終始五德之轉。以爲周得火德，秦代周德從所不勝方，方水德之始，改年始朝賀自十月朔，衣服旄節旗皆尚黑。數以六爲紀。

——《更名》

河曰德水，剛毅戾深，事皆決于法。

——《史記·秦始皇本紀》

秦亡，漢高祖立黑帝祠，自以爲以水德王，漢文帝時，賈誼以爲漢應土德，奏文帝改制，景帝後至武帝始定爲土德。

漢土德的符應：

1. 文帝十五年黃龍現成紀
2. 武帝元封元年，填星出如瓜
3. 武帝元鼎四年，迎鼎至中山，有黃雲掩蓋。
4. 五年，郊見泰——黃氣上屬天。

《漢書·武帝紀》："太初元年，夏正月正曆，以正月爲歲首，色上黃，數用武定官名。"（《封禪書》云："官名更印章以五字。"）

三統　董仲舒《春秋繁露·三代改制質文》篇，以爲夏得黑統，商得白統，周得赤統，春秋得黑統。（後三者與五德説次序同）是故三統即由五德而來。

《漢書·律曆志》："……向子歆〈究其微眇〉作三統曆及譜〈以説《春秋》〉推法密要，故述焉。"

《漢書·郊祀志》："劉向父子，以爲〈帝出于震故〉包犧〔羲〕氏始受木德，其後以母傳子，終而後〔復〕始，自神農、黃帝，下歷唐虞三代而漢得火焉。"參看《漢書·律曆書·世經黃》，大略以下：

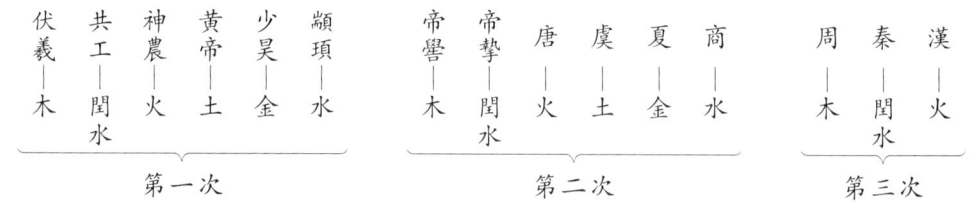

土、木、金、火、水——相勝
木、火、土、金、水——相生

21.10.22　3—5

第五講　商代的文化與神權思想

陶希聖

商代的文化，由安陽縣小屯發掘殷墟後，實證了《史記・殷本紀》，已往的幾講，有書而不實，有實而不書者，今講雙具。我們可看中央研究院《安陽發掘報告》第二期，與《殷本紀》相對照。蓋古史的段落，不分中西。商代是氏族社會（sible），他們相聚的原因在血族，但亦有收容外族的行為，叫 adoption。雖然不一定出于一祖，可是實際上外表上都未承認，這族的發展，在我國成了個很長的歷史，在後漢以後、五代以前，聚族同居之風為尤甚。所謂氏族社會是私有財〈產〉未確立前的段落。以後的族，則私有財產確立，同時，因為對外與互助的方便關係，故依然有族的組織。在安陽發掘出的尸骨旁，有殉葬的東西，如工具、陶器等，大約是生前的手用品，就有人以為這是私有制度的表現，其實這是宗教的支配，以為生人要用工具，死人亦然。該人所用工具，他人不宜用，用則死人生忌。商代約在 1122 B.C. 時，這時代的發掘有銅的兵器，陶器，石器，及製銅戈的模型等。兵器概作敵抗敵人及猛獸用。生產工具如𠃊耒，木製也。乙耜，石製也，均見文字中。畜牧的生活，也是這時的生活，因畜牧即戰爭的生活，故兵器頗發達。蓋依水草而居，則行動不時，每逢猛獸，或敵人來襲，則必行有紀律的敏捷的戰爭。有時畜類疲行，則立散之。甲骨文中記戰爭甚多，生產工具與戰具幾乎不分。這是氏族為戰的社會，農業不發達，燒田後，用石器掘地耕耘。灌溉戰國纔盛行，那時還沒有。如"焚"字作㷊㷊。氏族的食料來源，主要在畜牧，農業雖然發生不限于此時，但祇作副料而已，可是不是長久的事，因畜牧來的食料，天灾不易敵抗，苟水草不生，則人無食，故漸倚重農植，而免恐慌，以安定生活，商代是這個過渡的時代，盤庚——商的後期——已不願再遷移，一方有臣等主遷移，便是過渡的表徵，安徽、河南等省，約是他們遷徙的範圍。人的群與獸的群居本無所异，所异者祇在人能利用身外工具，爪牙雖利，不能自由變更，頗不方便；人類是自己能變更自己的生物，善用工具改變自然現象與環境，同時，環境既變，人類自己的意識亦變。射獵的時期，這部落則少，漁時，人數較多，商代不是靠海而居，他們是畜牧的，畜牧的人類亦頗多，故有氏族出來，這種組織有兩個基本條件，一是男女的分工，一是年齡大小的分工，因爲畜牧要繼勞動，而女子因兒童的哺乳期甚長的關係，氣力不如男子充足，所以要讓給男子去作。現在雖有女子種田的，但乃是男子壓制女子以後的事。女子在後方安全地方，兩性分工的結果，常常男女兩個 association，不相干涉。壯年的團體，也是在其他民族有的現象，商民族如何，我們還不知道。在成年的時期有成年禮，那就是能拿兵器的年齡的表示，叫做 puberty。中國後來的冠禮，生男設弧，至廿時能設干戈，便謂成年，皆爲是也。商代，我們還不能確定。現代的野蠻民族，有所謂尊老俗或殺老俗。商代是尊老的。在周以後，纔有男女兩性或一男多女成功〔爲〕一個單位的組織，這是農業時代的現象。因爲農業社會男女老少均可爲別的工作，而商代——這畜牧過渡農業的時代——反是。他們是 generation 傳 generation 的，兄傳弟。有王代表武力的領袖，故湯有自稱武王的事。高一代的男女是父母，再高一代的男女是祖妣。同代男女可結婚，虜來的女子，則視爲奴婢。祭祀時男女同重，後來至周則大行异族結婚，都是從虜來的女子中取作妻妾。奴吏制度商代還没有，因自己工作還不足呢，那能顧人家呢？故祇有 raid 的行爲以肥己，把被劫的人全數殺死。游牧時代，常常需要許多的勞力，便虜〔擄〕他族的人來作奴吏。商代是個過渡時期，先則把俘虜的人拿到祖前來殺，後來以爲不合算，便選幾個人來殺，再後，奴吏制度漸立，简直不殺了，用俑來代，奴吏發達，就有人不工作而食，一方因爲兵器進步，就有一般人（rank）專作戰事的操備，全不必工作。可説是卿士，單有一般老人，他知道天氣的變更，如節令，是，河水的來去，等等的特殊經驗，又如男女間結婚姻所有禮俗及知識，都歸他們保存，成爲專業。這是巫覡的階級，一方宗教上他的勢力很大，同時，政治、用兵等等行動，都要他們來卜，纔決定。氏族會議，不過虛有。實際都受他們假己意作神意的支配。因此一方政治上的勢力很大，商代特重神意。蓋氏族社會，固然沒有有飯無飯的兩階級的對立，所以他們的行為——如獲取食料、戰爭等——都是一致的，各自不能獨立，都倚族而生。他相信族有靈魂，如同各人的靈魂能保護自己一樣，它可以降灾降福。《詩經·玄鳥》："天命玄鳥，降而生商。"一族有一族的神，如衣色列的耶和華一樣，埃及的 Horus（鷹形的神）尤與此同。商民族的神就是玄鳥。它的意思是從卜來表示，族神就是他們的祖宗，這祖宗可以降福，也能害民。直到周，崇拜祖宗的思想還在，不過觀念有變而已。因為一族之力可以抗天然的灾禍，如果不同心協力，水來獸來，都更足以為禍。聽指揮者的命令，一致的努力就好，這種思想，又演變為天人之際的說法，但這溝通者便是巫。商代的氏族社會，這種色彩是特有的。同時，巫生的時候，就有種種的神話，如伊尹說"生于空桑"。伊尹就是大巫，巫在天人之際下成立，國王都受他的指教，太甲不好，把他驅去，本不算回事，稍微有些不常見的事，便警告國王。僧侶在古代的勢力非常大，吃飯、睡覺，都受他們管理，宮廷中除清朝皇帝較為自由，其餘總些許受氏族時代的流俗支配。太甲有說被伊尹放了的，有說被他殺了的。氏族社會決沒有不是貴族而作大官的，而戰國的一般平民，便造出伊尹是有華氏的小官，故說與庖廚有關係，那年最怕外來的人，尤其怕老太婆及鐵匠。宰相的"宰"字，來源甚古，商代的宰殺禮，頂隆重，執牛耳者為盟主，可見宰不是小官幹的。巫本來主宰殺的，大僧正纔有執刀的權力，皇帝都要跪在祖宗前面的。又一個傳說，是湯禱桑林的事，是為民請命的開山。以後的皇帝，往往自表我是好皇帝，不顧自己的身體健康為民免灾，古代欲免灾，常用犧牲，犧牲不成，則用人祭，人祭不成，則用酋長或帝王。這本不足怪，皆因僧侶或巫的勢力的支配而已。"相"是戰國纔有，傳說的故事亦戰國的偽造。武乙與商紂，都是武士與僧侶的衝突的表現中，鬧得紂與武乙那樣的壞。他倆不信宗教的原故，微子箕子都是巫。周武王伐紂也拿這作口實，作討伐的口號。但武王以後，巫的地〈位〉也落下去，常常被國王殺掉，齊景公的病時就有此行。商代有世代的畫分，無家族的畫分。

21.10.27.3—5

第六講　周初宗法制度之演進及原始封建制之成立

陶希聖

西周是什麼社會有三個見解：1. 奴吏社會；2. 封建社會；3. 氏族社會的末期。

第一是郭沫若的主張，西周有奴吏是無疑的，他拿西周與羅馬相比，因爲周也是一統的。這說法亦有疑問，有奴吏不見得就是以奴吏爲生產的方法。資本社會的初期，非洲奴吏并不見得少，美國還有個戰爭爲奴吏而起，一定要以奴吏爲唯一的生產方法那纔是奴吏社會。西周時代的統一是不是一個 state 呢？羅馬崩潰以後，馬上就變成一個奴吏社會，統一的羅馬是一個大都市網，而奴吏制度與商業經濟都靠著都市的。而西周的發展却是沿著黃河的平原或高原地方，它是農業爲主的，不是商業經濟的，而私有財産是隨著商業經濟而漸固定的，而階級亦因而形成。否則私有財産在西周時尚未確立，則其爲國家與否，尚是問題。

第二說較爲普遍，但亦頗有疑問；中國那樣分封領土，是不是與中世紀的歐西封建相同呢？如果諸侯是氏族之長，則將如何？諸侯祇管收租，下邊是農奴的社會，固然是封建，也就是 land lord。要是祇去收稅的分治，那末又將如何？前者是氏族社會，末者是特殊的封建形式。如此，則西周是氏族社會或是封建社會的兩種推測都有可能。如果私有財産没固定，則雖有貴族與平民，而是氏族，非封建。私有財産的發達可以變氏族社會爲奴吏社會或封建社會，若有商業經濟而不是自然的進行，那麼，便成為奴吏制度。西周的材料，我們不能說到商業經濟或私有財產的確立，春秋時纔發芽。可以說是氏族社會，而有封建的種子在其間。《詩經》是最早的可靠的材料，可是起自西周之末、東周之初的。金文雖有封建的記載，但其中也有上項的問題。春秋時代的表現是大夫的專權，天王的崩潰，是私有財產與身分制的衝突，以貧富的區別代身分之高低。春秋以前——西周——以身分。春秋以後則以財產確定身分。商鞅的變法就是〈這〉種行為的表現。西周時，私有財產是不發達的，我們既然知道，則雖有奴吏，而是氏族社會也無疑。氏族是以身分來規定財產，因為是族共有的。西周末時——春秋時代——貴族出而獨占財產，不許氏族再分他的財產，這便是私有財產的起原。那時，強橫的大夫，如魯之三桓、晉之六卿、鄭之七穆，皆是變轉時代的人物。西周時代，土地名當其分，無所謂對立與虐待的事，是和平的氏族社會。私有財產的特起是後起貴族的宣告死刑。

周是一個大氏族，曾為商下的一個屬族。武丁是最能戰的君，後商的游牧社會漸入農業的社會經濟。而周居陝西一帶，土地肥沃，農業的氏族非常興旺。至1112B.C，武王便起而征服商的主族，周公始東征其他附族，直到成王纔封建，扶植自己勢力，并且昭王還南征，穆王還去打淮夷。他們是父系的氏族社會，商代是混合的，祇看出唯男纔可作酋長的一點。父傳子的制度，一定俟家族制度確定以後纔可，而商代是世代的遞嬗，男女的結合，沒有成立妥當。西周時，Family的制度纔有，因為這制度是與農業社會有關的。至土地可以繼耕種若干年，不像以先共同勞動的每年開墾生地的總須遷徙的那樣不安定了。氏族的勞動者，遂分布四方，每個group的農民，對于土地，就繼的分作起來。每個小group中的老少男女均可貢力于農場，則這個小group就是一個family。但文武時代還沒如此的發達，還是表現著兄弟相承的制度。

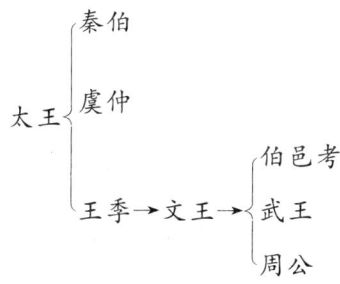

太王傳給王季，泰伯逃至吳，爲吳王夫差之種，這是種謬說，是吳王霸諸侯後的造謠。蓋斷髮文身，tatooing 是海洋民族的特徵，至於經學對於周公有說是攝政的，有說是輔政的。攝政是王莽時造出的學說，武王死時既然說九十多歲纔死，成王那裏能太小呢？其實周公曾爲政一時，後來經學家，不好罵他，便把他拉下作公。

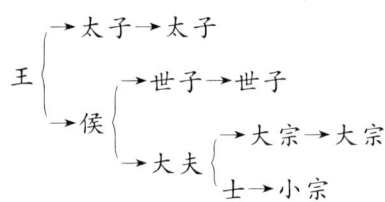

王先開拓陝西爲氏族的基礎，他的次子再另外向外展動，依其武力及勞力之大小，就可規定地盤的大小，以長子來保持各個農業區的成績與武力，使其不致分化，也可說是原始的封建制，一個主族與附族中間有許多的關係，最初不過征服一回、掠奪一回而已。

dual organization

有平等的關係，有主屬的貢賦關係，但他們都喜歡相聯姻的。

如姜姓與姬姓兩氏族，從姜嫄起，世世代代的通姻，以後兩個氏族幾乎平等（在周武王稱太公爲叔父的時候）。婚姻的結合，有私逃的，有交換的，有以勞力被酬得的，有以獵得的鹿以要于岳父者。妻的父叫舅，夫的父也叫舅，岳父也叫舅，其餘姑甥姊都是這連環的。這就是交換婚的結果。故同姓的諸侯爲兄弟，异性的諸侯爲舅甥。如周王的稱齊桓公爲舅，稱晉文爲叔是也（closo married）。sororate 是妻死娶姨的義務，levirate 是兄死弟取〔娶〕嫂的義務。當時，因爲貴族種種的優越，便有一夫多妻的制度，武士則可以虜〔擄〕奪。其實不一定是因級階而有固定的。陪嫁的必是她的姊妹，恐怕完全是後來儒者的附會。總言之，當時的家族確已成形，而宗子的權力頂大，他主祭，又因异居而同財，所以他又有收族的義，即分配的義務。各個有餘的，都歸之于宗，宗子管他的兄弟，諸侯管宗子，内部没有矛盾，便向外發展，這時，天王的勢力最大，因爲在對外的意識之下，成功一條綫。族長帶了武士，隨天王而外拓，這個連〔聯〕盟很堅固，直到康王，都是頂盛的時代。因爲諸侯都有了安定的分地，大夫、士，都一齊有安定的、富有的享受生活了，不顧周天子了。不過這時，他還存立的却因爲有獫狁、西戎的擾亂，外處的諸侯固然不能罔顧，近患的諸侯，當然要同天子一道去抗敵。天子的强否，全看他能打勝仗不能否而已。如宣王則强，幽王則弱。無外患後的平王時代，勢力就完全完了。

21.10.29.3—8

第七講　周代民族間之鬥爭暨其融合

錢穆

這個題目包括八百年的歷史，我們有兩法研究古代民族：1. 以地理分布看；2. 以種姓看。其實此二法中間，也有種種困難，如同一民族相距千里，三四异族反相聚一處，不能因遠而定其非一，近則斷其非异。第二法亦有困難，因文化關係，异者反相親，而同者反相斥，如春秋時宋與周异族也，周與楚同族也，三者之間的關係，以文化看來，宋周似一系下來。且若以名號定之，則一民族名號繁多，亦非常難考。今天所講，祇是一個假設，一個比較近真的假設。黃河當時下流有大三角洲，在安徽北部、河南、江蘇北部等地常有黃河之泛濫，時有淤土，肥沃適耕稼，遂有城郭農民之初形。而黃河上游，龍門以上以下的地帶，土地磽瘠，祇限于游牧社會，而武力却高，故能征服下游民族而被同化。夏禹的民族或來自巴山（四川），至河南，再至安邑（山西）黃河下游等地。從契至湯，一民族凡八遷。商民族跑到這裏就叫亳，或薄，或蒲，跑到那裏也叫這個名字，後來輾轉而至淮濟之間，始獲平原，與夏民族遇，相爭相化；來自西北山地，伊洛之間。周朝也是從西北山地（較商爲尤西），漸漸向東南平原遷移，從記載祇知他們從陝西東部發源（太行山脉南部），在藍田、丹水之間，商民族本叫他作西戎，周民族後就趕到這裏來，同時，在東周朝的西部及北部，太原的北部，這裏占據的民族叫鬼方，也叫獫狁，也叫昆夷。周的部落從前也是他們一起的，後被驅逐，遂東南遷。後日強，將鬼方打下，轉而向商。同時，有姜姓一族，申、呂、齊、許，皆其族也。與周相慕，共成大業。他們到平原了，握得政權了，便算作中國民族了。

```
                                    太王时被鬼方壓迫，
                                    遂逾梁山而都豐鎬
              ——
                  邠
           梁山
      洛
                   驪山
    渭         ●
              豐鎬      東遇商
```

周穆王實東征太戎。（距周元約 150 年）置俘太原，周穆王——宣王約 170 年。

太原之俘，生聚而強，宣王同晉穆侯伐之，戰場在山西。

申國是被伐，故連太戎殺周幽，周平王東遷，實欲依靠太戎。在《左傳》看，固常與太戎通婚姻的，太戎在周幽王之西有不可能者二：

1. 當時太戎徒步戰，千里奔馳，勝則可，敗則不能歸；
2. 當時千里皆荒原，出必裹糧，太戎無馬，何能多載糧，以轉戰于千里之外。

《史記·周本紀》："（成王）東伐淮夷，踐〔殘〕奄，遷其君薄姑。"

（秦）淮夷與奄均姓嬴（《路史》説也）

秦趙之祖均善牧馬，亦姓嬴。

商之與秦（嬴姓之國）猶之周與姜。

夷，"爲此坐法者謂之夷。其實當時嬴姓者已甚文明，宋亦殷民族，人説他迂，孔子亦出于是，他們都富于理想，周民族則富于實際的精神。薄姑之薄即亳之字也。

"因商奄之民，命以伯禽，封少皞之墟。"

"昔爽鳩氏（少皞氏之臣）始居此地。季萴因之，有逢伯陵因之，蒲（薄，亳同）姑氏因之，而後太公因之。"

——《左傳》

可見東南之平原，實是民族文化的發源地，沒有地理，沒有民族，沒有文化。

戰國時，雜居情形始去。

中國的古史活動沒有到甘陝之地。

北戎或出于鄭人或東周人的口中，或在黃河北岸。

封建是侵略式的殖民，築城而墾地。

春秋因有外族山戎擾之，遂有各城聯軍的必要，盟主出來了（山戎也叫北戎）。

太戎、山戎恐怕都從太行山來，或在山東曹州府。故《公羊傳》："旗獲而遇我，獻捷于我。"魯在齊南，山戎若在齊北，則此說不通。

1. 西周末年，東方華戎雜居之大勢

《鄭語》："鄭桓公問史伯，史伯曰：'王室將卑，戎狄必昌，當成周者，南有荊、蠻、申、后、應、卬、陳、蔡、隨、唐；北有衛、燕、翟、鮮虞、潞、洛泉、徐、蒲；西有虞、虢、晉、隗、霍、揚、魏、芮；東有齊、魯、曹、宋、滕、薛、鄒、莒；是非王之支子、母弟甥舅也，則皆蠻、荊、戎、翟之人也。非親則頑，不可入也。'"

成周之此，皆非華族，非戎入華，實華入戎也。

2. 春秋之戎狄居地及其分類

《春秋大事表》的四裔表，戎有七種：1. 驪戎（在山西省驪山）；2. 犬戎（同2：虢公敗犬戎于渭汭）；3. 允姓之戎（秦惠公之母家，山西）、陸渾之戎（嵩縣）、陰戎、九州戎、姜戎；4. 揚拒泉皋伊洛；5. 蠻氏（即茅戎）（汝州西南）；6. 北戎（山戎）；7. 戎（曹州之戎）。戎有三大類：山西、河南、河北岸是也。狄有三：赤、白、長也。其實祇赤白之分，皆在黃河之北岸，後被晉國打掉。戎狄是一，王靜安之考已明之矣。

3. 齊桓公北伐山西戎，西征大夏之地望

霸業乃城郭之聯盟。第一個便是齊桓公，《左傳》說：南至召陵（湖南，郾地），北伐山戎，西征大夏。山戎即在黃河北岸，《管子·小匡》："西征，攘白狄之地，遂至于西河（龍門），方舟投柎，濟河，至于石沉，縣車束馬，逾太行。"則西河定在太行之東了。古者地名移植，其實西河就是山戎之地，子夏的居西河即其地也。非黃河以西之西河也。《小匡》繼謂："與卑耳之豁，拘泰夏，西服流沙、西虞，而秦戎始從。"

《左傳》："肅慎燕亳，吾北土也。"河北之地。

遼水在山西。

4. 秦楚之種姓

中國（國，泥墻也）南對楚，北對北戎。楚之祖先即在河南，其族祖爲鬻熊（陸終，祝融），在丹陽，即丹水之陽。河南，山西之交也。申息之門不啓，備中國也。城濮，與濮水皆河南省地。我們知道，那時多國擠在一起的，相距并不遠。秦姓嬴，江、黄、徐、奄，淮夷皆同其姓。嬴姓的國家隨了商朝跑到東南之地。那是中國人，那是外國人呢？是不能以土地定之，以文化定之則可。霸就是聯盟，以聘幣、聯軍，互相結合，以此對外國人的戎與南方帝國主義的楚。戎或是游牧民族。齊桓公出，但還是消極抵制。

5. 晉霸

晉之封地，晉陽，汾水。但余謂狄在南，名涑水地也。晉與諸戎之交涉，這些戎把衛懿公的肉都吃了。大家感覺有聯合之必要。一方面長城亦于是築起，戎翟亦一民族，因土語方言，故東邊人叫他們作戎，晉地的人，叫他們作翟。古者男氏女姓，如大戎狐姬，姬周之同姓也。晉獻公亦姬也。叔詹説："男女同姓，其生不蕃。"而重耳是例外。他是很好的，雖然同姓之子。總之，種族的劃分，依生活而不按血統。而晉文公的母舅狐犯，便是外國人，狐戎之人也。狐山支之山地也。文公之逃在晉之西，而不在東。黃河祇有幾處，可跑過朝邑其一也。（見余著《周朝地理考》）徘徊不定的叫狄。晉文公第一件大事就是打楚，但翟還沒打掉。《僖》27：作三行以禦戎。31，五年以禦戎。成13，吕相絶秦，白狄與晉同州，同婚而打仗，晉秦，晉翟是也。太行山之東的鮮虞，代肥鼓，在聯盟國納幣者之外，遂遭晉之打伐。一時版圖大起來了。那地方後來叫中山，後爲三家分了。

6. 戰國時華戎雜居之遺迹

《魏策》："楚破南陽九夷。"

《秦策》："楚包九夷。"

李斯："惠王用張儀計，南取漢中，包九夷，制鄢郢。"

《論語》："子欲居九夷。"九夷在楚之北方。

《趙策》："楚王入秦，或説趙，趙王因起兵，南伐山戎。"

"田單伐齊，三月不下。"

《燕策》："北夷方七百里，加之以魯衛，而齊并之。"

即秦統一時,此種情形未免。

《秦始皇·本紀》:"王剪〔翦〕將上地下井陘,端和將,河池羌瘣,伐趙圍邯鄲。"

騎兵在戰國纔發明。

第八講　春秋戰國時代的社會組織

陶希聖

春秋時代，家族組織逐漸發達，大宗子世世代代爲族中族長，氏族制度則漸銷滅。由氏族內部發生出自己分解的事情，而家族制遂孕育成了。可是財產私有未確立前，決不會發生，因爲財產可以由宗子分配。私有財產確立，財產上的生產物，歸所有人，則氏族的宗子沒有權威了。春秋就是這種崩潰的起始，到戰國時完成。諸侯不能約束卿大夫的能力漸小，繼而卿大夫亦形崩潰下去，戰國時便是士發展的時期，西周的時候，氏族的連〔聯〕盟，天王很有勢力，西周末，連〔聯〕盟因諸侯割據而崩潰，東周初，貴族專權，私占財產，諸侯沒落。戰國初年，私有財產固定起來，士、庶人起而發達。

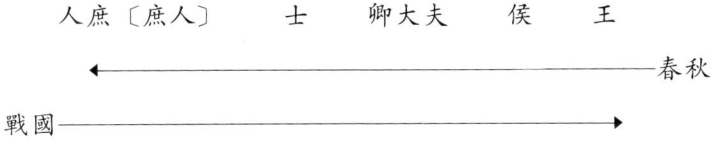

戰國以後，與春秋以來是相反的兩個階梯，土地私有是因爲：

1. 耕種方法的變更；
2. 商業的發達；
3. 家族制的確立。

那時耕具是銅與石兼用的，較之商朝進步已多，村落的形成愈形確定。春秋以後，鐵製耕具大興，數量較多，不一定如銅造好，并且鐵中也要攙銅。蓋銅工于西周已非常精緻。《管子》中說美金與惡金，美金就是銅器，均爲統治者所壟斷，直至紀元後十世紀宋時，還爲統治者所獨占。秦之築翁仲也，漢之用鐵鑄錢也。銅鏡至宋始廢，因爲銀已發達故。而鐵具却普通的用于民間，鐵就是惡金。因爲用的石工具很粗，所以行著粗放的農耕，可是到了鐵器耕種時代，灌溉與肥料并進。適用集約的農耕，便利種與灌的關係，阡陌制當然就發達起來。劃田爲長方形的畝，在春秋時即發達，戰國時代，分配有不可能，便成功私有的制度。氏族時代，已有互相貿易，尤其對酋長貿易，牛馬商頂盛，因爲牛馬與戰爭關係很大，所以可能直與王侯交通。牛馬行叫駔，可以同諸侯分庭抗禮，嘗與諸侯之合同而不相犯。蓋諸侯的武士最愛搶，商人就怕諸侯，但諸侯又需要商品，故常締結，我也不欺詐你，你也別妨害我的條約。（即漢之與匈奴之戰，往往因爲交換時商人之欺騙）族長欲用商品，日漸奢侈，全族出產盡奉之于商人。以滿得自己的欲望，自從三桓以後，他們的財產不能再分，晉之六卿、秦之七穆皆是也。家族的發達，就是私有欲及獨占的結果，而家族也是補充的條件。貴族雖然靠著商人的供給，而貴族却看不起他們。商有兩種，一種是來回走的是商，賈是坐店的，賈的作用，可以用賤買而俟貴賣，可以剝奪小生產者，由可以介紹買賣，叫作儈。大的叫駔。所以市肆都發達起來。市的發達，或于城堡的周圍，可是諸侯答應不搶纔成，不過要納稅的。以門稅而得保護，或于廟宇及墳墓前發展，但這是西漢的事，在廟裏得到神的保護，在中世間［紀］以後，僧侶作賣買的現象很通行。孔子的墳墓前至今每年尚有四會。作地主的有新舊的兩班，一部分由貴族的士出來作地主，有新興的農民作地主。士的一階級在戰國非常昌盛。在社會經濟逐漸取得很高的位置，所謂高山爲谷、深岸爲陵了。農民中有小農，有雇工農，有用奴吏的農，有佃農。佃農由陝西起源，秦統一後，纔大發達。開礦煮鹽均用奴吏。大概在南陽一帶，即河南東部、湖南北部等地。銷的時候，都用流氓。煮鹽的地方在山東一帶，推銷也用流氓，結果便形成奴吏主與奴吏的對立，地主與佃農的對立。這是以後的話。在戰國時代正是士與農民分化的時期。從前的分配雖不平均，但分配多的與分配少的之間，并沒有剝削的關係。而私有財產固定以後的戰國，便形成剝削、剩餘生產品的情形出來。并且商人在氏族社會的剝削還不是直接的。而以後的家族時代，貨幣大興，商人與農民直接買賣，貴賣賤賣〔買〕，侵吞土地奴吏的方法，日見精厲。這時，有的連土地一點也沒有，有勞動的人，祇備剝削，階級的制度實在不平等了。孔子那時，他說："不患寡，而患不均。"身分則子貢與顏淵同，而一則高馬輕裘，一則陋巷簞食。所以孔子時代，土地與人民的比例已經破壞了。按戶口收稅制也就改成依貧富而收稅了。貧富的階級對立起來。農業經濟，非常困難，百畝之田，于今祇合廿幾畝，一畝祇可出一石或一石半，八口之家怎能無飢，便陷到高利貸壓迫之下。鬻身押田，富愈集中。但土地非到獨占的時代，不能賣買。獨占後，便有地租發生，陝西甚富，人見地租之盛，便有人出錢買地租權的了。土地的價值則因勞動的開發。勞動則有剩餘，便有價值出來，戰國末年已有些土地賣買了。商鞅治下的秦地，齊地亦有。韓、趙、魏國都市之菜園可賣買。楚國無此現象。剩餘價值，那個時代都有，共有制時，用作養老小的人，而私有制成立，剩餘價值變成地租。有地租纔有土地的賣買，土地買賣發生是很遲的，在秦商鞅時是西前三世紀左右，貧富的差等便代替了身分的差等，氏族的奴婢是共有的，家族便成爲私有奴婢了。奴吏最多是四川、陝西。四川的奴吏大半是苗人，苗人一來老實，二來慣勞動，三來能吃苦，這是最適于奴吏的。西北方的人是游牧民族，他們不堪作奴吏，祇堪養馬。而四川也是秦朝最先注意的，首策在伐蜀，蓋不獨有好的奴吏，并可獲得大量的生產物。五霸都祇一時的興盛，而秦獨得最後的勝利。此也。吳越雖有奴吏（刺花的人），但一定不多。呂不韋家有一萬的奴吏，嫪毐也是個大奴吏主。繼呂氏而出，私有財產發達，盜賊就很多了。盜跖的問題，曾痛子產之首。李悝的法律，第一章就是盜法。約法三章，盜亦抵罪，都是私有制下的法典。商業發達，妓女亦隨而增盛。商業最出名的邯鄲，就是妓女最有名著的，可以分布各都市，揚州的昌盛在漢後；宋在杭蘇，今在上海。司馬遷說，人都是爲了"利"。直到自殺都爲利，都是爲利的結果。爲利則可不怕死。老子的反對說，故高唱起來。生產品的量與質都不怎樣，除了齊國的布帛外，爲鹽鐵、牛馬、木材、穀、奴吏。唐朝時，奴吏纔加工，妓女還得會唱歌、會作詩、會念白居易的詩，則非廿萬不可。貨幣的運命也并不興旺，那時祇是黃金，黃金就是銅。商業的交易可見也不算怎樣發達，氏族生產没落以后，這真是新現象了。能不驚而訝之哉？氏族生產變成家族奴吏的生產，故比先不兩樣了。

　　戰國時的國，統治的組織纔發生出來。產業都是行著家族出產，農業與手工業同然。中世紀是行著村莊的生產，宋朝纔有作房〔坊〕的分立。一家裏就包含兩個階級，有奴吏和妻子。《漢書》謂："一夫挾五口，治田百畝。"《孟子》上表示著一家包含著五口至八口的人，但不計奴吏。行著父子、夫婦，同產的家族生產制。三族即此三者。為什麼有此小家族呢？因為土地的分散故。氏族組織是包括非常大，而此小家族一方面行著小農生產，一方面是奴吏生產。手工業及商業却是奴吏的作業，則業主便是奴吏之主。地主發達于秦地。但因地租發達後的刺激也，貴族亦未消滅，祇有少數形成政治上的領袖，如收稅等，蓋稅亦地租之變，西漢以前仍行租名，貴族的地給農民去種，便要貢獻一部分生產物。私有財產成立後，便變而為稅，又有賦，是人口稅。租本有兩種：1. 勞動地租；2. 現物地租。前者叫做"助法"。貴族的土地直接生產于民人，生產品全是貴族的，另外給他一些小的田土，叫"私田"，替貴族的部分叫"公田"。後者叫"貢法"。貢法是由生產品中抽十分之一歸貴族所有。私產制度成，富農、貧農、大賈、小販的差別很利害，遂不能不按人收稅。有一時變為按田之多少而定稅物之多少。而秦國私有制成立為早，故在戰國初時，已行著按田收租的辦法。商鞅時便按丁收稅，是謂之賦，後來生產物增加，國家便取十分之一為國有，以十分之五與地主，舊貴族是社會的上層，拿的是稅。新貴族拿的是租，政府的貴族不能支配地主，不能支配土地，直接剝削佃户的是地主。政府便仰仗這一點活著。但有產者的新興的庶人，在政治上的貴族還看不起他們。

　　　　政府――地主――佃户
　　　　稅――租――農

　　但春秋末年，已經有問政的要求。社會經濟的方面，他們却很有直接的勢力。春秋以前，兵刑不分，大刑用干戈，小刑用斧鉞，談不到什麼法律。而這時却不成了，請你將法律公布出來，因為不比從前了。貴族當然很反對，孔子曾說："民可使由之，不可使知之。"因為公布出來，貴族更沒有尊嚴了，人民畏法、不畏人了。戰國初年，身分制度已壞，以私有財產的芽兒愈茂，確定阡陌制，土地使行權,商鞅的法即是表明私有制的成立,加以承認。李悝《法經》爲六篇,商鞅有些亦依之,他的法是保障私有制,確立小農場家族制等。獎勵農民,分家。作商者加稅一倍,如農民又能打仗,便可免稅。賦重者,抑工商也,租輕者,獎農也。一個耕者也就是一個士兵。集合許多小農場成一鄉,鄉上有縣,縣上有郡。一家出一人,五家五人,謂之伍。警察制度也是伍,一家有罪,五家有分。以小農場爲單位及基礎,整個的政治都建立在上頭,貴族無武功,亦不能爲官吏。那時國王如孝公,祇願意聯合有產者成功,鞏固勢力,孝公一死,貴族便把他趕掉殺死。此後經一回光時期,便又反回商鞅的主張,別的國家也漸漸向此。堯舜禪讓便盛傳起來,墨子最爲鼓吹,桀被湯放,武王伐紂,也鼓吹的很利害。伊尹能放太甲、傅說起版築等等傳說,一時遍于平民之口。平民起來作天子是歷史的證明。孟子便說出種種賢人的起身及上臺的事兒。墨子更大膽,就主賢人的政治。孟子固爲要免去太巡環的方式,便說起來作王,要有種種條件。雖有平民色彩,但也不攻擊貴族。可是後來便似趨于王要平民作。但沒有作到,祇作到有產者可做官的方式。秦之起源更早,楚至漢初還是氏族社會,屈原、景差皆三族中人。所以廉頗到楚無發展,張儀到楚挨板子,荀卿到楚纔作個小官。到秦與齊則不然。有產者可以作齊國的外交官,如蘇秦等。因齊界于諸國之中,往來頗繁故,但不能掌政權,政權還在貴族之手,既然秦齊用此風,則平民之希望轉了方向,就希望自己學成去游說。孟子就比孔子驕傲多了。常常罵著國王和貴族。貴族祇會治內,不能對外。有用于他們便了。國際情形他們都懂,尤其河南南部的人,處在扼要的中心地故。鬼谷子教的就是國際政治學咧。貴族不會懂這些東西,祇堪蹲在家裏,不出國,如何知地形。貴族不知甘苦,不知平民的心理,所以兵的心理,他們也不十分瞭解,故必仰仗著外國的士人。故各國君王貴族之好士者不旋踵,天地人、兵法,他們的士人都懂,犧牲的精神也比貴族大。有錢可以買得神仙倒地、死人抬頭。財政權在貴族手中,故他們還得服從人家,用大將、用外交總長,祇在買他們的口才、勇氣而已。鬼谷子便教人怎樣揣摩人的心理。同時,有一般人他們絕不作官,如莊周等,可是也同侯王往來。有一般對于官看的很輕的。有的貴族有養士的風氣,名望不大的士便去吃閒飯。清朝吃閒飯的,是諂媚東家的,但戰國時却要裝作驕傲的樣子纔成。又一般〔一〕人是無產者,到處打抱不平。于是能作刺客,能賣命,故有些人也養活他們,他們有集團的活動。

第九講　春秋戰國時代哲人思想之勃興

胡適

1. 個人的注重

除了墨家勤勤懇懇的爲人之外，其餘恐怕都重個人。孔門的學說後來完全走上人本主義的道路。孔子本殷後，處處表現殷的文化，《檀弓》中所記的禮儀，很可以看到，他儘管説："吾從周，吾從周。"但他的弟子們還給他漏出餡來。祖先教與人本主義的調合，就成了孝的宗教。首要尊親，次不要顛〔玷〕辱父母，再要能養。敬是祭之本，哀是喪之本。後來固然有一部分儒者，還在靠給人家辦喪事吃飯。可是有一部分在提倡修身、修己。因爲己修纔可用于社會，不過不是個人的最高目的。中國的個人主義的理論，是很少見的。《吕氏春秋》有一部分理論是很澈底，以貴生爲情欲的標準。王荆公有篇文章叫《楊墨》。他説墨子爲人的不對。學者之事，首在貴己，其貴己有餘，然後可以爲天下之事。這是王安石的見解，孔子以後的孝的宗教的話，《吕氏春秋》常引他作爲己之則。

2. 辨學 (logic is the defender of faith)

總因護教而起。而各系統的學説，都有他的基本方法，這方法便是 logic。孔子太重名了，處處要正名，故能因作春秋而亂臣賊子懼。墨子發出實的討論，實在是很值得注意的。名不過是説明或限制實的罷了。名是方便而有，荀子説："約定俗成謂之宜""名無固宜"。名是人爲的。後來有一般學者在詭辯，有一般政客也在詭辯。慎到、莊周出而矯之,以齊萬物,一是非爲標準,以不齊爲齊,無物不然,無物不可。萬事萬物,"無動而不變,無時而不移",是亦無窮,非亦無窮,必去己弃知。

3. 天與人的關係

天是無爲,人是有爲,在第一時期就發端了。

| 天 | 無爲 | 內 | 出世 | 因 |
| 人 | 有爲 | 外 | 入世 | 革 |

代表天的是莊子,代表人的是荀子,所以荀子說莊子是蔽于天而不知人。叫它作大宗師、造化者,其實叫它作天、作神都可以。"何爲乎?何不爲乎?夫固將自化","安時處順"最好。荀子"我"常說"他是中國的培根"。他的《天論》很表示人爲的精神。性是惡的可能,善是人爲的,荀子尤有進化的眼光,要法後王。荀子的門下,出了兩個偉人,即韓非及李斯。韓非更看不起"常可"。李斯是中國第一次統一的中心人物,是古非今者至于殺。

4. 法家

司馬談說"皆務爲治者"。本來先秦的學說都有法學,都有名學,似乎不必孤立。法家是諸子的國家思想混合的產物。《墨子經》上篇:"法,所若而然也。"後來便變成公布的條文,以刑罰支配的東西了。韓非子說:"法者,編著之竹帛,藏之于官府,用之于人之謂。"又說:"法者,憲令著于官府,刑罰必于民心,賞存于慎法,而罰加于奸令者也。"論他之傳是正統派,論其學說,則衆說之薈也。如《正名》,孔子、公孫龍子、管子都有的呀,善有善名,惡有惡名。尹文子又提出"分"的心理態度來。無爲而治,名正法備,聖人可拱手而治。要做到法治的無爲。客觀、法治的事,不要用我。不用法則有喜怒的我在內,有自己的小聰在內,那末就不能治了。平等也是墨子的主張,叫人人都不爲非。

第十講　秦漢統治制度之演變

錢穆

從秦始皇至東漢之末，約四〈百〉四十年，分五時講。

1. 秦統一至二世三年，共 15 年，秦以前從未有統一政府

（Ⅰ）由封建變郡縣。蓋一人之力，絕不能新創立一種制度，都有它的來源。封建的破壞與郡縣的建立是一事的兩面。國內取銷采邑的封地，國外取銷封土。晉獻公盡逐群公子，晉國無公族，遂無采邑，故早有郡縣之制。派一個非血統關係的人去管理。第二是楚國，他滅了他國，便立縣。隔二百四十年，晉被分爲三，完全是郡縣制的國家，商鞅本梁人，後携其制于西秦。

（Ⅱ）由貴族世襲、軍功封爵。商鞅在秦，始講戰功，以敵人之首級爲進級之路。晉楚是先用郡國制的國家，但至秦始完全消滅封建，其間的演變不是人爲的、突然的。分天下爲三十六郡，郡設太守，直隸于中央。丞相與皇室無大分別，如現代的責任內閣制頗似。相原是王室的私人。

（Ⅲ）宰本貴族之家臣的稱號。天子、公侯、卿大夫皆有采邑，有家臣。采邑失掉，宰相之權漸大，大而與王室同一機關，可以管王室的事。王宮的一切，都統于天官冢宰。天官冢宰即王家之門房的演變也。他們的來源是很卑鄙的，不過這制度實在不錯。秦無內外之分，至漢纔有王室相府內外之分。不是由于理論來的，是實際變來的。秦國的家庭擴大了，他的宰相權也大了起來。十五年間的政

治，并没寫下留傳，漢朝的起來，不懂政治，他們的記載又不可靠。秦始皇實是一個嚴正的政治家，李斯是個嚴正的學者。

2. 西漢初期可分四期

秦之亡，在各國民族的觀念尚未取消，且第一次的統一，一定經過多方面的試驗、多方面的錯誤。這是秦祚短的原因，且秦皇死的太早。革秦命的一般人，還都擁戴六國的後裔，是可笑的事情。在漢高十一年，始將姬姓諸侯取消，封同姓爲侯王。

（Ⅰ）同姓功臣外戚三系之分峙。

（Ⅱ）郡縣與封建制之兩行。漢初中央政府所直接管理的是十五郡。土地不外現在之兩省，祇是四十一郡中的十五郡。此外都封了許多國家，大的有七八個郡，小的有兩三個。中央政府實際等于一個小國。各國的丞相是中央派的，其餘皆自派。中央祇有宗主權，實際沒大勢力。所轄十五郡，皆派一太守，全權處理，幾乎中央都不能過問。與古代的諸侯采邑無分，祇是不是世襲罷了。祇有京兆地是它能直接管的。所以説漢朝是秦制的反動，是復古的，故皇帝就講黃老，丞相便可飲酒度日，實際與春秋的封建制没什麽分別。

（Ⅲ）財產。有大司農爲國家財政部，少府爲王家財政部。人口田税，歸大司農。鹽鐵、漁、市井諸税則歸少府。古代是行井田制的。你種我的田，你們便給我"助"或"貢"的義務。山林與池，至冬，方令人民去獵與漁，全歸貴族祭祀用的。漸漸墾地歸民，非墾地歸貴族。山林池沼皆禁地也。跳到山木去漁鐵的，地主便謂之奸利。禁不禁住，便抽税而任之。故歸少府，《貨殖列傳》所説的那些鹽漁陶鐵的人皆初國家之所不許，後來演成少府的財力反大了。因爲那些耕種的人不如其他營業好。漢朝的税收很少，十五郡的田口税，是解給中央的。故這漢初政府是很小的。丞相從御〈史〉大夫升上去的。非同姓不可爲王，非軍功不可爲侯。漢武帝時始有法律的規定。丞相非封侯者不得爲。至漢景帝時，與高祖爭天下的功臣都死完了，便從世襲的侯中選出了。御史大夫下有御史中丞，統制王宫中的事。蓋御史是從王室跑出來的。功臣階級是政權的階級。丞相、御史是從秦的。這情形是不可久的。後异姓諸侯打倒同姓諸侯，便到漢武帝時了。

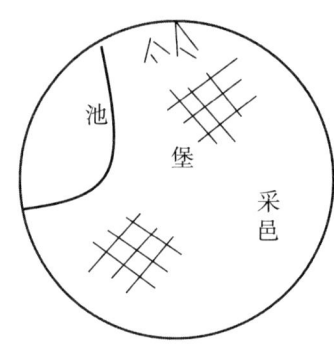

3. 西漢全盛——秦時無貴戚，漢時有之

這纔是漸漸走到了統一路上。功臣不能把握政權了。軍功又被世襲給勝了。漢武帝始真用平民爲丞相。第一個是公孫弘，封侯爲相，在一時。家臣爲丞相，爲一轉機，今又一轉。丞相被天子任意去封罷，他的權力也就小了。尚書其實是書記出來的，侍中就是書房的聽差。武帝死時，恐將政付相不可靠，遂封大司馬、大將軍輔政，都是外戚，都在內廷。丞相與大夫無權了。外戚便成了王室的代表，後打匈奴，武帝慷慨，將少府所收歸大司農管，以補軍費。昭帝後，昌邑王霍光開會議王位，可廢可立，丞相爲外府，不可問也。王莽遂以大司馬、大將軍而篡位，武帝是一個浪漫的文學家。

4. 東漢——取銷丞相，設三公制

是由丞相、御史大夫、太尉，變爲大司馬、大司空、大司徒。光武復重在臺閣，就是尚書，實際大權還在外戚之手。宦官也可以作王室的代表人。東漢帝王年紀很輕，外戚便有了機會。西漢末，均如是。光武在位三十三年，後愈來愈差，皇帝壽短。外府還未能干涉內廷的事。故王常利用宦官來打外戚。繼而出新興階級就是士。太守權很大，可自由辟置人員。府中的府掾屬也，由自己任用。用的人差不多總要讀書的人，便與前不同了，故有士發生，同研一經，起而有門生故吏的官吏間的關係。這系統，起而與王家對立。太學的擴大，西漢末有三千人，東漢號有三萬學生，他們都聚在一個城內，官吏之進用，皆受太學生的輿論支配，這叫清議。這新興制度，就成了門第制度。累世經學，如孔、伏兩家，漢朝爲官者不絕。作官由也了世襲了。他們看不起別的人。遂興黨錮之禍。丞相、三公可以自己辟置自己的人，作官的不必知道中央政府，祇知門第。袁紹的母死，就有三萬人送喪。魏晉承之，民人無國家觀，遂根深蒂固。

第十一講　秦漢對外之經營

錢穆

　　秦始皇的對外，是襲取戰國之政策。我們以前講過那很強的外族，據在此方。秦始皇的對外可分兩方面說，一是匈奴，一是南方。匈奴之先，有謂是夏禹的。秦統一後，注目就在他身上，先打河套一帶，置四十四縣城，并造長城。秦都咸陽，原西狄之地。河套距都四百多里而已，故定之，而造馳道。河套昔名九原。經過淳化北如雲陽一帶，路長一千八百餘里。造者蒙恬，《秦本紀》謂已造成，蓋秦始皇之靈柩之歸來，即由井陘、九原、直道而到咸陽。太史公并自謂看過這條道的。長城從甘肅的臨洮到遼東，以先，趙、燕均有長城，秦皇把它連起而已。蓋那時不但對外有長墻，對內亦有，都是長數百里。如"封略之内，莫非王土"，封即長墻也。至戰國，齊梁有之……秦皇起，即將對內長墻除掉，對外者連成之。其對南方，即五嶺之地。秦統一時，對燕、趙、與楚非常難打。在五嶺之南，立三郡。但他的注意焦點還在北方，故令長子及蒙恬戍之。自己同丞相李斯，周游齊魯之地，以文化軟化東南地方。秦皇死，李斯或矯詔殺扶蘇及蒙恬。恐怕李斯代表東方的文治派，而蒙恬代表西方的武力派。設扶蘇不死，則歷史又當別出矣。

　　漢高祖先都洛陽，後遷咸陽。河套爲咸陽屏障，河套人烟稀少，匈奴居之，故高祖嘗困于平城（山西地），此後婁敬進和親之策。當時，連年戰爭，人丁很少，平城之困，高祖以全國軍則祇有三十萬人，馬匹又少了，經濟亦陷于不救。

异姓王如韓王信與盧綰嘗因在邊疆，而與匈奴内犯。所以没法子，祇好把女兒嫁給他們，而通關市。漢律有關塞，不許私貿易，如南方之需鐵，匈奴之需繒絮、酒、米等。匈奴便以大量的牛馬等物易之。中國人當然很願幹。匈奴人也願來。其實匈奴注目就在關塞之開放。和親不過是政治上的外套而已。但通商非有後盾，即非有武力不可。這種通商是不平等的，中國是工業品，而牛羊是自然品，換起來，他們非常吃虧。爲時不久，國用不給，非絶裂不可。漢文帝派宦者中行説（匈奴人降中國者）送女下嫁，首，他不欲往，説：我往則邊患急，漢不聽。他到匈奴，力斥漢貨，提倡己物，并且交換，我們非常吃虧。匈奴人爲之動，頗不平。于是還采用搶的手段去得到生產品，每年搶一回便行了。故漢不堪其擾。其政治上有單于，及左賢王、右賢王。單于居代、雲中一帶，右賢王在山西北部，左賢王在遼東。有24萬户，部落也。他們是活動的，没法攻防。且中國并不喜歡他的貨物，可是匈奴可喜歡内地貨物，文帝時，内部還不堅固，賈誼倡攻伐説，不能用。晁錯倡移民殖邊，雖爲景帝所用，但不爲功也。還用緩和政策。至漢武帝内部統一，内無顧慮，用馬邑之謀，約與匈奴貿易，在朔縣伏重兵，後爲匈奴所覺，不成功。（可看《韓安國傳》）王恢以不打論被武帝所殺。冒頓有控弦之士祇三十萬人。頂多在匈奴的人口祇有五十萬人而已。中國的大郡就有二百多萬人口。守是吃虧的。第一步决定打，第二步决定打他的右方（右賢王之地方），他的辦法很對。主父偃主張去打河套，南匈奴之根據地也，遂置朔方郡。後欲用詐，誘漢兵入漠北，而漢兵滿不在乎。便訓練馬隊，每人有三四匹馬，載糧頗富，匈奴人殺傷衆矣。匈奴打中國，總在東方，山西之地，中國打匈奴，總在西方，在陝西之北。西域是他們的生路，故著著往那裏跑。武帝的計劃非常好，但動機却不怎樣好。原來當時政治思想，皇帝要受命，受命有符瑞之表示，符瑞有自然與社會兩條路，成功，太平後，要改制，要封禪，而報告成功，故漢武就征服四夷，以造己的天瑞。但此代價太糟糕了，他還是浪漫的文人，四夷來賓是他的目的。可是以後經濟破產，西漢的民族思想當稱健康，人才亦富，如霍去病，乃一外戚，第一次出征祇有23歲，隨衛青出，携八百騎，歸封侯。25歲曾降渾邪王來。漢武很喜歡他，死時纔29歲，真中國第一將才也。而太史公頗貶之。行募軍制，隴西，六郡良家子，常投軍建功，如李廣之輩是。

東漢時無强大之外族。敵人祇有西羌。給中國造的禍也很重。安帝永初（十幾年中）與西羌戰，用戰費二百四十億，并涼二州，皆毀。順帝永和八年之久，用兵費八十餘億。後把西羌打掉了，又用去四十四億，遂有西涼軍之特出，董卓其將也。我們看看中國的古代，東方是文化經濟的重心，而西方是武力政治的重心。故秦及漢初均徙豪富來。少府經濟三分之一，去造陵寢。難民亦來是，爲宦者亦往求。故中國勢力一天天的向西活動。後太過了，便有衰頹之勢。河南、山東之人才，不欲西向。西漢時極力去開渠屯田，東漢後多不欲出函谷，西羌本甚小的部落，而東方人的官吏，畏其亂漸東遷，頗失策，而弃涼州；虞羽〔詡〕非常反對，但無效。他又說西方尚有屯軍田二十餘萬，每廿人出一馬，得萬騎，漢采之，命爲將，遂得計。中國在漢時，取守勢必敗，取攻勢必勝。

21.12.1－35

第十二講　西漢經濟及王莽改制

陶希聖

　　漢初的經濟，在秦統一的時候，奴吏制度與商業已發展有三四百年之久。山東出布帛，主要是種桑麻，甘肅是大規模的牧業，四川是出奴吏、藥材、小馬，長江流域出木料，齊東之地出鹽，鐵出于南陽（河南西南、湖北西北部），鐵廠有一千奴吏的。國家的奴吏有兩種，一是虜〔擄〕來的，一是世襲的，叫奴產子。又有從刑罰來的奴吏，有終身的，有一時的。作阿房的有五十萬，驪山三十萬，長城七十萬，這是秦皇的奴吏數。大地主的興旺，佃戶增加，壓迫極了，便造謠，謂之秦讖。或暗殺與暴動，如陳勝揭竿一起，農民蜂起隨，江蘇頂利害，當時大商出于齊，大姓如齊田氏、楚之昭屈景，均被遷于陝西。這是漢高得位以後的事。項羽是貴族的軍隊，劉邦是平民的軍隊。并且打仗的地方都是繁華之地。打仗時非有屯糧之倉地不可。河南新鄭一帶即是。農業最精華的所在完全破壞了。戶口減少，十餘二三，都市亦隨之破壞。劉邦的軍隊均東南地人（如安徽等），楚霸王封漢高爲漢中，兵士有歸志，韓信利用之，東伐，卒得勝。關中地賴漢高之力，得保。漢高在關外地，任意破壞財產，而入關則約法三章，保障富豪。奴吏、生產、貨幣交換均毀，遂放歸兵士作農。分封軍功及同姓，封縣爲侯，封郡爲王。收稅于農民，很輕，十五分之一爲田稅，後改卅分之一，并時無。另外有賦，對于工商業者的，很重，一戶有二百錢，千戶可收二十萬錢。王侯所屬郡縣之官吏均自派。中央政府也不過一郡那末大。在此現實經濟之下，不得已耳。諸侯王來朝，位在丞相之上。漢不過一國，可是太守由他派，漢中又富，諸侯王每年來一次即可。這是不同于其餘國家的。商業雖衰，但農民都有田地，家給頗足。奴吏除世襲者外均解放，有小地主，可在縣衙爲小吏，家財要在十萬萬錢之上，不受祿。各郡國均本地方的人作官。"富貴而歸故鄉"，即在中央政〈府〉活動下，回來作官，如朱買臣是。小吏之看倉者慢慢兒便姓倉，管馬的姓馬。這樣子過了三十多年。相有湯沐邑，天子有少府，有事則懲罰民人去當差，故倉庫滿得很，穀子都壞了，沒什麼用錢的地方。于是這錢便用三分之一造墓，三分之一作賞賜，三分之一做國需。漢武帝的墳被董卓掘了，搬錢搬了三個月。漢高祖時，非常窮，天子纔能有兩馬，一馬要廿萬。將相出乘牛車。韓信被殺，則與漢高同車來。而民間以土廣人稀，非常安逸，統治者反到很窮。小家族的生產制，父母、夫婦同產所組，祇五六人或七八人而已。大家族是東漢以後的事。小農場的工作，有大罪誅三族，其實三族即一家。間有家族奴吏生產，農民在西汗〔漢〕無暴動者。統治者祇希望人口增加、墾田增加而已，其他無所圖。故黃老稱霸，清静無爲，文景之世，果然加多。封君因富而出了毛病，驕侈淫逸，無所不爲。异姓王都被漢高殺了，同姓王的富也增。中央政府更好，于是大都市又恢復起來。人口增加率高漲。一萬户的侯，變成三萬。吳王最富。于是賈誼出來痛哭流涕了，進其《治安策》了。鹽商、鐵商，尤富，能專其價。漢武纔禁止兼業。其實他們還偷著買土地，他們比較侯王還富的有，以二分行息，有千萬的人，便可擬侯，萬萬的人可起王了。通侯所需，所賣既貴，需要又多，便借債于豪商。而王則富可敵漢，中央政府，非常難過，便打起來了。一方面窮民都幫中央，諸侯王多無能，故敗。後之王，實無權了。小農因豪商的兼并，與自足的不能，便賣身爲奴吏了。平安的生活毀了，豪商可由奴吏去作，自己常游于王侯之門，無敢如何之也。中央政府之權遂高，統一之勢完成。惠帝時，權均在相。惠帝死，吕后當權，利害的很，功臣都怕她。諸吕已死，權復在相，賈誼雖有才而不能用，朝〔晁〕錯終被犧牲。後來王侯，爲武力及經濟所壞，豪商起來了。皇帝如漢武，統一帝國之真主也。漢高被圍于平城，吕后被辱于文詔，而到漢武却不客氣了。西域有馬、玉、葡萄等，故開西域。一方面與蒙古通商，以少易多。烏氏倮秦時之如此作者也。但匈奴也有法，等秋高馬肥時，任意來掠虜。奴吏主要得奴吏，則開西南夷。商人要覓市場故與匈奴開仗。蒙人不能作奴吏，無所用之。打匈奴非常費錢，衛青治兵有策而循規，而霍去病祇會瞎衝，少年用事，欲籌軍費，則鹽鐵公賣，但鐵一專賣，農具不良，農人非常吃虧，便非用商人爲吏不可，商人並不吃虧，又兼行均輸政策。但作之者非人，商人更能乘機取利。又依産業納税，自己去報告，虛假者有人發之，則沒收，而利獎告發者，結果總是商人發財、農民破産，窮民遂有暴動之組織。堤溝不顧修，而黄河破口，農民更不能活。武帝的大問題就是這個，怎樣作太平天子，怎打匈奴，怎治黄河。爲大宛馬，打了一仗，廣求馬種，想整騎逐匈奴。費了種種無味的行爲，結果黄金不得，河決不治，謠言大起。由謠生恐怖，武帝益猜疑，連妃子、太子都以爲靠不住了。漢武晚年改悔，加意改良農具，行代田法。一塊田時耕時息，亦漸肥，率兵治河。一方以武力與懷柔去治亂。漢武死時，祇有小子，生母年青，漢武先殺之，並托輔于霍光。昭帝不幾年死，宣帝立，頗明正。宣帝平民出身，就有一個人證明他是魏太子的兒子。成、哀時，又無辦法。

董仲舒有限田之策，武帝不聽，成、哀時，師丹復提出，擬出條文，不敢公布。大奴主不贊成，可是土地兼并非常利害，地方的農民暴起很多，儒家如董仲舒亦不主張防治。就有謠言，要再受命。儒家欲作古文派的宣傳者，出而與今文相抗。劉歆是皇室，亦倡古文。師丹是今文派，便排斥之去位，但劉歆與太皇太后頗來得，王莽遂出，王莽以第二周公自居。找一個嬰兒他來輔位。公田法，百畝之外充公，與其鄰者，禁私有奴吏，整齊貨幣，不許商人摻雜價格。設管府，借貸出于公家，利息很少。山林由國家管理，均輸價格。官有器具，可貸于民，都據《周禮》。但結果沒有改好，取消俸祿，給封邑。官吏心理失據，所行非所令，上下俱亂。劉秀之田就沒均。窮民請願，皆不得。官僚均豪富出身，利害衝突，王莽亦明此，去用平民，但不收一效。

第十三講　東漢之清議與黨錮

錢穆

　　欲明此，請先講宦官之來源。秦朝有所謂中常侍，侍皇帝起居，宮中之士人也。本無政治上之權力，由漢武時，始漸掌內廷機密。西漢時，權尚不大，祇有弘恭、石顯而已。東漢時，以奄充宦官，廢士人。是時，大權在外戚，而不在丞相。有三公，皆外廷大臣，無實權。外戚與皇室本是一道的，外廷又是一回事。中外隔開，宦官權盛。殺竇憲是宦官拿權的第一步。梁冀是頂大的外戚，他家有七侯，三皇后、六貴人、三大將軍、夫人、女食邑稱君七人、尚公主三人。卿、校、將57人。桓帝時也，為梁冀所殺大臣也很多（杜喬、李固）。一日，桓帝如廁，小宦官唐衡侍之，帝問之曰："你們與外舍（梁家）不相得者有否？"唐衡告有四五人，遂召之來，共謀誅梁。梁死，朝廷為之一空，梁有30萬萬家財。桓帝封唐衡所指五人為五侯。以後宦官的勢力日益澎漲了。當時作官有兩條路，即察舉、辟徵。前者是由郡縣中太守選之，多出椽屬。後者是郡縣自用的官吏，即辟徵也。宦官也有家屬，有養子、兄弟、親戚，都可以因之而貴。唐朝纔有客觀的標準。故宦官不易在政治上拿到最大的權力。于是內外官吏，宦官的親屬布編。

　　宦官是清議的對象之一。先我們講桓帝以前清議對象是外戚。清議是代表正義，針對不正當的勢力在朝庭〔廷〕上。但黨錮為什麼不與外戚衝突呢？為什麼起在桓帝以後呢？蓋清議造成很大的勢力，與宦官亦造成很大勢力，都在桓帝之後。楊震、李固、杜喬雖為清議而犧牲，但未成勢力。

　　清議之起，由于察舉制度。西漢時，舉賢良、孝廉、賢良者，有才能者。孝廉是有德行者。無定期，無定額也。朝庭〔廷〕下詔時，太守即選士應舉，至朝庭〔廷〕對策，則可作官。應賢良之詔者夥，應孝廉之詔者少。蓋居家能孝、為吏能廉者，非了不得的人物，是沒大出息的人，如西漢以孝弟力田相并標榜。孝不過恭順子弟的事。賢良才能赫赫，人所重也。漢武時，便命每郡每年舉孝廉二人，後不舉者加以罪，纔勉強有舉的了，舉後置郎屬，則可作官了。上書也可作郎。東方朔、司馬相如是。要穿新衣、騎肥馬，與皇帝的騎士差不多。以賢良為郎者，如董仲舒、晁錯，是。提倡賢良是儒家思想，提倡孝廉是歸真返樸的道家思想。漢有103郡，每年有206孝廉，于是孝廉充斥了，賢良少了。從前應賢良者，現在也應孝廉了。西漢末年至東漢時便如此下去，孝廉為最大的出身。但政治上應當偏重才能。德行以備一格而已，竟變為一唯一標準，那末，一般人都想作孝廉的模樣了。三年之喪太普遍了，便出了六年之喪了，六年又俗了，趙臺住隧中廿餘年，長官陳蕃（桓帝）問他有幾子，他說有五個，都是墓上生的，顯見是假行法祿而已。廉是不取非分之財，有許武者，兩弟名宴、名普。兩弟愚懦，欲成其名，遂倡分家，他多分了，兩弟以讓聞，得名了。三人都得名了，後又平分家財。范冉吃姊飯，置二百錢而後去，斯廉也。此種風氣，有時很可笑。道德本是起馬的條件。東漢人總想作個過高非常的事，故有清議出，實是吹毛求疵的習氣。太守有察舉的大權，太守為舉主，被舉者為故吏，故有報恩之說。于是舉主便喜歡舉節烈、尚氣任俠之士，遂造成名士的團體。講節烈，講報恩。孝廉是家庭，報恩是太守，就沒有了國家觀念。第二便因為太學生，武帝始有名博士弟子，祇五十人，元帝2000人，成帝3000人。東漢順帝，已極擴大，桓帝時30000人了。在中央造成極大的勢力，遂造成黨羽。如果名士真正對抗宦官，未嘗不敵。而一般名士不以政治為中心，而以個人名譽為中心。打仗亦重名而不重功。無團結，無方法，宦官却有計劃、有手段的。他們的衝突却從地方起，非自中央。你在我的下面就殺你，我在你的下面便殺我。桓帝延熹九年，興第一次黨錮獄，竇武救之出。桓帝後，外戚與名士，站在一條戰線上。不幾年，第二黨錮獄又興，皇甫規竟上書詔謂應下獄。入獄是名譽之事，以能入獄為榮，故有靈帝時的第二次。張儉是起頭的。歷史是制度與風俗的問題。東漢史很有意思，但覺悲傷，愚的好人們，馬虎的好人們，結果慘死，令人覺得勿作好人的必要。范滂死時，謂其子曰：余無言，余并非壞人，而死，汝亦不要作壞人。可見東漢的好人太不聰明，不會革命。沒有改造皇室的精神，他們的思想，欲去宦官而無計劃與團結，可是又不照法律去行。

歷史是盲目的，有時一些理性沒有。

第十四講　兩漢博士制度及其經學

錢穆

　　此題有種種之爭論，姑抒己見，以免麻煩。博士制度始于齊稷下先生制，在齊國有150年中，行此制。不治而議論諮詢，又名"列大夫"，沒有實際上的官職。到秦漢就變爲博士制，專供討論。稷下先生也有弟子，博士同之。員數同爲七十二位，原孔子有弟子七十七人，或謂七十二人，采意于是耶？叔孫通爲博士，而封稷嗣君。鄭康成稱孔安國曰："我先師棘下生。"棘下即稷下。博士在秦是個咨詢機關，即顧問。1. 教弟子；2. 國有疑事，掌承問對，又掌通古今。此皆出《後漢書》。不專掌六經。稷下先生固有一部分講孔學的，如荀子。但大部分還在反對孔學。秦始皇卅四年，會宴諸博士，僕射周青臣，面諛，謂郡縣制有據。淳于越非之，引起政論，李斯以爲他們以古非今，不通世變，便主張焚書。第一類是燒的史書。歷史上每次燒書，均是史記首遭其劫，以其涉政也。第二類是非博士官所職，盡燒之，如《詩》《書》百家語。史即"官書"。《詩》《書》是古代官書，百家語是近代的民間書。家非專家，對官而言家，家者，私也。故有謂"五帝官天下，三王家天下"。直至唐皆如此解。春秋以前，學政不分。民除納稅、當兵外，無有專爲學問的一階級。春秋末，貴族潦倒，始有私家講學，故有孔家、墨家之説。

　　博士的內容可變動，因定學術于一尊，伏生以尚書博士而逃。恐怕《公羊傳》

未燒，卜、種、醫未燒，博士官書不燒，民間書均被燒。秦始皇要恢復政教合一、官師不分，而以吏爲師，章實齋之言是。百家語，秦朝不見得看重，官書如歷史簡直都完了。漢初百家語復興，講之者頗不乏人。蓋《詩》《書》本是古董，戰國人恐怕就沒多人去研究他。"偶語《詩》《書》者弃市，非今者族。"百家語不燒的，祇罰三個月苦工而已。漢初學者通古學六藝者少，通近代新興之學者多，原因即在此。漢初諸子傳記皆立傳士。儒家與五經非一，亦屬百家之内。武帝曾罷黜孟子博士。《藝文志》有六藝略，次之以諸子略，中首列儒家。可以列入六藝者，初尚有《論語》，武帝亦罷黜之。但爲什麼尊重孔子呢？祇以他傳六藝之功而已，其能新創一派，猶附條也。武帝爲何尊六經而罷百家呢？蓋武帝是秦皇的反動，他非要尊古抑今不可，他也是要官學術于一尊的。有講詩者曰轅固生，有講老子學者曰黄生同在朝，竇太后信老，問轅固生以老子何如？曰："家人言耳！"太后曰："安所得司空城旦書？"城旦之刑，三月苦工，秦之挾書律也。太后怒，猶謂之犯刑，令之下圈刺彘。景帝無法，給之利刃，得方便了事。司馬遷是講古學的，當然他講古史，這是他的本分。所以他講要六藝，滅視百家語，而提倡古書。史家立場也。李斯以政官立場，故倡今學。政治家又出了個董仲舒，說秦國淺薄，所行無幾年而止，何如周之政學爲可靠耶？武帝然之，罷今典學術之諸子之原因也。黄老利于專治，儒家有主革命者，不利于專制，爲博士不通一書一術，既爲博士，并不專名之曰尚書博士，占夢博士也。五經博士亦通名也。董仲舒則通通，申公通《詩》及《公羊傳》。專通一經者很少。每經當博士二三人。當時講學者尚無所謂家法，口口相傳之說乃家法說，但不可靠。宣帝後，始有家法之後。董仲舒講五經非一部一講，祇拿出幾句幾條而標榜，可謂之爲大義派。專一經爲一家者，謂之爲章句派，講經學者不一家，中便生出種種衝突，于是宣帝聚學者聚訟，請高師評判，以定于一尊，但結果相反。都有理由。于是尚書就有大夏侯尚書、小夏侯尚書、歐陽尚書出來。但無大小夏侯之尚書，歐陽尚書亦不立也。故此前無家法。宣帝有詔不許于三家之外再有說，于春秋二派之外再有說，如同武帝不許于五經之外再有所講一樣。章句之學，始于小夏侯建，以應敵也。闕所不知的大義派，宣帝時已不時髦。存不能講通者，亦多通之。遂有家派（可看《藝文志》及《儒林儒傳》），《史記·儒林傳》還沒有分家，今文學家所謂"具文飾說"，具文者逐句逐家生解也。飾說者不通者通之也。後又出古文《尚書》，多朝廷之《尚書》十六篇。出孔壁，舊本《尚書》也。又出《左氏春秋》，及逸禮。

當時,劉歆見之,謂宜列博士。于是今文家站在一條戰綫上了。總之,均古文舊書,乃于中,再加幾部書而已。祇有已立博士與未立博士之争,無今古文之對戰。祇推廣道術而已。劉歆的錯處在將《周官》改《周禮》,《左氏春秋》作《春秋左氏傳》。光武即位,便取消王莽所立博士,即古文博士。朝廷之章句家,"堯典"二字,便解釋出三萬言出來。王莽看不過,便限制不許逾廿萬言,郭路校書,便死于燭下,其努力可知。但民間之大義者,可明多家,此古文學講大義説之所以勝于今學也。

今古文的劃分

	外表	内容
古文	未立博士	微言大義
今文	已立博士	訓詁章句

兩漢經學的劃分

兩漢經學	明經致用,旨在爲政
東漢理學	專爲章句,分家講學

第十五講　陰陽五行思想與秦漢的宗教

三教中儒不成教，道教學佛教而來，亦非正式宗教。我們要研究釋教未來時的中國老宗教。

1. 東周以前的宗教思想

上帝與先祖合起來成一宗教，今祇有貴族的材料。

```
上帝 ┐
     ├ 天子
先祖 ┘
```

《宗周鐘》："隹皇上帝，百神保余小子⋯⋯以邵各不顯祖先王，其嚴在上，熊熊數數，降余多福。"隹即唯，邵即紹，各即格，不即丕，嚴者，靈也。

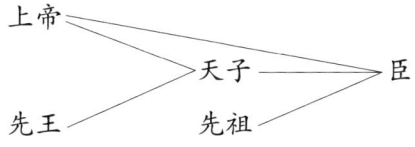

革命二字是腐化的詞，命者天命，對受命而言。鄭莊公打倒許國，而說："天禍許國，鬼神實不逞于許君，而假手于我寡人。"這是官話，門面話。《詩·商頌·長發》："湯降不遲，……上帝是祇，帝命式于九圍。"這是商得天下的原因。《尚書·多方》："乃惟爾商後王，逸厥逸……天惟五年，須暇之子孫，誕作民主，罔可念聽……惟我周王，靈承于旅，克堪用德……天惟式教我用休，簡畀殷命，尹爾多方。"這是周民族得了天下，說商朝失天下的原因。《詩·大雅·大明》："惟此文王，小心翼翼，昭事上帝，聿懷多福，厥德不回，以受方國。"這是文王受國的大前提。《詩·大雅·皇矣》：皇矣上帝，臨下有赫，監觀四方，求民之莫……乃眷西顧，此維與宅……帝謂文王：'詢爾仇方，同爾兄弟，以爾鉤援，與爾臨衝，以伐崇墉。'"莫即瘼，上帝能和文王講話，這是上帝的命令，故去伐崇。鉤援，雲梯也。衝，衝車也。武王之生，亦上帝之命。《詩·大雅·大明》："有命自天，命此文王，于周于京，纘女維莘……篤生武王，燮伐大商。"武王如何打仗？且看《詩經·大明》："殷商之旅，其會如林。矢于牧野……上帝臨女，勿貳爾心。"（以上講上帝）

《盤庚篇》可參看，知先祖的重要。

2. 卜與筮的代興

《易經》的製作——因要天人溝通，使用卜筮作工具。卜是用龜甲，獸骨，筮是用蓍草，卜用的東西不易壞，故有今安陽的大發現。龜甲用于祭祀，獸骨用于出入，征伐、田獵、風雨等的占卜。骨有兩處可用，一是胛，一是脛。龜甲為腹甲。于腹甲上攢〔鑽〕一孔，用火燒而起紋路，呈卜卜等狀，以定吉凶，其統曰兆。《易經》是蓍草的結果，因蓍草較之用甲骨簡易故，故名為易。蓍草一束，數之為雙，即陰，數之為單，即陽，從下向上壘起。

☰ ☴ ☲ ☱ ☷ ☳ ☵ ☶
乾 巽 離 兌 坤 震 坎 艮

甲骨文中無卦字，或出于周初，但文字不載。《左傳·僖四年》："晉獻公欲以驪姬為夫人，卜之，不吉；筮之，吉。公從筮。卜人曰：'筮短龜長，不如從長。'"今舉一卦，以明作卦者思想。

☳ 《咸卦》："初六，咸其拇，六二，咸其腓。九三，咸其股，九四貞吉，九五，咸其脢。上六，咸其輔頰舌。"

拇，大足指；腓，小腿也。脢，背也；輔，亦頰也。

咸卦，交感也。商朝是游牧，骨類不愁。周農業初興，草類易尋。《易·繫詞〔辭〕傳》："天尊地卑，乾坤定矣，卑高以陳，貴賤位矣。動靜有常，剛柔斷矣。"

（二元論）

陽	天	高	貴	剛	君	父	夫
陰	地	卑	賤	柔	臣	子	妻

其實是哲學上的一種說法，而見諸實際，人生便生了很大變動。

此種思想制度存留于北平的遺迹。

3. 那時的教士

那時的教士，是史、巫、醫三種人，還有祝宗，祝司祭祀，《周官》所列尤多，如占夢等。通天地人的就巫輩，是很了不起的人物。《書·君奭》："在太戊……巫咸入王家，在祖乙，時則有若巫賢。"

《國語·楚語》："民之精爽、不携貳者，而又能齊肅衷正，其智〈知〉能上下比義，其聖明能光達宣朗……如是則明神降之，在男曰覡，在女曰巫。"巫者即聖人。可見了不得。

說史的事情，如《易·巽卦》"用史巫紛若"，《書·金縢》："周公……告太王，王季，文王史乃冊祝曰：惟爾元孫某……"，《左傳》成十六年"晉侯將伐鄭……筮之，史曰吉"，《論語》"文勝質則史"，可見史是會順口開河的。醫本與巫合作，現行所謂跳神醫病是。《呂氏春秋·勿躬》："巫彭作醫。"此醫的來源也。揚雄《太玄經》："爲醫，爲巫祝。"《山海經》恐怕是巫作的地理書，談醫的地方很多。《南山經》："有木焉，其狀如穀而黑理。其華四照，其名曰迷穀，佩之不迷。""旋龜，其音如判木，佩之不聾。""虎蛟，其狀魚身而蛇尾，其首如鴛鴦，食者不腫，可以已痔。"與本草頗一。《海內西經》："巫彭、巫抵、巫楊、巫履、巫凡、巫相，夾窫窳之尸，皆操不死之藥，以距（却死氣）之。"《大荒經》："大荒之中……有靈山，巫咸，巫即，巫盼、巫彭、巫姑、巫真、巫禮、巫抵、巫羅，十巫從此升降，百藥爰在。"可見醫史是巫的副業。古代知識階級皆不逃宗教之外。《史記·太史公自序》謂："文史星曆近乎卜祝之間，爲君上所戲弄。"這是漢朝的牢騷話，已失掉已往的權威。

4. 那時的宗教儀式

《左傳》上發誓之詞，總說"皇天后土"。皇天即郊，后土即社。郊天是頂隆重的典禮，除周天子之外，魯國有郊，每天一次。以祭處在郊，故名。郊社未見甲骨，《書·召誥》："用牲于郊，牛二……社于新邑，牛一，羊一，豕一。"《禮記·祭法》："王爲羣姓立社曰大社，王自爲立社曰王社。諸侯爲百姓立社曰國社，諸侯自爲立社，曰侯社，大夫以下成羣立社曰置社。（百家以上共立一社）"同現在的城隍廟土地堂一樣，《逸周書》"作雒解"："乃建大社于國中，其壝東青土，南赤土，西白土，北驪土，中央黃土。"與中山公園內的社稷壇一樣。但《禮記》與《逸周書》，不一定靠得住。

《甘誓》："不用命，戮于社。"《左傳》閔二年："帥師者受脤于社。"脤，祭社之肉也。《左傳》襄二十四年："齊社，蒐軍實，使客觀之。"《左傳》莊二十五年："日有食之，鼓用牲于社……于是乎用幣于社。""秋大水，用牲于社。"如水猶不退，魚如何辦法。《孟子》："犧牲既成，粢盛既潔，祭祀以時，然而旱乾水溢，則變置社稷。"社遂爲國家的代表。襄二十五年："鄭子產伐陳，入之，陳侯免，擁社。"社，社主也，如官印一樣。《禮記·郊特牲》："喪國之社，屋之。薄社北牖。"薄即亳，湯都也。《穀梁傳》："其屋亡國之社，不得達上也。"俗謂城狐社鼠，可見社中樹木很多。《春秋》成七年："鼷鼠食郊牛角，改卜年，鼷鼠又食其角，乃免牛。"

稷　《詩·周頌·思文》"思文后稷，克配彼天。"《詩·魯頌·閟宮》："皇皇后帝，皇祖后稷。"《左傳》襄七年："郊祀后稷，以祈農事也。"《孝經》："昔者周公郊祀后稷以配天。"今所見天壇，即郊天之所。先農壇即稷之遺風。

宗廟 實際情形不多知，漢人雖大談特談，若都靠不住。《禮記·王制》："天子七廟、三昭、三穆，與大祖之廟而七，諸侯五廟，二昭二穆與太祖之廟；大夫三廟，一昭一穆與太祖之廟；士一廟，庶人祭于寢。"今見太廟所列位亦仿之。

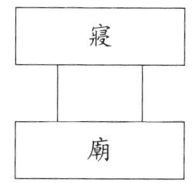

《左傳》上不一定如此。

祈望 國內山川，封朝此國者必祭。《王制》："天子祭天下名山大川，五岳視三公，四瀆視諸侯。諸侯祭名山大川之在其地者。"齊魯祭泰山。晋祭河。楚祭江漢。《左傳》昭二十六年："至于夷王，王愆于厥身，諸侯莫不并走其望以祈王身。"愆于身有屬也。此外有六宗：時、日、月、星、水旱、寒暑。見《祭法》。

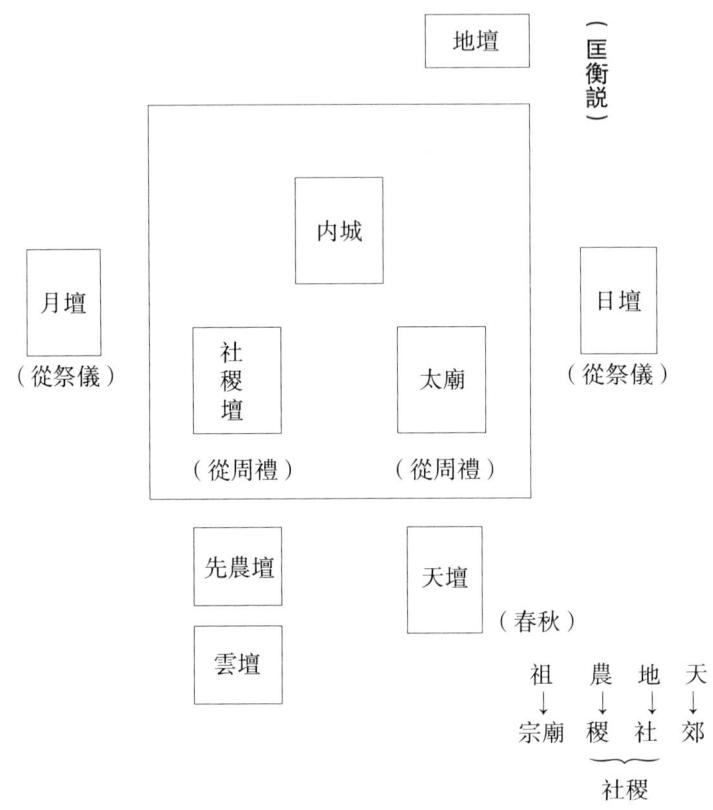

有地壇及農壇外，爲何又有社稷壇呢？亦有原因。《周禮·考工記》："建國，左宗廟，右社稷。"

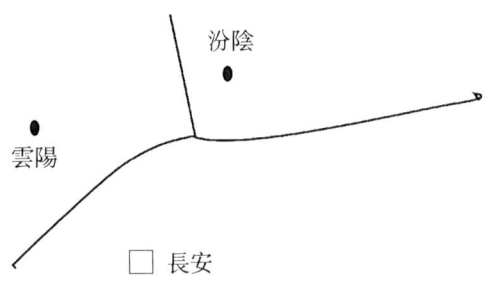

漢武帝喜祭祀，于雲陽有天壇，汾陰有地壇。

《漢書·郊祀志》：成帝時相匡衡謂："祭天于南郊，就陽之義也。瘞地于北郊，即陰之象也，天之于天子也，因其所都而各饗焉。往者，孝武皇帝居甘泉宮，即于雲陽立泰畤，〈祭於宮南〉今行，常幸長安。"（祭天，燔；祭地，瘞；祭水，沈）"郊見皇天反北之泰陰，祠后土反東之少陽，事與古制殊……"

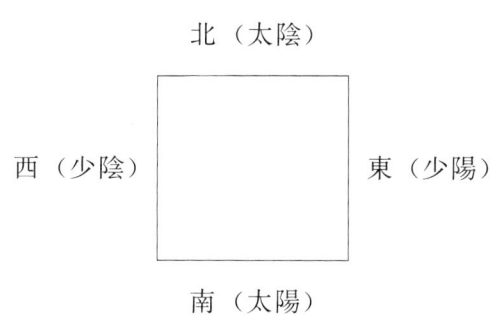

成帝依之，而遷入王城左右。《禮記‧祭義》："祭日于東，祭月于西。"

後"社稷"遂代表國家，先農壇古代未有。

5. 國別的宗教

材料不多，《墨子‧明鬼》："燕之有祖，當齊之社稷，宋之〈有〉桑林，楚之有雲夢也。此男女〈之〉所屬，而觀[者]也。"祖有作祖澤者。桑林，古謂湯禱桑山之林。山川皆望。秦宗教材料較多，秦有西畤、鄜畤、武畤、好畤、密畤、上畤、下畤、畦畤。西畤祠白帝，鄜畤亦祠白帝，密畤祠青帝，上畤祠黃帝，下畤祠炎帝，畦畤祠白帝。秦爲拜物教，南山大梓，豐大特，陳寶祠（石也）等。雍之廟祠："日月，參辰，南北斗，熒惑，太白，歲星，填星，辰星，二十八宿，壽星，風伯，雨師，凡百有餘廟。"

齊有八種：1. 天主，2. 地主，3. 兵主，4. 陰主，5. 陽主，6. 月主，7. 日主，8. 四時主。1. 祠天齊，2. 梁父，3. 東平陸，4. 三山，5. 之罘山，6. 之萊山，7. 盛山，8. 瑯琊。天齊在臨淄南郊，齊，天之臍也。今餘天齊廟，可主生死，所謂"東岳主人生死"。

楚　《九歌》：1. 東皇太一，2. 雲中君，3. 湘君，4. 湘夫人，5. 大司命，6. 少司命，7. 東君，8. 河伯，9. 山鬼，10. 國殤，11. 禮魂。河伯可疑，因黃河不至楚境。漢高祖所置：1. 梁巫——祠天地天社，天水，房中，堂上之屬；2. 晉巫——祠五帝，東君，雲中君，巫社，巫祠，族人炊之屬；3. 秦巫——祠社主，巫係，族纍之屬；4. 荊巫——祠堂下，巫兄，司命，施糜之屬；5. 九天巫——祠九天；6. 河巫——祠河；7. 南山巫——祠南山，秦中（二世皇帝）《九歌》或亦漢人所作，用祭神也。

6. 春秋戰國間之反對宗教者

最早起于迷信抗議的是：昭十七年《左傳》："冬，有星孛于大辰……鄭裨竈言于子產曰：'宋衛陳鄭，將同日火，若我用瓘斝玉瓚，鄭必不火。'子產弗與。"昭十八年："五月壬午，宋、衛、鄭皆火，裨竈曰：'不用君言，鄭又將火。'子產不可，曰：'天道遠，人道邇，非所及也，何以知之？竈焉知天道？是亦多言矣！豈不或信？'遂不與，亦不復火。"在神權時代，子產的話實是逆道，以道德革神權的命。昭二十七年："齊有彗星，齊侯使禳之，晏子曰：'無益也，祗取誣焉，天道不謟，不二其命，且天之有彗也，以除穢也。君無穢德，又何禳焉？若德之穢，禳之何損？'""天命不變"是子產晏嬰的信，祗顧我們自己道德好了。《論語》："樊遲問知，子曰'務民之義，敬鬼神而遠之。'可謂知矣。""季路問事鬼神，子曰：'未能事人，焉能事鬼？''敢問死？'曰'未知生，焉知死？'"時代所傳，亦不爲之破壞，祗不贊成而已。其餘若"祝鮀之佞""文勝質則史"。史祝乃以先之教士，可見他很不滿意他們。荀子亦敬鬼神而遠之的態度，孟子未詳。《荀子·禮論》："祭者，志意思慕之情也。"其在君子以爲人道也，其在百姓，以爲鬼事也。《天論》："雩而雨，何也？猶不雩而雨也。日月食而救之，天旱而雩……非以爲得救也，以文之也。故君子以爲文，而百姓以爲神。以爲文則吉，以爲神則凶。"《老子》："天地不仁，以萬物爲芻狗。""以道莅天下者，其鬼不神。""前識者道之華，而愚之始。"前識者預言也。芻狗，祭時所用草狗，罷則棄之。但人總要有信仰，他們信命，信自然之命，非天命；命，自然界之法則也。

7. 五行説之勃興

《洪範》《左傳》雖有五行，但兩書恐後于《荀子》，《荀子·非十二子》篇始用之。"案往舊造説，謂之五行，甚僻違而無類。幽隱而無説，閉約而無解。祗敬之曰：'此真先君子之言也！'子思唱之，孟軻和之，以爲仲尼子游爲兹厚于後世。"五行之説，大概古有，但不重視，亦不若是整齊。他們想解釋自然之法則，而用五行，鄒衍遂有"五德終始"説。以上均戰國時材料。不多。

月令，《禮記》中有之，《吕氏春秋》有之，《淮南子》有之，《逸周書》有之。《月令》中所記：1. 本月星象；2. 當令之帝與神；3. 當令之蟲、音律、數、味、臭；4. 五祀與祭物；5. 節候；6. 天子之居、駕、衣食，用具；7. 天子所行月令儀式（如迎春等）；8. 是月應行之政事；9. 是月應禁止之事；10. 月令反常時，所應受之災禍。

	方	時	數	蟲	音	味	臭	色	畜
木	東	春	八	鱗	角	酸	羶	青	羊
火	南	夏	七	羽	徵	苦	焦	赤	雞
土	中	季夏 土木用事	五	蠃	宮	甘	香	黃	牛
金	西	秋	九	毛	商	辛	腥	白	狗
水	北	冬	六	介	羽	鹹	腐	黑	彘

8. 神仙說之勃興

起源不考，戰國時已有，《莊子》"列子御風而行"，《莊子》中并常說真人之說，可自考。其原因有二：1. 向上　同神的思想，如上述；2. 悲觀思想。《楚辭·遠游》："悲時俗之迫阨兮，願輕舉而遠游。"亦可謂出世思想，燕國頂發達。《封禪書》："宋母忌，正伯僑，元尚，羨門高，最後，皆燕人，爲方仙道，形解銷化，依于鬼神之事。""自威宣、燕昭，使人入海求蓬萊、方丈、瀛洲，此三神山，其傳在渤海中……諸仙人及不死之藥皆在焉……世主莫不甘心焉。"

9. 泰一與泰皇，三皇五帝

太一者至高無上、絕對不二之謂也。《呂氏春秋》："太一出兩儀，兩儀出陰陽。"《禮記·禮運》："夫禮必本于太一，分而爲天地，轉而爲陰陽。"與老子所謂道差不多，本非宗教名。

$$\text{太一} \begin{cases} 天 —— 陽 —— 天 \\ 地 —— 陰 —— 地 \end{cases}$$

《楚辭·九歌》中的東皇太一爲神格化了。"古有天皇，有地皇，有泰皇，泰皇最貴。"太與泰通用。

　　三皇之說即出于此種思想。三皇是不是在天上或地下，不能分別。《淮南子·原道》："泰古二皇，得道之柄，神與化游。"《精神篇》："古未有天地之時……有二神混生，經天營地。"《封禪書》："謬忌奏祠太一方，曰：天神貴者泰一，泰一佐曰五帝……其後人上書言，古者天子祠三一：天一，地一，太一。"（可參看《封禪書》）

（三皇）	天一 { 太一 / 地一	由陰陽說來
（五帝）	青帝　赤帝　黃帝　白帝　黑帝	由五行說來

　　太一之神住紫宮，北極也。《史記·天官書》："中宮天極星，其一明者，太一常居也。"在王莽之後稱之爲"昊天上帝太一"，後來太一也忘掉了。三皇又變而爲天皇、地皇、人皇。《郊祀志》："泰神興神鼎一……黃帝作寶鼎三，禹作寶鼎九。""泰命使素女歌五十弦瑟。"《禮緯·含文嘉》："禮有三起，禮理起于泰一，禮事起于遂皇，禮名起于黃帝。"則泰一人神不辨。三皇五帝之說起于西漢，前所未有。

10. 封禪說及其實行

　　封，祭山也。禪，撣也。掃地爲祭也。後來意義改變，封禪連用，謂天子受命以後，報告上帝之祭，蓋起于秦。《封禪書》："自古受命帝王，曷嘗不封禪。未有睹符瑞見而不臻乎泰山者也。"泰山乃封禪之地。大概是齊之方士、魯之儒生所造，最早又出于《管子·封禪篇》：（可說齊人僞作）"古之封禪……東海致比目之魚，西海致比翼之鳥。然後物有不召而自至者，十有五焉。"齊桓公封禪之想遂罷。"秦始皇帝……至于泰山下，諸儒生或議曰，古者封禪爲蒲車，惡傷山之土石草木，掃地而祭，席用菹秸，言其易遵也。始皇聞此議各乖異，難施用，由此絀儒生，而遂除車道。上自泰山陽至巔，立石頌德，明其得封也。"漢武帝時，其意義又變,他已經是第五代的皇帝了,故與神仙説有關:"少君言上,祠皂皆可致物,致物而丹砂可化黄金……以封禪則不死,黄帝是也。"

11. 明堂説及其實行

此亦漢代的大問題。《孟子》:"齊室王曰:'人皆謂我毁明堂,毁之已乎?'"孟子曰:"夫明堂者,王者之堂也。王欲行仁政,則弗毁之也。"據漢人説的明堂:

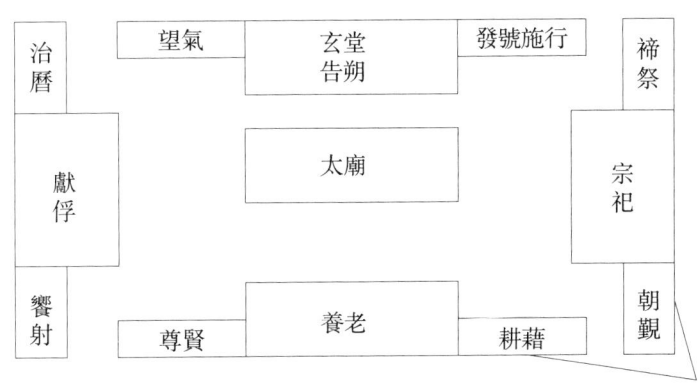

明堂 均名"个",年十二月,
天子居之月各一移

此漢人之理想,乃政教合一之制。《封禪書》:"武帝元封元年,夏四月,癸丑。登封泰山,降坐明堂,明年,濟南人公玉帶,上黄帝時明堂圖,明堂圖中有一殿。四面無壁,以茅蓋,通水圜宫垣,爲複道,上有樓,從西南入,命曰昆侖,天子從之入,以拜祀上帝焉,于是上令作明堂汶上,如帶圖。"國子監辟廱似之。按《月令》的明堂觀念與此不同,余疑之出于漢武以後;而又加入《吕氏春秋》及《禮記》,它以爲必在都内。《王莽傳》:"平帝元始五年夏,安漢公奏立明堂辟廱于長安。""其後,始建國四年及天鳳四年,莽兩次授諸侯茅土于明堂。"《月令》或王莽時造。蓋此時方見實行故。

12. 灾异説及其勢力——《洪範》

"庶徵:曰雨,曰暘,曰燠,曰寒,曰風,曰時。五者來備,名以其叙,庶草蕃廡,一極備,凶,一極無,凶。曰休徵,曰肅,時雨若,曰乂,時陽若;曰晢,時燠若;曰謀,時寒若;曰聖,時風若。曰咎徵:曰狂,恒雨若,曰僭,恒暘若,曰舒,恒燠若。曰急,恒寒若。曰雾,恒風若。"其實很簡直,即天時不正,恒有灾異,時則休,恒則咎。叫漢人一説,更叫人莫明其妙。《洪範·五行傳》在《尚書·大傳》中,《尚書·大傳》有謂伏生作。

	極	妖	箐祥	痾	疴
雨	惡	服	青	鷄	下體生于上
暘	爱	詩	白	犬	口舌
燠	疾	草	赤	羊	目
寒	貪	鼓	黑	豕	耳
風	凶短折	脂夜	黄	牛	心腹

(參看《漢書·京房、谷永傳》)

漢人祇講咎徵,休徵演爲封禪說。武帝前發展祥瑞,以後發展灾異,王莽篡漢,尤依灾異。

13. 讖緯書的製作

讖,預言也。緯,解經也,初本不同,後合體,直絲爲經,橫絲爲緯。《左傳》上有許多預言,讖學初見于《史記·趙世家》謂"秦讖",或出于秦耶?燕人盧生,使入海,還,以鬼神事,因奏録《圖書》曰:"亡秦者胡。"河圖、洛書,簡稱圖書,或當時記語預者。《七略》中尚未見,或起于王莽時,光武帝以赤伏符受命,"劉秀發兵捕不道,四夷雲集龍鬥野"(《後漢書·光武》)。

光武時有《西狩獲麟讖》:"乙子卯金……光慶將帝,立子公孫……漢家九百廿歲,以蒙孫亡,受以宰丞相,其名當途高。"公孫述見之,謂自己宜爲皇帝,其實光者霍光也。後魏丞相操爲篡漢,遂以爲當塗高即魏。

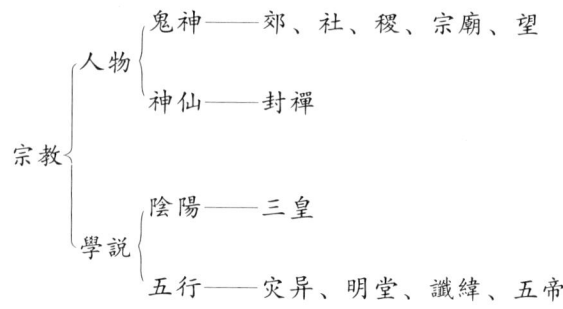

第十六講　兩漢魏晉的思想趨勢（缺）[1]

---

[1] 編者注：第十六講缺，題目根據北京大學圖書館特藏部所藏講義照錄。

第十七講　歷代度量之制

馬衡

度量長短，量稱多少，衡平輕重。

"丈夫"最長恐亦不到一丈。

《漢書·食貨志》謂每人每月要吃五斛五升，每天要吃五升，今亦少見。

《左傳》載顏高可挽一百八十斤的弓。

都因爲度量衡今昔之制异故。昔小今大故。

度先產生，無論中外，其初也，均依手足自然的標準。中國有謂起于律，説黄鐘九寸，但不知長，何來九寸？

"衡"天平也，權，秤也，衡生于先。

兩下爲銖，唐以後纔用錢。

一石千二百斤。

因黍生度，因度有律，由律黍而生量衡。

現代之度量衡，較古爲大，事事俱有進化，此亦無疑。不過考其演變之迹，是非常不易。

日本有唐尺六根，象牙爲質，雕刻維工，六根中間的差度要差 1/4 寸，其不精確可知。祇就文獻所有，略定端倪而已。尺有因襲之尺，有創革之尺，前者爲小，後者爲大。官有標準尺，民間仿之，當有參差。《禮〈記〉·月令》在春分、秋分，兩次調查，以令不齊者齊。出于自然的因習，故謂之爲因襲之尺。

秦兼并天下後，度仍商鞅之制，最大改變，則在五胡亂華，文物俱毀，中原淪于异族，江南之晋，雖欲建設，苦無所依，故多創革之制。唐宋從之。

周器尚有文獻可考，以前無著。

《驫羌鐘》出于王城東方隅一墓中，據考謂春秋時物，有銅尺同出，其大小與西晋同。

昔者均謂周尺尚漢尺八寸，八寸爲咫，八尺爲尋，二尋爲常。

春秋時，十寸尺與八寸尺并用。

六丈絹可抵一年庸。

度——古 1 尺＝今 7.2 寸　　今 1 尺＝〈古〉1.385 尺

量——古 1 斗＝今 1.937 升　　今 1 斗＝古 0.5161 斗

衡——古 1 斤＝0.38＝6 兩　　今 1 斤＝古 2.633 斤

"丈夫"者，八尺之人也，合今 5.76 尺。

第十八講　佛教之輸入

湯用彤

　　佛教之輸入，其時與地均有聚訟。歷史之爲學，最能訓練人的品格，蓋作考證時，常預先固定其成見。沒有勇氣，對于修改之見，實能試探一人的學行。此問題雖不宜輕易放弃，但因史料不足，還頂好不丟臉的瞎説。當漢代交通不大發達，其來時也微隱，簡直不能斷定年月。我們雖不知底確的年代同道路，不過尚幸有史料，還可知其朝代之大略而已。

　　佛教初不爲教，起來時不過少數人的團體而已，大概以恒河（ganges. R）流域爲發祥地，釋迦生前所至亦不特廣，但因教義的種種關係，沒有滅掉，反而日見盛。百餘年後，阿輸迦 Asoka（Acoka）即阿育王，本小國的君主，然勢力很大，頗信佛教，有石刻可據，前後若三藏之記載，英人之發掘。石刻上并記載：Yavanas 的 yona 王，亦信此教，所謂臾那人，因地理上的關係，猶爲可徵。當時希臘人，似乎已知沙門，見于 Megasthenes 的 *Indies* 一書，早亡，但有兩句被希臘史引入，謂印土，有兩種哲士，曰婆羅門，曰沙門。麥氏曾爲使于印度，歸而記述。紀元前一百多年，中亞細亞的米蘭王，亦信佛教。其後不久，大月氏人因匈奴所迫，轉而西南，近于西印度，後侵入印度，建立貴霜王朝。其名王曰迦膩色迦，亦擁護佛教，蓋當時西印度佛教已甚發達，佛教漸漸展至中亞細亞，又值漢武好功，兩文化接觸自有可能。

今舉兩種傳說還有勢力的，不得不辨正一下。一如《歷代三寶記》：阿輸迦王派人傳教，并沒有實據，記載其往東方的支那，僅及緬甸而已。日本人以為《史記》："禁不得祠，明星出西方"，秦之"不得"即 Buddha 之譯音。顯然是附會。《三寶記》的作者很荒唐，所作多不可信。一如《魏書·釋老志》，亦一種推測的傳說而已。三國時已有全佛像，漢末，笮融首塑之。漢武帝時，印度尚不有刻像之風俗。蓋有尊敬之意。金人或出中國，入休屠王乎，而又來歸呢？

臨兒國即 Lumbini。該國有二神，一曰佛，一曰沙律。印度很早的時候，亦多口背經典，猶之伏生。漢哀帝時已有佛經。《諫佛骨表》明說漢明始有佛法。漢明時已有佛法并無人懷疑，但疑在"始"上，漢靈帝時有牟子作《理惑論》中已引《四十二章經》。梁任公與 Malkero 均謂桓靈時纔有佛經，亦不可靠。桓靈時已稍稍發達了，桓帝并且很信它。初來約從陸路，安世高譯經很多，支讖亦有重要的翻譯。當時洛陽、長安、開封、徐州、廣陵、揚州均為佛教盛地。笮融，丹陽人，楚王英後充軍亦住丹陽，《金樓子》謂從之者數千人。丹陽今南京一帶地，笮融于此又建佛寺，可容三千人。可以說即今隴海鐵路所經地。

那時佛教所相信的是：1. 信鬼神。（佛教本不相信鬼，此乃中國人的老思想）佛陀與老子成了兩個很高超的神。2. 重修身。佛教徒要斷色，當漢時很以為特別。3. 重仁慈，什麼都可施與。4. 是祠祀的宗教。

促佛教興盛有三因：1. 西域交通；2. 天下大亂（心靈亦需出路，有黃巾之亂）；3. 憑藉黃老方士之迷信起來，視為一物。最大的和尚不但通佛經，并擅巫術，如安氏高其人，均名道人；4. 六朝隋唐佛教為文化之主潮流，其原因為：三國晉初（正始、永嘉）一般名士，均尚老莊之玄學，故又轉而憑藉老莊的玄學，以先不過迷信之一。

Universal Connection＝共相＝Vyapti＝遍通＝不相離性

法稱主張慶喻。

第十九講　魏晉南北朝間之民族同化問題

方壯猷

Ⅰ　晉初北方外族之分布

Ⅱ　晉之內亂

Ⅲ　內亂後所引生之外患及民族同化問題

Ⅳ　中國民族之南拓

今日最單純之民族，莫過于南方山中之苗人，然其文化亦最低，毫無知識可言；反之，越文的民族，其來源與歷史愈爲複雜。

中國民族雖極複雜，然有一定之原則，二民族同處，則文化高、人口繁的民族必同化了文化低、人口少的民族，謂之"同化作用"。二民族人數相等，文化程〈度〉亦相等，則其分合之結果，謂之交化。今日歐洲文化之高，即交化作用之結果。蓋交化成的文化恒高于同化成之文化，此定例也。中國文化常行同化作用，因之不但損減自己的元力，且得不到新的融合。

晉在內亂以前，有外族謂之五胡，實際可謂之三胡，即匈奴、鮮卑、氐羌也。匈奴分兩種，曰南匈奴，曰北匈奴。當時南匈奴與漢，勢均力敵，後漢常用女人與匈奴合親，意在同化，并用以夷制夷之術，一方面離間其內部，故獲服之。北匈奴後亦被逐，而爲現今之匈牙利國。南匈奴遷于山西一帶，曹操又分之爲五部，仍留汾水之上。代匈奴而起者爲鮮卑，自東北興安嶺一帶來。北匈奴敗走，徙外蒙，鮮卑大部均匈奴降衆，魏晉時所散布之地域，較匈奴更廣。氐羌民族本居西藏，晉魏時漸入陝西、四川各地，固與漢族相近，同化亦早，當時洛陽本晉都，亦有其民之迹。

司馬氏輔曹魏，盡推大權，丕欲爲帝，抑其子弟，司馬氏見其患，大封宗室，武帝元年，子弟爲王者二十七，後至卅餘，分爲三等，大國二萬戶，兵士五千（分上中下三軍），次國一萬戶，兵士三千，小國五千戶，兵士一千五百，一時全國各地盡屬宗室，以爲天下若磐石之固矣。及武帝崩、惠帝立，遺囑汝南王亮輔政，國舅楊俊反對之。賈后攬權，殺楊俊。敗楊太后，召司馬亮入輔政，衛、瓘同來。楚王瑋與亮有隙，思染指，乃告賈后以亮、瓘有陰謀，遂召殺之，八王之亂因以肇始。賈后後悉真情，又殺瑋；時有趙王倫者，逢迎賈后意，其下人勸其倒賈；適太子非賈后生，因被廢，倫之謀也。倫亦以是起。乃因殺賈后，握政。使惠帝爲太上皇，己爲帝。與趙王倫同起者爲齊王冏，事成恐同分其權，調之出京，冏不平，思以排倫。乃聯河間王顒、成都王穎，殺趙王倫，冏又爲長沙王乂所殺，顒與穎復合攻乂，敗之，東海王越適留京師，乃禁乂，權落顒、穎之手，立穎爲皇太弟，逐惠帝走長安，東海王獨迎之，後顒殺穎，立豫王熾，即懷帝也。乃引劉淵以爲助，以欲平內亂。

內亂常引起外患，八王之亂却引來劉淵，淵〈乃〉匈奴左部之酋長也，以恢復漢朝爲標榜，立國號曰漢，并奉劉禪之神主，每日哭拜，以資號召也。後改趙，初都平陽，後來長安，虜〔擄〕明帝及懷帝，大開酒宴，使二帝衣青衣行酒，既而殺之。晉南徙，劉淵被篡（石勒），是爲後趙，土地拓大，統一北土，後秦、燕俱起，北方更大亂，皆爲异族所雜據。五胡十六國中，漢人爲國者四，餘十二國詳，并詳見《晉記》。

中國歷史以漢族作代表，爲農業社會，習于安土重遷，土地房屋，視爲至寶，而不欲犧牲，此其特色也。北方民族生活于游牧，無定居止，逐水草而宿，水草之豐，南多于北，北胡南侵，自意中事。生產品亦恒遭其搶掠，漢族有禦無攻，乃甚失策。

亂華之結果，本部漢民南遷，南方文化漸起。北胡人口爲少，亦受同化。《晉書》謂匈奴人多通漢語者，間習中國學術，劉淵則曾致力于《毛詩》《周易》《馬氏尚書》《左氏春秋》《史》《漢》諸史傳的研究。劉聰并擅長詩賦，與漢人不殊。

鮮卑之帝為慕容氏,亦皆治漢學,提倡教育,立東塾教貴臣子弟,親祭考試。作字書《太上章》及《典誡十五章》,氐羌之苻堅雖學中國,但禁諸子及孔學。

中國同化力非常大。

三河之富庶,魯齊之文化,《史記》嘗大稱之。

漢謂陝西,關西出將之地,關東,如河南,齊魯之地出相。講《詩》《書》《易》之經師多齊魯人,河北亦有。《前漢書》人才的統計,山東占29%,河南18%,江蘇11%,陝西10%,河北10%,山西4%,甘肅4%,雲、川、湖南北、廣東西一人都無。

後漢的統計,山東12%,河南39%,江蘇20%,陝西15%,河北6%,山西3%,甘肅3%,揚州因東晉之遷而繁華,直至清而止。

蘇州于東遷後,要人多出該地。

唐朝的統計,陝西20%,山東7%,河南17%,江蘇6%,河北17%,山西14%,甘肅4%,南數省亦漸有人。

	明(進士)(%)	清(%)
山東	5	7
河北	7	6
河南	6	4
江蘇	11	10(17狀元,蘇州) 兩榜37
陝西	4	4
山西	4	6
甘肅		
湖南	1	4
湖北	4	4
浙江	14	11
廣東	4	3
廣西		

续上表

	明（進士）（%）	清（%）
江西	11	9
福建	9	5
安徽	4	4
雲南		
貴州		
四川	5	2

Camplell：*Origin and migration of the Hakks.*

客籍人發源于嘉應州（梅縣），其言語南腔北調，最喜沐浴，男女的觀念也好，最有魄力，廣東人嫉視之。有80%都受過教育，中學生有三四千。洪秀全一般人多該籍，能從廣東打到北方來，是第一次在政治上的表現。現在有一千萬人以上。明洪武梅州客家祇有1686戶，6989口。清道光268,193人。原北方人，或爲純粹中國人，不與土籍通姻婚。第一次遷動即東晋時代，經安徽、江西而至梅州，一支則入關，所謂福老。第二次因黃巢亂，王緒、王潮、王蕃紛紛等從壽州及光州遷至閩，向全州等地，遂爲十國之一。第三次爲南宋之遷。

第二十講　魏晉南北朝佛教

湯用彤

假使政治上、經濟上發生大的變化，則佛學史亦發生變化；不能離他史而獨立，故依朝代分段。東漢末亂生，直至隋，纔告統一。其爲一階段也，明明白白。其間佛教思想活動，當亦隨之起伏。此段佛教，非常興旺，但其精神，不出玄學，初亦因玄學興而興，後亦因玄學衰而顯微。玄風之起因，姑置不談。三國即見正始之風。清談者猖狂自傲，養生守靈，不守士大夫法，而佛教乃出世，加之當時所傳概爲空宗。行爲上、理論上，均相藉以自重。佛教之捲入玄風也如是。佛典初來，本不易曉，不得不附會穿鑿而生歪解，所用名詞，均染玄學色彩，佛教解經，不免濫用。晉初有名僧曰支遁甚贊劉元真，魏武時辨〈辯〉法，竟謂劉造佛教，孫綽爲之作傳曰：「談能雕飾，照足開朦。」竺法雅亦若元真之名，均以爲彼輩將佛教攝入談理作學之上，其實劉元真其人并不詳于後。真正信佛者，在三國時蓋絶少。而西晉、東晉之交，佛教升爲佛學，拓出一大地位，巍巍乎不可追摹。

道安出玄學、入佛教，爲中和者，不多偏于一方。一時稱雄，可謂之釋道安時代。

西晉末年王戎，及東晉初年殷浩，均玄學上權威之士，均以爲不出致仕，爲長嘆惜之事。玄學之勢力，約可想見，當時風氣，如交結廣、善書法、入山講道、嫺談吐等，玄學家習之，僧輩亦習之。但僧人有好多更爲高尚，故尤爲時重，求名師者多向廟中尋去。且世亂族危，豪杰之士，出家出世，頗不乏人。教育之本營，祇有僧寺。如支遁，竺法深等均等諸王侯高士。王弼乃玄學祖師，亦以之相擬。去西求法者因多，西來名僧亦夥，譯經者均才華之士。故有羅什時代。羅什成功之因，于時已備故。并此時南晉、北秦，昇平一時，交通稱便，向羅什之風而投來者，以千數。一部分長安派，一部分爲廬山派。長安一派，道安之力所致。廬山一派，慧遠所致。羅什挾印土本色，然輔之者均玄學中的產兒。玄典號三，《老》《莊》《周易》是，慧遠甚通也。羅什所授雖純，能奈彼輩何？

南北政府相仵，而南北佛學亦呈异相，蓋胡人統治成功，頗重建設，而士大夫南渡，玄風南翔，與北分化。北有魏太武帝，大毀佛教，以是更形南朝之盛。北方佛教，後便重行。義學唯南盛。北方戒律，念佛獨昌。但北方佛教功行圓滿後，南方佛學降爲奴婢。政治亦漸統一。迄隋唐繼大統者推北方佛教。

佛教興盛後之影響及反動。——不但思想，即文學上均被其澤，變相變文，造像字母，以及樂器，無不乘風而起。

并且和尚在經濟上、政治上有許多特殊，甚至國庫大部分均爲佛教之扶植而費，遂起反動，北方多訴諸武力，埋僧毀寺。蓋因道教。但南亦不無道教也，何以南之反僧不若是乎？南方至多不過限制與沙汰而已，北則兩次毀法，南方承玄統故，始終相攜故。其反對之言論有二，一謂于政治有礙，一謂佛學不通，猶游戲玄講。南方道教有名者如陶宏景（梁武時人）、陸修静（或劉宋時人）均依玄學攻擊。

北方魏太武時則有寇謙之，造作許多經典，極力光輝道教，畫符念咒。因佛道有爭。太武毀法後，還在鬥爭中，既而兩敗俱傷，周武同毀之，佛教于此受第二次之摧殘，所下詔以爲佛亦非、道亦非，唯儒益于民。中國本來的道統，要繼續起來，北魏胡人，極力漢化，追承儒家正統，南方漢人反趨夷流玄響，亦云异矣。俟政治再一，儒風又普，復古運動也。

隋唐以前文士與佛教多生關係，有唐一代除王維、白居易外，少有真信。

佛教宗派均起于北方，如天台、禪宗、華嚴、法相、律宗、净土宗，皆起于北方。

南中所行宗派爲三論，涅槃、成實（隋唐時既衰）勢力的中心，六朝時在洛陽、長安，南北朝時，爲建康，最盛。隋唐最重之地爲長安。

隋文帝不但統一政治，并集僧于長安者數數也，彼亦净信故，從此戒律均依北統。唐中宗并親詔尊北律、斥南律。隋唐之士大夫攻擊佛教者，言論同韓愈，以立場作壘。

第二十一講　隋唐統一後之政治制度

錢穆

科舉制——統治階級的來源，于此可見

此一節目，亦非常重要，直至清末，一千三四百年都由之。秦漢有察舉制，魏晉來有九品中正制，兩者有別，共同點都操之于在上執權者。不過一歸中央，一歸地方而已。隋以後科舉制演爲客觀標準，權操之于法。且科舉制爲機會均等之競爭，無投機之劣習。

①隋之進士科　北周已行，約在九品中正，在北朝廢物後。最初用策問，源于漢制。可"懷牒自列"即持證報名，而報考也。九品之列，非中正允可不成。察舉爲無定期，賢良并爲地方政府推舉，而科舉不然，較前進步。隋時，并加秀才，進士有特殊者，可爲秀才。進士最普通，好比考生。成績佳者，始稱秀才。唐朝沿之。

②唐　有生徒，鄉貢（自己報考）、制舉（爲特設，無定期）之制。鄉貢分三：秀才、明經、進士是也，與隋不同者二。一、可自由報考，二、及格標準易定，最高標準難決。進士中地方官舉秀才時，彼連帶負責，人多不舉。流行祇有明經、進士，明經試經學，進士試政治，有若策問。亦若孝廉較德，賢良比政却同。後有流弊，因政治問題，有數，不能活動。于才也難擇，唐高宗加雜文爲首場，即詩賦也。詩賦可以活運故。此及格後，纔登對策之場。于是變爲以詩賦爲

中心了。明經，明五經也，有報五經者，三經者，一經者，名學究。漢朝重賢良，唐亦重進士。明經內容含兩部，一帖經，乃測驗性質。如"子曰學□□□，不亦□□"填對便妥，如是者十數或廿。後添口試，繼變爲墨義，如問作者七人矣是誰？能答到即到。吾人看著雖可笑，但其依照嚴格的客觀標準，實可稱贊，因若以論文思想爲試，亦無客觀標準。道德亦可僞辦。如此多人，誰堪爲政？祇有此法。余謂此種制度較諸選舉還好。跑上政治的總較落第者聰明些。斯亦一千數百年來無大亂之由也。無道德者，官後之問題。當時，爭爲進士選，爲政出塗故。"三十老明經，五十少進士"爲當時諺語。唐德宗詔謂每年明經可取百人，進士祇廿人。進士約百中取一二，明經十中取一二而已。唐制條件較寬。入場時，可以己之"公卷"奉給考官（公卷平時所作文也）。慢慢兒至宋始嚴。無論古今中外，最重政治者唯我華族。人人都喜出爲政治，今年落選，當有明年，總有希望，及其不成，則已老矣，欲革命不能矣。此種政治制度亦甚危險，但較前實已進步。門閥之劣習，已蕩盡無餘，無復有門第了，祇讀書即可。

官制——爲統治階級之分配方式

宰相，本天子私人，漸得權柄。尚書、中書、門下爲三省，尚書司天子文件，秦朝有四小吏，于殿間司收發事，名尚書。漢武以後，尚書漸大。東漢三公無權，權在尚書。中書，近于皇帝私下，初爲太監充之。曹操時，中書權大于尚書，尚書已變丞相故。門下更下，初爲侍中，直似差遣夫役，晉朝以下，門下亦漸重，機要之事，均在中書門下手中，尚書即丞相，專司號令發政，無要權，已近僵化。唐均俱亡，代宰相之務，中書、門下爲宰相，尚書較疏遠，皇室命令，中書出之，必經門下，有審查權，可封駁之。達尚書省，即施行之。實際三省之官，品并不高，大約三品以上。議事處名政事堂。三省議發政令事也。地在門下省。尚書令亦可參加，省中有左右二僕射，因唐高祖，曾爲此令，後人諱爲。平章政事，二僕射司馬，同中書門下三品，後則都可參加。高宗時，改中書省開會。太宗時，直名爲中書門下制。連稱之矣。後政治會議議員漸少，地位亦漸高，遂有翰林學士代中書事，玄宗時也。初，爲中書者必飽學之士，翰林皆飽學，三省有如立法機關。尚書省分六部，吏、户、禮、兵、刑、工，在都堂辦事，爲行政機關。户部本名民部，以諱太宗名政。禮部司貢舉事。六部下有九寺，即九卿。太常、光禄、衛尉、宗正、太僕、大理、鴻臚、司農、太府，均漢舊名。太常司宗廟禮儀，光禄司宮殿門户，衛尉司門衛屯兵，宗正司皇室親族，太僕司輿馬。大理司刑法。

有如采邑法庭，皆皇室私官。鴻臚司接待，諸侯蠻夷來往，司農司錢穀，國家賦稅。太府司山海雜稅所謂貢是也。與社會民不生關係。太常同在之視，博士屬之，光祿爲宰相之。

第二十二講　宋初中央集權之政治

趙萬里

　　睿宗時，賀拔延嗣始爲節度使。後節度使權漸擴大，朱全忠遂以之篡唐。五代時，猶存其制。由部擁戴而得政權者，五代時，唐明宗（李嗣源）開風氣之先。看《五代史·霍彥威傳》。

　　第二次如是得政者爲唐廢帝（從珂），看《唐思權傳》。

　　第三次得政者爲周太祖郭威。

　　被擁戴者對擁戴者有一種義務，必奉之一美缺，即亦爲節度使也。擁戴之兵，亦有好處，可任搶掠，及得犒賞，可看《康義誠傳》。

　　宋太祖位至歸德軍節度使，對周武功頗大。

　　周世宗時，政治中心在開封。陳橋兵變，趙匡胤爲帝，節度使有李重進（世宗甥）、李筠反對之，派石守信平之，石亦一節度使也。

　　宋朝官俸最重，對于道觀、宮殿等官，皆領乾脩，以示羈縻，成功〔爲〕宋代財政之恐慌。

　　唐分天下爲若干道；宋分若干路，府最大，州次之。又有軍。

　　宋代軍制：①禁軍；②廂軍，正常軍隊；③鄉軍，保衛團也；④蕃軍，守邊者也。

　　但改革之結果很不好，時諺曰："兵無常帥，帥無常師。"以故兵無國家觀念，加以外患時犯，多無抵抗之力。真宗時患于契丹，仁宗時禍于西夏。

高宗南渡後，重襲唐前之軍制，置宣撫使，故保持偏安者百有餘年。當時有三，岳飛其中路也。實際爲一大的軍閥，任意徵加苛稅。

第二十三講　中古時代佛教以外的思想

胡適

①道士，②儒生，但二者很難分。

《後漢書》于第二世紀晚年有襄楷者，舉方正博士，山東人也。同鄉有道士名宮崇，其師曰于吉，有1170卷的《太平經》的大著作。現存一百十餘卷。熟知襄先生便是太平教的信徒。他很提倡這部東西，并且欲打倒宦官，必得到道士的用天文來的基礎。

道教 ｛ ①黃老神仙　②西漢的陰陽感應的儒教　③民間迷信

再看看以後的一位大書家，名叫王羲之的，身被儒服，却最服膺道教。

分開來説，可先提及道教，上表即第一期的道教，第二期便盡力模仿佛教。以模仿而抵制洋貨，後漢（二世紀）爲道教的起源時期，有兩派出世，一者太平道，于吉、宮崇爲其發起人，一般學者均吞符保生。184黃巾出，張角爲其首，頗有組織能力，以致四百年來的帝國，一時瓦解。二者，五斗米道，又名天師道，創始者爲道士張陵，沛人也，後至四川傳道。

張陵→張衡→張魯

　　張魯亦頗有才，先主令其守漢中（190—215），後爲曹操征服，但他將其教變成政治化，立五斗米教，在漢中二三十年，幷未設官，宗教首領即長官，祭酒其一也，各地有義會，同教者可得食，很社會主義的。但不可挾走；曹操很贊賞他的治才，封之爲侯，直至民十五，張大師纔取消了。

　　兩晋時代傳布亦甚遠，許多世族名士均就其範。如殷仲堪、郗繒、郗鑒、王羲之等。陶淵明不爲"五斗米"折腰，或即其教徒。大寇如孫恩、盧循亦其教徒。劉裕把他們打下，纔得爲帝。斯時經典亦增加了。王羲之曾爲許邁作傳，現稱爲許真人。而許穆、許翽、楊羲造出一部《大洞真經》（又稱《上清經》），陶弘景有《真誥〔誥〕》一書，記載楊羲家中降仙的事，因而有真經出來。陶弘景一代大學者，用了科學方法、考證方法，却弄出一部說鬼話的書，真奇怪！可見時代激流是了不得的。葛玄（葛真人）、葛洪（《抱朴子》）乃江蘇人，也是很了不得的人物，葛洪的後輩有葛巢甫者，造《靈寶經》，今亦存《道藏》。

　　南北朝時，分道經爲三洞（洞玄、洞真、洞神）七部，各派的經典均承認之。成爲一個總合。大概在隋唐之際，纔走上一個大教系統，那時南朝有陶弘景，除《真誥》外，著《周氏冥通記》。獻給梁武帝。宋、齊、梁、陳均提倡之。北朝有寇鐘之（？—448），當時有大政治家，名崔浩，頗有種族思想，利用寇先生新起之道教，介紹給道武帝，打倒外來的佛教。446有毁法之事，唐朝姓李，本西方外族，及作皇帝，貌充中國種，便搬出李耳來，當他的祖宗，封爲玄元皇帝，尊道教爲國教。845唐武宗復大毁其法。

　　好相思想的考慮一分無了，祇有Credulity，如同西洋一樣。

　　回頭再看中國本色的思想是不是還有呢？當道士的、爲和尚的都講出世，而替社會、國〈家〉作臺柱子的是誰呢？這般民族英雄大半多不出名，如諸葛亮（三國）、羊祜、杜預（東晋）等，均爲地道的儒生，鞠躬盡瘁，死而後已，西晋有王導、陶侃，《陶傳》到現在讀起來還有些望風興起的氣味。溫嶠也不錯。使我們不能不感激陶、諸這般人。

　　晋朝太平時代，有裴頠崇有之說。

　　北朝如崔浩、高允。

唐有魏徵、陸贄、裴度、李德裕等。

張方平答王荊公曰："儒門淡薄，收拾不住，均歸釋氏耳。"

第二十四講　禪學及理學

胡適

佛教三學，曰戒、定、慧。定者，禪定 Dhyana yoka（瑜伽）與 yoke 通，治心之術也。第一步用數息法，再用對治法。如四大與氫氮氣的結合物，這些東西罵我，何必生氣。用不淨觀對治淫欲。最高處曰四禪定，結果可以得到六神通。以上說的是印度禪。中國的一般學者及和尚，都知禪的重要。中國的佛教史，叫我看起來，可以說是禪學史。從印度禪而轉到中國禪。五六世紀時菩提達磨來中土，教人以一個"忍"字。其後唐有神秀，時稱"三帝國師，兩京法主"。未幾，與廣僧慧能稱法統。

心理學時代（700—1100），神秀死時。

理是自然的法則，是客觀的。所以是心學的反動。臘月卅夜，生死事大。

大學 1750 字。

理學時代是中國再生時代，代表一個一千多年的宗教之反動，這時刻板書出來了，學校也有設建，都給抵抗外貨運動以相當助力。

第二十五講　王安石的變法及新舊之政争

趙萬里

當時法不可不變，并不必始于王安石，其因爲：

①外交之失敗。北宋時，國難最深者，推仁宗朝與西夏有事，蕭太后又南侵，不得已，使富弼直接交涉，始安。但西夏不時犯邊，宋實無法。經濟先困。西夏、契丹均徵兵，宋爲募兵，强弱因基于此。

②財政之困難。北宋困難之原甚多，如①進貢于外人也；②每三年郊祀一次，破費頂大。祀後，官吏均獲相當之賞賜。真宗時需一百餘萬。仁宗時，祀明堂曾費二百餘萬，機關繁多，官吏複雜故。《宋會要》爲宋官書，記載郊祀事。

③軍費之支付。屢次動戎，所費不可勝計。陘原、秦鳳各地，出不抵入，衹得籌之于地方。于官俸外，還有公用錢；雖小吏，亦享之。其每年總數，與郊祀費相伯仲，如此局面，非革不可，裁負政策亦其一也。研究宋代之經濟史，不可不看《國朝諸臣奏議》，趙如愚編。中有《財賦門》。張方平曾上書，即議裁員之事。

真宗時，有范仲淹輩，首倡變法，所提十條，與王安石變法有相合者（看《范傳》），如嚴貢舉、均公田、修武備等是。歐陽修有《務本論》，提出兩個準則："天下之用莫先乎財""繫天下之安危，莫先乎兵"。王亦準之，指普遍要求故。王之變法，仁宗最表同情，仁宗死，英宗立又不久，神宗年青，爲穎王時，即立意變法，及位後，即起用荆公，不久拜爲相。荆公曾知鄞縣，對農田水利頗有實際經驗。

均輸法，唐時劉晏已倡之，荆公稍改而采之。

青苗法行時弊生，爲反對者攻擊的目標。

市易法，法子是很好，但行時弊生。參考漢武時政。其餘多出于《周禮》。王安石有《周官新議》一書。

王安石有《字説》甚淺薄，今佚，强令爲課本。《詩經新義》《書經新義》爲其子王雱與吕惠卿所作，均佚。

大學中幷有武學講座；當時名將任之。律學講座及醫學講座，集名醫任之。前者的結晶，在《武經七書》，今存。

中史中党争有四：①東漢末黨錮；②唐末牛僧孺、李德裕之争相；③宋朝有規模的政見之争，以國家利益爲出發點；④明末東林黨争。

初，范仲淹（爲天章閣待制時）與吕夷簡之朋黨相峙，有所謂朋黨論的文章出，是爲北宋黨争之初基，史題爲"慶曆黨議"，不甚激烈故。

王安石變法，首作反對者爲吕海，數王十大罪狀。司馬光勸吕不宜太急。

蔡京爲政，頗虐，農村時起暴動，如浙江金華之方臘、山東之宋江等，但不久即平。

第二十六講　宋代之史學

趙萬里

從神宗至太宗間，史書漸次均得刻板，唐以前者已備。《新唐書》于仁宗時刻出，負責校勘史書者如曾鞏、宋祁、歐陽修等，皆第一法學者。北宋刻書，以史最著。崇文院异于三院者，藏書均歸之，總稱四館。

大學士以相兼任。爲相者有《時政記》，如李綱有《建炎時政紀》、曾布《曾公遺錄》，皆是，不過有佚者，今不見耳。編目的又有日曆，紀皇帝起居，名《起居注》。會要所司檢察分類日曆之事。次代結前代日曆之會要，有宋共有七次。實錄是日曆之簡編，變爲紀傳體者爲國史所的功績。清嘉慶間有徐松者集《宋會要》五百卷，今存。錢若水所集《太宗實錄》，今存廿卷，《寧宗實錄》見諸劉克莊《後村大全集》，名玉牒初草。又有《靖康要錄》，吾人可見一斑。大都杭州所刻，他處可翻刻。建陽（福建）爲一時之文化區。建安亦盛。四川之眉山，所刻亦備。鄭樵（作《通典》）、陳均、劉時舉均閩人，爲一時之大史家。四川所出之至史家，如李燾、徐夢等［？］、李心傳、彭百川。會要等，宋本朝均未曾刻，金、元、明、清亦均不刻。元朝所收之會要，名《經世大典》，大半經後代裁製而成史。實錄均公開，可抄，但不刻。崇文院爲國立圖，有《崇文書目》，高宗時有《經典秘書省闕到書目》（秘書省爲崇文院改成）。《中興館閣書目》。所有書均可供當代學者公開的抄閱。

通史之書始于宋之《資治通鑒》。按編年法，改去紀〈傳〉體。李燾有《續資治通鑒長篇》自宋太祖終北宋之季。後續李書者也甚多。元有陳桱有《通鑒續篇》。至宋亡爲止。明有薛應旂有《宋元通鑒》，清畢沅、徐乾學，有續編，宋元備入，可知司馬光之書是前無古人、後無來者的，他們都不及他的眼光。《舉要曆》《考異》《稽古錄》均收副料者。他們所收不免太雜。鄭樵之《通志》廿八卷，有志有略，爲典型的紀傳體，奠定以後之史學基礎。

紀事本末體爲二者之調和并用的産兒。南宋中葉成功，宋亡，已刻三四板，陳邦瞻承之，有《宋代紀事本末》及《元代紀事本末》。楊仲良有《續資治通鑒長編紀事本末》。

地方志起于唐，普遍化還在宋朝。宋有《太平廣記》，王存有《元豐九域志》，南宋歐陽文〔忞〕有《輿地廣記》。又有以都會爲中心的志書，如《嘉泰吳興志》（談鑰），《淳熙物志》羅願（？）年，共有 22 種。

校勘學起于漢，近代式的校勘起于宋，謝承《後漢書》，司馬光見之，今不存。

徽宗宣和殿收三代銅器，而研究之。安州孝感縣出六銅器，名安州六器，結果成功一部書傳後。呂大臨、劉邠、沈括等均其人物，後來銅器的名字，全依宋代考古學。

南宋與金以淮河界，創商場曰榷場，遂使畢良史收買所失古物。高宗朝畢得還。

研究石刻者有洪邁、沈括、陳思。

葉夢得有《石林燕語》，紀宋官制，錯誤很多，人多加以不客氣的批判，宇文燕紹有《石林燕語考异》。

第二十七講　宋代北方民族之迭興（缺）[①]

張星烺

[①] 編者注：第十七講缺，題目根據北京大學圖書館特藏部所藏講義照錄。

第二十八講　元代之兵力與中西交通之發展

張星烺

元太祖　其民族爲游牧的生活，日用非常簡單，騎在馬上，跑來跑去，頗爲自由。他們的種種條件，都于戰爭是便利的。在蒙古克魯倫河一帶，東至黑龍江，是突厥與東胡人的合種。當時有許多部落。外蒙古族 Selenga 河流域是優秀的地方，元之祖先在其東北。其部落有五：①Merkit 蔑里乞；②Kerait 克烈；③泰赤烏；④Naiman 乃蠻；⑤Mongol。前三部嘗信基督教，Uighur 也信其教，其餘部落都没有名字的。

元朝入主中國，廢畏吾兒文，用八思巴文（是藏梵等合成的文字），初所下詔均用之，今之蒙文還是畏吾兒文。Khwangm（花刺子模）以外便是回教的勢力。木刺夷（Mulehet or Maulahida）即大食（Analiam Lalikh），再有南部 Kipchale（欽察乞卜察兀），以上所舉各部不久即被太祖統一，在西遼倒使勁打了一下，因爲太祖篡位的那個太子跑到此地的原故，和花刺子模打的尤烈。花王名 Mahammed，最有幹才，領土大張，初則甚小，亦英主也。成吉斯汗遇之，兩雄相并，互不能容，遂起戰，有四百蒙商經過其地至西域貿易，花王殺而奪之，亦戰争之一因。相持六年，成吉親征，卒大敗之。莫氏西跑，莫子 Djelal－eddin 札蘭丁南走（子亦名將），然均失敗到底。莫氏病死小島，其母其女被虜，札蘭丁亦被殺。

高山深谷，大寒大熱，蒙兵實苦之。追莫氏之二將爲 Chebe（哲伯）、Subutai（速不台）。其兵復西退，Georgia 及 Shiwan 兩小國亦造〔遭〕滅。既繞裏海，復北逾一長城（有似中國），祇有數口，令土人代路，有四小民族 Alan、Lez. ghis、Circassians、Kipchaks，二將用離漸〔間〕策，敗之；復進至欽察汗，遇俄欽聯兵。是時，俄有三王所謂大小密赤斯老（Mstislav），蒙古軍敗退，藏入一蘆葦叢林中，俟俄兵來，被圍，全部被難，混戰三晝夜。遂闖過裏海北岸而還。其中最緊的一戰是在 khalka。元太祖既歸，轉圖南土，大侵南宋，兵未竟，太祖卒，第三子 Okkodar 即位。其兵并曾擾亂歐西，所向不敵。俄國之敗，其統不一，可爲一因，又以蒙兵騎馬，出沒詭譎，以交通不如，森林爲阻，又以木爲城爲屋，朝于磚石，頂多兩個星期便下一城。百戰中，蒙人死的并不多，其他被征服的民族，被携爲兵，已而告退，向東南去，北方還〔還〕給俄國酋長，祇許受封納貢而已。其不長久的原因，亦于此可見，祇知窮一時之武。滿洲的政治能力比他們高的多。

歐洲南有 Kief 小城，城主告蒙古人曰匈牙利富的多，你們請到那邊去吧，我們此地太小，不容你的大欲呢。蒙人從之，Liegitzg（德國城東南）一戰最烈，敵方爲德國與波蘭的聯軍。初蒙古佯敗，聯軍被計，大敗，王 Henry 被殺。南向匈牙利，現捷克 Bohemia、Moravia 二者陷，Buda－pesth 亦下，至匈之 Canpathian 山一戰，較爲困難，山距匈都千里，三日蒙兵即到，實出人意外，其王 Wahlst 逃，至奧國，復遷奧王種種苛求。直跑至隔岸小島，蒙將 Kudan，鵠候之再出，但卒不見，遂轉而西向，奧京北 Kronenburg 及 Venice，均被服。直至 Maitinsburg 有信差跑至，謂老王去世，請速歸。

元憲宗時，亦有進展，華南克服。宋軍死數十萬，蒙古軍祇數萬，亦驍勇無倫也。亞洲西南，亦漸有其足迹。與木剌夷戰，稍廢時日，纔敗之。至亞剌伯，蒙古祇住 Bagdad，他城屬之而已。Bagdad 王 Mostassim，最吝，以是速亡。亞剌伯，時已有大學，并已分科，有大規模的圖，代數學即爲其所發明，現在的歐西科學，均首受于西班牙大學中的亞剌伯人，許多名詞，均仍之可見，如 alkaci、alemlie、almanac、algebra。而此次蒙兵把天文臺、圖等都毀掉，爲文化上一大損失。回教于此亦有變化，王與教主分開了。復向 Mesopotamia，未費大力。耶露撒冷北有 ani－i－jalut 城，都服。埃及王 Kuttug 召會議，決定抵抗，有兵十二萬，忽烈兀東退，以憲宗死故。蒙兵留一萬，一對十二，卒敗，大將死焉，退據河（幼發拉底河）西。

所至殘忍特甚，殺屠唯烈。回教徒幾全被殺，波王 ghazan（合贊）精明信回教，與波斯人很好，波斯之文字中 Wan（王）、Chao（鈔）、Paza（牌子）、Khan（汗，今稱于貴族），均蒙人遺迹。

在俄國叫 Elkhan，中亞叫 Kipehak khan，及 Golden Horde、Chagatai 等。

交通有驛站，必蒙人主之，文書用蒙文。

第二十九講　天主教士之東來與中西文化之接觸（上）

陳受頤

　　明末教士來（十六世紀），乾隆末年（18世紀）纔去，中間二百多年。材料可是非常繁雜，考據亦多。中國固然受到西方影響，而西洋受中國之影響或者更利害。教士們在明末，比清朝走運的多。湯若望等在明作官也作的大。在清朝不過皇家的點綴品。

　　談到這個問題的是十九世紀的日人歷史教科書如久保天隨的書、稻葉君山的《清史》，中間有很大的錯誤，恰巧劉史、蕭史均采之。他們都以爲祇是傳教與些許天算而已。但不祇此，可惜文獻不全。如《同文紀》一書乃非天主教徒與教徒來往的書問，中外都對之重視。中世紀的基督教的中心，是羅馬教皇，因爲非常暗淡，西洋的史實，亦非常感覺到缺乏。

　　元朝西洋派過好幾次教士來朝，但與此番不同，教皇派代表來元廷，不是重要的，乃回、耶門爭之關係。希望中國出兵，慷他們之慨。利瑪竇來到明朝，他說中西從未接觸過，幼稚亦甚可矣。因元之馬可波羅即與之同鄉。然而利氏之來，實是新的迹象，因爲西洋的文化背景，正當再生時代，無我思想演爲自我的，出世、山居的變爲人間的城市的活動。主觀之擴大也。一方 Colombo、Dabama 發現了新大陸，客觀的方面也擴大了。中間又有凡間的科學的進展，開以前未有之風氣。1934，英國教會脫離羅馬，條頓民族站在反對的戰綫上，而拉丁民族是擁護的。繼而法國首先與日耳曼人講和，并與土耳其訂立了互惠條約。

中國當時的文化背景正是心學的猖狂，迥异于正統的儒學。本來學問的兩大流，是價值論的偏重與知識論之偏采，前者是主觀心的崇拜，後者是客觀世的追求。王陽明打倒了種種客觀可據的標準，而拿出絕對的良知來。因此心中無力量的人便發生壞的影響，但其革命精神與路丁同。

當耶穌會之來，固然有許多人反對，但一般人因爲文化潮流的關係，不能不注意的。利瑪竇的《友論》一書，尤爲注重倫理者的讀物。除耶穌會之外，還有多明哥派（方濟各）等，但勢力不大。

耶穌會在歐洲立了許多學校，製造了許多學者，課程除神學之外，非學實學不可。他們的中心問題，還在要求解決歐洲的復一，因爲宗教的見解、大陸的發見，實把歐人給拆散了。方濟各先到了日本，日人非常客氣，告彼可先至中國傳布，再及日土。這位老人當立就動身，可惜死在上川島上了。死前的遺囑，是希望派俊秀之士來華傳教。利瑪竇應運而來了。他是 Lregowis 的徒弟，銳氏是修改陽曆的大天文家。中國語言頂難學，馬可波羅會了四國的話，從中國走時，依了不過一個水手而已。利氏在澳依一名畫家學中文，因他非常聰明，二年而通，并且會説好幾個地方的方言。文字頂流利的是艾儒略。傳教士的生活完全中國化，極力應合中國正統文化。謂中國古代之所謂天，實與耶教一家。明末，一般高能的和尚，無不先儒後釋。天主教，拿了古儒相同的倫理學攻擊近儒，一方面以比較高明的天文學，攻擊佛典中的天説。利氏對于祭天的中國觀念，加以新標榜，謂與崇拜天主一樣，祭祖的觀念是慎終追遠的倫理説。祀孔也不過景慕敬仰所謂聖賢罷了。利氏卒後，繼之者于此等處發揚之，及西洋教基塌毁，運命因而告了。一般的史家都説他們拿科學來騙中國的，但真是不可靠。

利瑪竇有《天學初函》及《友論》。《天學初函》有句話："友者，我之半也。"而王肯堂給他改作"友者非他，我之伴也"。可見他的用心與真心了。他活了63歲。他對力學是首發現的，可惜沒人知道，他并以西洋醫學作看護。李之藻病至無友看他的時候，利氏不辭一切的侍候他，以致于他的痊愈，李氏遂奉了教。君山等人駡他是有機智的外交家也太過火，出于宣教，當然要取相當的手段。

艾儒略到過北平、杭州和福建；他的著作都在杭州與福建。他費了很久的時間與李之藻與楊廷筠談論佛學。楊氏有姨太太，而艾氏始終不允許他入教。後因葉向高之請入閩，與近儒佛教及民間迷信爲對頭，廣爲辨〔辯〕論，有《三山論筆記》一書。以其才其學，足以傾動京師，然彼卒死于閩，可看出他的志向了。

湯若望學問更來得高望，他會造炮，在崇禎年間造了五百多尊炮。以陪臣的資格，而清朝入關以後，他便一尊炮也沒造，楊光先告他，幾乎問斬，或于造炮有關。

南懷仁，活動于康熙間，平定三藩的炮，都是他造的，一般教士給朝廷的貢獻，是娛樂皇家的畫、音樂和跳舞之流，從此第一流的人物，絕迹于中國的教堂。利氏最能講用，想延長明朝的命運，以幾何的圖形，操縱軍隊的排列，以遠鏡行軍。

教區（1644以前）的開展非常快非常廣。一年的入教人有1500人，有一年700人。太監也有教徒，宮禁都有其影響。可見他們不廣在弘揚科學了。

廣東人馮應京讀到利著之《天主實義》，于1603（萬曆三十五年）至京師，積極提倡與刊行這本書，純粹是個教徒。

李之藻奉教在1610，利氏之來在1601。他的科學造詣很高，按說可以不必奉教，後因病而入。因丁憂回杭，建教堂，集西洋教士傳教。1616，教徒被難，群住于李宅，得免者甚多。他譯了一本《名理探》，是思想法則的書。

徐光啓信教時曾云："佛入中國，千八百矣，人心世道，日不如古，成就得何許人？若崇信天主，必使數年之間，人盡爲賢人君子。世道視唐虞三代且遠勝之。而國家更千萬年永安無危，長治無亂，可以理推，可以一鄉一邑試也。"（《與鄉人書》）可見他是個熱烈的教徒。并且有進化的歷史眼光。他曾准備饑荒而嘗野草，用多種方法也拉他老太爺奉教。

楊廷筠犧牲了多年相伴之如夫人，而奉教，把她送還母家去。他有《代疑編》《續代疑編》。

金聲，休寧人，隨父營商湖北。同熊開元學佛于覺大師。後奉教，復返歸佛，成功以後的爭論的問題。清雍正時，（乃康熙第四子）其八弟允禩有异志，藉羅馬拼音行其文書，與教會中穆景（敬）遠接近。事後，教會之被排也以此。

德沛爲人，是教徒的問題，恐無疑致，他承認了天文上地球繞日之說。倫理上他承認大我，宣破小我。對于佛教迷信，亦大興排斥。彼爲宗室，故自隱而不敢明目爲教徒。

漁山吳歷王烟客，人謂其浮海，不知所終。蓋去爲神，非求閑逸，乃渡海至澳門，學拉丁文。未啓行時，以五十老翁，乃欲達羅馬。抵澳，三年，通拉丁語。返浙宣教。改葡名——Simon à Cunha。但不敢明言；以是遠不及明末之盛。

反動的人首爲袾宏，與李之藻爲友。其《竹窗隨筆》于萬曆三年（16〔5〕75）刊出，大駁天主教。答辯者不詳，因利氏1610已死。答辯之書爲《入道》，後名《辨學遺牘》。

沈㴶，遂告天主教謀反。上書後，未及詔命，拘教徒一百餘人，處之死。1664，教變爲楊光先——回徒——所告。又復大捕教徒，上書理由爲依西洋新法，有謀反意。順治原于湯若望，稱之老先生，已七十歲，因此被捕下獄。老人對庭，不能言，更爲楊所誣，後以地震出獄。

第二十九講　天主教士之東來與中西文化之接觸（下）

陳受頤

西洋人文學問之輸入

格致固占一部分，但人文科學亦頗受其影響。其内容有倫理學，有利氏所著《交友》（1595），建安王聞利來，欲看其所携鐘錶，且與之談交友問題，利遂著此一百章，文體模仿 Cicero。馮應京爲之刻板流通。翟汝夔評曰："論義精粹。"非教徒之陳繼儒謂其可補朱穆、劉孝標《絶交論》之不足。王肯堂謂其在枚乘《七發》之上。《二十五言》二十五章，廣論五倫。

《七克》爲龐迪我所著，所克者七：傲、貪、淫、忿、饕、妒、怠；對治七：謙、惠、貞、忍、節、怒、節。内容滿載西洋格言故事，故能動聞一時。

中人韓霖，本爲將，有《鐸書》。以明太祖聖諭作題目，話舊意新，主一夫一妻制，采西洋故事，要積財于天。相信天上有大父母焉，首宜孝之。

倫理之外有倫理學，傅泛濟譯《名理探》，傅乃葡教士，與李之藻共譯。最留心。較嚴又陵，尤爲苦心，一譯五年甫就，鬢髮以之而白。此外，教士教徒所發表之文章，多簡明有條理，或此之實施。人謂清之樸學，受其影響，但不足訓。

音韵學，因梵文入中土，聲韵，漸有演進。以二字切一音，利氏之來，方法更進。用羅馬字分析漢字音素，以羅馬標漢音。《程式墨苑》中有圖，詳之。如何謂音標，如何謂韵母。金尼閣有《西儒耳目資》一書。作音圖，推動之，可以調音。聲爲母，韵爲子。明末方以智有《切韵聲原》。楊選杞有《聲韵同然集》，劉獻廷有《新韵語》，劉最富語言天才，一方言祇須二三星期，他曉得西洋注音方法故。以上三著，都間接受利氏影響。

一般的文化，可以《西學凡》爲代表，爲西洋學校教課之報告書。地理學，利氏有《萬國輿圖》于1584繪成。爲最古之地圖（參看《明史列傳》204，《五朝文獻通考》289）。

《職方外紀》亦艾儒略著，1623成，共六卷，講五大洲。中國最初之説法：康熙（1708）47年—（1713年）56，中國新式地球繪成，曰《皇輿全覽圖》。十三銅版對得而印。西藏圖尤詳，爲後所不及。利氏，有《西國祀法》，今不傳。萬曆三十七年著，是方便之記憶法。短文爲利氏所見，二三遍即熟。艾儒略所寫中文文章，與中人所寫不能別。

西洋自然科學之輸入

曆法與農時密切。當時有二曆，曰大同曆，曰回回曆。以朔望爲標準，或依虧蝕。然于明末，每每錯誤，故曆法不能不改。然中國曆法，代有所更。秦始皇以前改七回，以後至東漢五回，三國至唐十五回。唐至五代末□□……，南北宋十八回，金元三回。明末曆法，可看《崇禎曆書》，康熙改其名爲《授時通考》，清朝纔改曆。

數學有《幾何原本》，爲利氏與李之藻共譯，共六卷。直至咸豐、同治，還印此書來用。《勾股義》，徐光啓作，《同文算指》，李之藻譯，中含代數。此外尚有對數、開方。李之藻説中國算法與西洋算法不同處，西對中錯，所同之法，西快中遲。清康熙間，有數學家梅文鼎、王錫闡，初偷書西洋之學，而謂中國古已有之。梅爲聖祖師，有《幾暇格物編》。天文學有李利共造之《渾蓋通憲圖説》，湯若望有《經天説》。日晷亦從西來，并置天儀、地儀。地儀，明末築。天儀，清初造。亦有望遠鏡，以太陽爲中心的新説。有"系"的觀念。

物理、化學亦有些許常識傳入。牛頓乃康乾際人。牛前猶行四行説，所以無重要之傳入。《寰有詮》一書，作代表。

西洋器械之傳入

中國兵器分五期：上古徒手，蚩尤用五兵，黄帝用甲冑，春秋用弓弩、炮石，孫子用火攻。元朝來時，攻蔡州城，炮師爲日爾曼人，爲第一次用炮。永樂四年打安南，勝後，仿作神機槍及神機炮，防塞與有力焉。萬曆年間，得巨炮謂之紅夷（衣）炮（1523），亦名佛郎機炮（荷、葡亦名佛郎機）。但①鑄作無法，②火藥不良，③不會駕馭，以故失敗。崇禎三年、七年、十年、十一年，火藥庫都有爆毀。徐光啓因是上書，請治兵、造器均用西人。後河西用炮，氣死弩爾哈赤，封炮爲將軍，衣以紅衣。清兵圍平，不敢近城。四年打滿亦勝，但1621、1631，炮爲敵資，亦因以不支。湯若望一手造成。

萬年臺在京城四圍，乃炮臺也。湯氏著《火攻挈要》，遠鏡一器，湯有著說明，教明人利用之，抗敵。"奇器"中有耕器人死說等。

泰西水法乃荷蘭之灌漑術。而明朝極力維新，而卒不救。壞在黨爭，愛鬧私人意見。1644，警鐘遂鳴。

西學東來之段落

①神宗——明末　維新運動時期

②康熙——乾隆　科學發達時期

③乾隆——享受玩藝時期

元人漢化未深，廣用西人。而清人漢化既深，西人廢然不能爲用。

華化西漸之概況

①重農思想。

②法革命因中國聖王思想。

第三十講　明初之東北及其對東北之經略

徐中舒

I

元末之東北——遼陽行省有七路（《元史·地理志》）。東寧路，合蘭府，小遼遼路，東寧均漢人。

較現今之東北廣闊。軍民萬戶府，均女直（即女真）人。明洪武四年，勢力未達其地，仍元制。北至奴兒干，東至鴨綠東岸。兀者野人吉列迷即在極北部分。乘元之衰，高麗王朝侵邊。（明清之際，李成桂簒位，纔改名朝鮮）其國有王名忠愍王，其妃奇氏。其子（？）奇賽因帖木兒因故逃東北，組軍欲復仇，李成桂敗之。猛哥帖木兒被虜去國。及明盛，高麗臣服，于明使使要返漢虜（女真）及元失地。高麗不服，欲動；李成桂乘勢張權，獨與明構和而廢其主。其子及位，向明要求將祖墓之地（鴨綠江東岸）歸其管轄，得允。東北之西納哈出據金山老哈河一帶，爲元功臣木華黎之後。元滅之時，軍民有四十餘萬，嘗與高麗戰，敗。洪武七〈十〉八年，東向，亦敗。廿年，太祖命馮勝討之。從喜峰口西向，紅巾賊之亂，曾至遼東，并及高麗，從山西經河北、熱河、東北而下高麗京城，共二十餘萬，卒被殲除，散于高麗各地。明海軍以太倉衛爲主，所謂舟師。海運至元已盛，有《大元海運禮》可見，明水師有功于東北之平，亦此因也。

II

女真有三種：①海西女真居松花下流；②建州女真，居吉、遼等地，東建州在長白山一帶，西建州後延至內蒙；③野人女真是野蠻部落。此就地方文明分齊，種族關係不大清楚，大概是一種人。建州爲清祖。女真人與蒙人不同，以獵爲生，所謂"打牲"。皮毛業以是盛。有城郭，石製或木製，滿洲人的頭扁，或因枕石之故。也有一部分游牧的，清人有《朔方備乘》所載可見。

III

"兀良哈"義爲林中人。哈，人也，滿語。本指女真之林居，而以後清人移稱蒙人。有作烏梁海者。蒙古與滿洲人種接近。明朝對內、對外均置衛，兀良哈三衛乃洪武廿二年所設。蒙古遼王降明，設三衛以治其民。東海至爾喀，初居鴨綠江東，清認其爲同族，收之。清朝入關，漢人很少在東北。至光緒開放，纔漸漸多起來，本來明朝東北漢人很多，洪武時有廿七萬，後以數次爭亂，流喪失所。明轄之以州縣制，及遼東都司，屬山東布政使。因至旅順之海道非常方便，繼以倭寇爲擾；海上宣告戒嚴，遂改衛制。洪武十七年于遼陽設孔子廟，用樂器祀禮，宏儒學，考試者集于山東。因錄取爲宦，內地者亦多。（看《遼東志》）女真人行喪禮與漢無异，夫死守節者亦不少。

IV

明勢力至奴爾干（在阿爾賓省內），尚有明遺碑。明宣德（八年）時重建永寧寺碑，永樂十一年，敕修奴兒干永寧寺碑記。（日人之《東北搜訪記》可看）光緒十一年曹廷述曾至廟爾探訪，著書曰《伯利探路記》。亦談及之，其地尚有明建之炮臺。不但土人吉列迷屬華，即苦夷（庫頁人）亦臣服。近吉林省城地，名阿什哈達摩崖，現知曾于此造船，撻伐奴爾干。《遼東志》載從遼東至奴兒干有水陸城站四十五處，并有狗站。因其地使犬使鹿，爲運輸。臉部刺墨。明對女真設一百八十四衛。衛置都督僉事，後簡稱都督，及百戶、千戶、鎮撫等官，定每年朝貢幾次，實貿易之變相。中如建州衛首領爲阿哈出，建州左衛首領爲猛哥帖木兒。成祖曾娶阿氏之女爲妃，用之以招女真。《實錄》中并謂猛哥氏亦皇親。亦失哈爲宮中宦官——"中官"。利用之征服女真。《朝鮮史〔實〕錄》中謂成祖嘗派女真人張童賢、王可、王教化〔的〕等至長白山地，招撫女真部落。

V

宣德九年以後，奴兒干之路不通，五百造船人陷沒于海西女真部中，勢力不達。景泰、正統以前，曾遣使至女真調查，以後便不成了。瓦剌漸强，英宗有土木之變，鈎接三衛内犯；但瓦剌亦仇視女真。女真因無詔敕書，進貢時，朝廷禮遇不厚，故時爲犯，年數十次，遂有邊墻之築造。正統七年，畢恭所監製，初較簡單，以木柵爲障，設邊卡備警。從此明朝勢力，限于邊墻之内。

第三十一講　明之政制與士習

錢穆

明無宰相，用內閣制，有清承之。唐無宰相之名而有其實。經宋，改唐三省，作兩府。所謂中書及樞密。元無門下省，祇遺中書；至明太祖洪武十二年，胡惟庸之門生被帝所殺。因廢中書，祇行六部。吏、戶、禮、兵、刑、工也，分司國政。演爲君主獨裁之制。六部平等故。無宰相之官，亦無其職實，帝自爲故。黃宗羲之《明夷待訪錄》頗非之。但不久有內閣制起。朝廷有四殿（中極、建極、文華、武英）、二閣（文淵、東閣）設侍講、侍讀、編修、檢討、翰林，輪流值日于皇廷，爲皇帝諮詢機關，詔書、策諭、冊令、制檄等之起稿，總要用一批讀書人，昔名"票擬"。

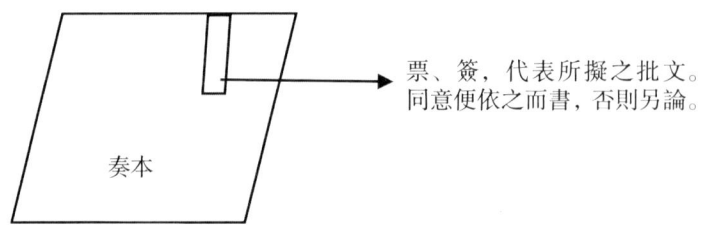

票、簽，代表所擬之批文。同意便依之而書，否則另論。

奏本

奏本之上行，不爲内閣批準，不能達天。因有是檢點票擬之權，故勢大矣。唐時有中書舍人，代帝擬草，但權較微。實等秘書。明朝内閣，雖爲五品，而挂名翰林，其權實巨。（永樂後實行）初無弊端，仁宗以後，内閣權更重。當時楊榮、楊溥、楊士奇，初爲東宫太傅，仁宗及位，身爲尚書，兼内閣。由是大學士爲一品，地位高于尚書。世宗時，夏言、嚴嵩尤拔〔跋〕扈。但有明一代，有權臣而無大臣。名不正、言不順的竊行帝務，謂之權臣。清朝沿用之。接近帝王弄權之謂。但更有接近于帝者，爲宦官。故其爲患亦巨。宦官有司禮監，司帝王批行事，批下間接至内閣。萬曆，司禮監可書事目于公事上，付閣臣爲文衍之繕就，實際都是宦官于中弄把戲，皇帝之庸懦故。倘帝明睿，則票擬聽諸内閣。有某筆記，記世宗時宦官語，謂大學士張學敬來時，爲之打躬，夏言來，看他一下；及嚴嵩來，爲我輩打躬。于是宦官有千歲之稱號。

明朝之御史制，六部之外有都察院、通政司、大理寺、都察院行糾劾事。通政司司章奏。大理寺司平反。都察院尤重，合六部爲七卿。院有御史大夫，言官也。下有御史中丞，在内廷之蘭臺，爲天子耳目。又有給事中一官，司封駁，原爲門下省事。繼分六科，因六部故。可參加意見，謂之科參，評政得失。原來是：

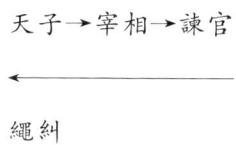

宋以後，諫官制度便不如是，諫垣獨立，給事中本諫議大夫之變相。

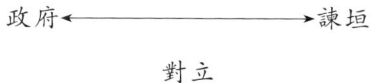

言諫本不宜偏專，分立之制，有相當益處，專之則不免找岔，故政府若東，諫官必西，否則東東西西，何用諫官。本來，御史附于尚書下，其制較好。及爲天子耳目，實爲皇帝專制之進展。言、諫二官，合一而歸御用，空言少實。太祖最專制，廢相去將，獎勵百官布衣之言諫，可見權歸天子。給事中與御史合爲耳目，牽制行政，天子更是方便了。初防權臣，然後直與皇帝衝突。遂製嚴刑待之，如罰跪、廷杖，激起氣節之風。既獎倡之，又嚴止之。

無負責之相
獎無責之言官 ｝運之以極端的專制手段

故成一代士大夫之節氣。

廿四史上之讀書人，明朝頂糟，空疏多陋，亦因科舉制之不良。宋代科舉，王安石主張經義，廢試平仄，結果成功濫調，不必深于經解。及程、朱，以爲《注疏》，祇訓詁，大義爲略。朱子有《四書集注》《易本義》《詩集傳》，其弟子有《書集傳》。後之科舉，加《杜注左傳》、陳注《禮記》，謂之五經四書。分三場，先看思想，二場試應用文，三場試見解，慢慢兒因爲教官祇看第一場之卷，他無意及。元朝既已如此。永樂時有《四書五經大全》爲進仕之路。後因尋巧，注目于題目之偏向。于是《禮》中喪服《檀弓》，都廢而不顧，《詩經》中之淫風不讀，好些都不讀了，《易經》中《訟》《否》《剝》《遯》《蹇》《困》卦都不讀。慢慢兒因爲祇重題目，不如把可出題目處都作出一篇，豈不好哉？于是請先生，就看他能作多少題目叫子弟讀，不必讀經了，先生亦以揣摩之精而飯碗大。于是有墨卷之刊行。明聖化（？）八年有八股文之規定。八股之後有大結，可發揮百字以上的意見。後就不許談及明朝本事。既而祇許說四句話之小結，如是這般士大夫跑到政治界去，沒有特立獨行之學者，故"人云亦云""一逢風"。明朝之氣節實非真氣節，趨炎附勢之風亦盛。總之，無學問，無特立獨行處；科舉之不良也。明清之專制實極，明清之士人亦太糟糕。清朝囿于考據，無大志氣。

明萬曆，大學士張居正有病，朝臣請道士建醮，拜表作法事，大家出錢，跪下禱告，群爲青詞進居正，居正喜，加圈者，便行爲幸事。熹宗時，爲魏忠賢造生祠，于是當認爲與孔子稱二聖。西山碧雲寺，即其所在，有文廟處，便有魏閹生祠。後魏案破，二〇九官，殺的殺，割的割。顧憲成，雖爲小官，而骨氣森立，能成一東林黨。因群衆之爭識，士大夫之習氣，故慘案疊出。一上一下，均無良果。

第二部分 中古思想史聽課筆記

第一講　中國哲學通論

胡適

司馬談云："先陰陽、儒墨、名法、道德，皆務爲治者也。直所從言之異路，有省不省耳。"

印度哲學與這套，絕不相通。中國哲學是人生、社會、政治上的產物。那末，中國哲學不成政治哲學了嗎？不然，它涉及的部分是很廣的，可大可小的。老子的"無爲"、孔子的"知不可爲而爲"都是關於治的態度。朱子的勸孝宗，處國難以正身職意。乍聽很簡單，若上上連環套，則可以平天下了。

政治的起首，是神權的。春秋時代哲學家的背境，都有中國教（Siniticism）的色彩。

它的特色：

1. 祖宗的崇拜——如卜解所示。
2. 拜神——自然界種種勢力。
3. 上帝、天、昊天。
4. 信卜筮。
5. 天人之感。

從殷民族至周民族，這老教的勢蹯〔蟠〕據了一千來年。有一般人，專司巫祝卜筮的人，他們是專門的知識創造者、文化產生者。殷亡、西周滅兩個時代是這些人倒黴的當兒，遂流為教育上的權威者。混飯吃的。《詩經》是最重要教本，《易經》是卜筮的教本，《禮記》是宗教儀式的教本。《詩經》中，包含最闊，有信天的，有怨天的，有革命的，有罵貴族的。凡思想起于很大的一個？號裏。《詩經》表現了許多的問題，孔、老皆是這時代的產兒。孔子至死，自謂殷人，他們都是亡國後的柔弱的知識階級。靠本事飯食的人，上知天文，下知地理，這般人叫"儒"。"儒者"一方面弱，文的樣子，一方面有所需，需飯以活也。且當時如殉葬等的野蠻而不令人滿意的行為，處處可以給思想的出路。老子看到些不配做政治的人，他們也去做；為什麼兒子殺父，父私兒媳，弟與嫂居呢？文化太高了吧！休矣哉！"五色令人目盲，五音……皆知美之為美，斯惡已，……皆知善……"文化該毀滅喲！故有他的理想國。對當時文化給以一個嚴重的抗議。少作一點吧！別建設吧！休矣哉！你能造一朵梅花嗎？你能造一個鳥嗎？自然如是，汝奈何為？其實他沒有反宗教，而是超越當時宗教的一種宗教。柔就是聽其自然而為，就是無為。

孔子以為老子忘掉，我們可以在這頂大的歷程上還有點建設的可能。他那殺身成仁的、任重道遠的、知不可為而為的精神，實矯正了老子的柔，而產生了中國歷代政治家的負責任的果子。學而不厭，學恐不及，及朝聞道，夕死可矣，那種大的知識欲，與老子迥乎相反。

右派出來了，你們都是倒亂分子，還讓我正統派的墨翟來說說吧！他的老師是史角，是宗教的假戴者，他給舊教以一種新的精神，把它扶植起來。天是有意志的喲！兼愛而無差等，是天的意思。有命則作善惡似乎沒末關係。他們有團體，有巨子為教主。Logic是辨〔辯〕護用的工具，欲護法衛道，解除種種疑難，拿它作奴隸。佛教的用因明，也不過維護無理的難處而已。墨教亦然。古書講鬼吧！并且很有用呢，沒有命吧！

從此三派思想的發動，一時紛然雜陳，出了許許多多的各派思想。莊子說什麼都在自然之中，逃不出的喲！無所不包的是天道。荀卿說莊子蔽于天而不知人，老子蔽于詘而不知伸。天有常道，我們不管，我們要作人事，要制伏天然。"制天命而用之。"其弟子韓非及李斯，李斯却創造了一個統一的國家。直到漢朝，還是天與人的衝突。中古時代，有兩個思想：1. 要作聖賢；2. 要作菩薩。精神上跳出去世界，漸漸爲民間的風俗和合，成功了超然的神仙，不在是非坑裏。列子就有生要作成死的樣子。外國來的這一派更來得凶。同時，有儒和墨的"儒教"出來，可看《漢書》中的《郊祀》《五行》兩篇。外來的宗教可大嘍，天就是三十三個，地有若干若干，我們便小巫見大巫了。作人的力氣沒有了。身體可作蠟燭。中古化到極處，到宋末纔注重大學的修身。從佛教下爬出來，又作人了，回復了。

第二講 中國佛教哲學

李證剛

中國佛教哲學假定有六個時期，以兩個人作主體，即鳩摩羅什及玄奘是也。

竺叔雅著有《格義》一書，格，格量也。以爲兩相比明爲然。道安説他"迂而乖本"，用成語附會，往往失其原義故。佛教初來，多用老莊之義比附，後又有比附儒家者，蓋學説之起，有其動機與要求，不能符合，此舉頗覺失當。

竺法深又提出一個意義，就是"本無義"。他説未有色以前，先有無，無在有前，有在無後，色之本在無。此土老子有似説，但無若爲斷滅之無，則以何因緣而實生有哉？原宇宙無斷滅的空間，若以空間爲無的觀念，本無之義不成。且老子所明在相對，對有説無故，則竺氏更無援手。道安亦立本無義，有意究〔糾〕正竺氏説。其主張有似于老子當無有用之義。他説色均緣成。緣成有相待義，無單獨生起故。而相待必假合，假合則無自性、無自體，功用之能有自體，則不需假待也。有色，色是假待而成。故空無自體，空無自性。此理由則可實證。蓋因空有其自性者，不待緣成。支道林亦有"即色本無"義。是法均假合，當體而無自體之質點。蓋性乃功能之動機，苟功能初動時，那能有色，如有色則不有性。色中無色的質點。當色即空，不待斷滅。蓋當前静物，今日存，昨亦存，其功能繼續，未嘗死滅，支氏之説爲盛。

神敷有"神無形義"。精神能遍到，物質拘于方所，神不可數，不名形故。形有定而神無定，由是知精神用之不盡。按物之相待，功能相應也，雖不相到而功能相屬。"神"之旁是申字，頗妙。功能相通相應，其間不容有斷滅，如甲物與乙物相應。其間必有道，雖粗形未見，細相恐有。在他不與兩物相應的差別中，其間因有道矣。神形不可相離也。可離無道。

于法開有"識含義"，他説識爲神所含，有些像唯識之説。世間有無，全在分別，世間之成固在此，而所不到處，則多破壞。他説"識神"就是迷夢的主人。三界空了，識纔可斷。"識神"依三界故。迷夢之醒，三界（欲、色、無色）滅也。按此義不含佛教。本三界義，祇欲遍了，何有色？祇色遍了，何有無色？界靠假空故。若待三界滅掉，識纔滅，是之謂倒白爲黑。其唯識之説，分別智識，在乎分別；但智無分別，亦不成智了。此説又非。

支敏度有"心無義"，僧溫亦有"心無義"。支氏以爲心之功能可起萬物，存于萬物中。所以可能者，心無故。僧溫説"色空"非色無了，心不緣色纔是色空，不是色没有了。支氏尚有相當理由在，僧溫以心色爲固空，不能相到，功能滅掉，不知緣成，故芴。

"緣會"是佛教一勝義；于道遂竟謂緣散；緣若散了，中有斷滅之空，功能不通，不有法故。此爲誤會。（以上爲羅什以前的時期）

聘羅什來者爲姚興。有無之無，是相待而存，非有真的斷滅無，假説之而已。佛有真諦，出世間故，破界見故。無是無世間見。世間、時空不能固定，故俗諦（世間）不有。真俗若固定，則不能并有。有則全有，無則全無。總之，皆非固定。真俗亦不可分。此姚興之説也。

羅什舉一諦，真俗不可分故。無我義、空義，彼所倡之二門也。（空指法空）尋常人均以肉身爲我，他與我相待而假名之也。眼能見，耳能聽，皆皆不能辨，耳是我，則眼不可使。肉身不成我義，精神是我，則精神何在？彼彼即我，何可固定？種種爲惡之源，厥維我見。釋迦出世，旨在破我也。法本無善惡，祇在你用之當否而已。有的藥吃了就可好病，有的藥對某病則可死。善惡則用之適宜與否而已。且藥無病，亦無其用，病無藥，亦無其痊，相待均成就了無自性之義。獨有則何待，藥之名對病而言而用也。羅什譯經過百部，所述作亦以十數。

同時，有廬山慧遠，發揮無生義。佛主無生忍，忍，不堪疑故。有絲毫不通處，不可信則不能忍。法本無所從生，非他生，非我自生，非共生，以成無自性義，無生非斷滅，無生纔有生之妙。

僧肇，羅什名弟子也。有《肇論》一書，第一篇爲《物不遷》，物界變動全變，成不變義，故能累變不顛。第二篇爲《不真空》，對妄假而立真，則真非圓滿，不能斷滅，不能固定故。"無自性"與"空"均爲假名，亦是空故，此是真空即妙有。第三篇《般若無知》，蓋有知則有不知者存故。般若不有知，而能全知。第四篇爲《涅槃無名》，涅槃本有不生，得對失説，對非本有説，故涅槃無得無名。佛是覺義，但對著什麼固定的不覺來說覺呢？故佛亦假名。净土者，心之影響也。往者人謂净土佛所專有，彼謂净土即人心也，人皆净心，皆不自甘于惡故，爲而不居，苦樂備于一心，彌陀能奈你何？誰能將你至净土？

竺道生亦以净土即人心者，主頓悟之説。

（以上羅什時代）

吉藏著《大乘玄論》，法性宗之創立者。

（以上羅什以後）

真諦首譯唯識經論，有《轉識論》一書傳世。指示人的重心在識，不在外色。不要責境，要責心，要轉識成智。

（以上玄奘以前）

玄奘，譯經較美備。所説與真諦無不異。唯識之唯，遮也，遮境也。一切法"唯識"，爲識所變現故。在功能之所在也。《成唯識論》可作代表。有大弟子窺基，著有《法苑義林章》，可見唯識種種。

（以上玄奘時代）

真言宗，宗之名均後人所與。又稱密宗。一行爲宗祖，有《大日經疏》。言以何故而真，真在無我，無蔽則功能暢達，親切相應。"身口意三密相應。"密者，切也。應者無間也。非密秘之謂。三者相應功能轉偉。任出一語，皆真言也。此出而佛教衰，此外尚有禪宗、天台宗賢首宗未談。但天台宗之性本具善惡，非釋迦之説。

（以上玄奘以後時期）

第三講　中國古代哲學

李證剛

假定自庖羲氏起至荀子止爲古代哲學時期。

欲講我國古代哲學有兩條事不可不知：

1. 古代哲學有它特具的精神。

Ⅰ　遺傳的材料太少，但關于人生論較多，可以説以人生爲中心。

Ⅱ　貴行、不貴言。因言的目的在行，祇具有空空洞洞的知識是無用的。故恒用簡單之文字，叙行爲之要點。

Ⅲ　意在"明體達用"，故多不作系統的研究，不作辨證的形式，祇以結論得數表之。

Ⅳ　古代哲學可明淺明的意義表而出之：

（1）知識論　本"明""誠"二字以致"中""和"。

（"明"即明白通了。"誠"即真實。"中"非孤零零的一個中心點，必顯于全體之中，故中即全。"和"即相和之"和"。）

（2）人生論　以"敬""愛"而達"道""德"。

（"敬"即互相尊重人我的範圍，而不破壞。"愛"從中和而來。"道"即共同普遍的通途。"德"本即"得"字，非限自得，乃共德共受之謂。）

（3）宇宙論　貞"同""一"而成"變""化"。

（貞即正也，"同"萬物之所以一也。"一"萬物之所以立也〔清增之語言〕。"變"自他互變，互相往來。"化"，自變也。）

研究中國哲學有兩要求：

1. 洪水泛濫，以前文物不留，幾次書厄，文物殘缺更甚，以是欲憑考證臆説而推古史，頗難斷定。我們祇好取因指見日之法，依了幾句話，來見到他們的主張。

2. 此時代哲學在重行及明體，故不重辨證形成，然并不背乎辨證原則。當略其形式而考其精神，且勿"以辭害義"。

此時代哲學可分三期，姑以《周易》爲中心分之：

1. 周易以前的哲學

（一）庖犧氏。《易·繫傳》"古者庖犧氏之王天下也，仰觀相于天，俯觀法于地。"（天者，形而上的主宰或精神之意。地者，形而下的物質也。相者，表相。法者，長短形色之度也）以故，上取天之表相，下取地，以及草木、鳥獸之情況而造八卦。

☰乾（天）　　☷坤（地）　　☳震（雷電）　　☴（風、木）艮

☶巽（山）　　☱兑（澤，繹典）　☲離（火）　　☵（爲水）坎

兩作用曰"消""息"。（"消"，物之存在的範圍或位置。"息"物之變動生長也）

以上稱"十言之教"。即八卦及消息也。━者同之表示，━ ━差別的表示，從異至同則吉，從同至異則凶。同者吉象，異者凶象。其中宇宙論、知識論均備，而人從符號關係中，得行爲之正當，亦人生論也。

（二）神農氏。教民食穀，避肉食之鬥争。嘗謂一夫不耕，天下有受其飢者，一女不織，天下有受其寒者。一人的引動，即全體之利害所繫，一多不可辨也。

（三）黄帝。有金人銘，可看出他的主張。謂勿多言多事，忽略微處，其大也不可遏。

（四）帝堯。"允執其中"是他的知識論。中者，善惡、大小等相對所依之體也。有此"同"而後可知。又謂"克明峻德"，明者，通達無礙也。由家德而九族，萬邦同德也。《擊壤歌》曰："日出而作，日入而息，鑿井而飲，耕田而食，

帝力何有于我哉？"這表示當人民皆知盡自己之力，他亦依我。當以力得所需。

（五）帝舜。

（六）禹。禹問治天下之道于皋陶，對曰："知人安民。"禹曰："知人則哲，安民則懷。"即禹之人生觀。

（七）湯。彼有《盤銘》曰："苟日新，日日新，又日新。"新即當前所對之現實，過去未來之無味操慮，皆足以擾其為新之道。

（八）伊尹。出入皆應與人民同去取，則與民同利。

（九）盤庚。"設中于乃心"，意即將汝心擱在全體之中去。

2. 《周易》中間的哲學

（一）文王。《詩》云："穆穆文王，無緝兮敬止""緝"就是斷滅，能于自己的範圍內自得其分，還能完成人家的德，即敬止之謂。乾卦辭"乾，元亨利貞。"乾，剛健不屈也。元從二人，二人同應也。亨，通也，人己通而方有利。共同之利纔是真利。貞即正確之意。

（二）武王。"人之所欲，天必從之。"天即人民全體的意思。

（三）周公。"惟聖罔念作狂，惟狂克念作聖。"念從今心，現實之心也。罔即亡字。克者，能也。

（四）成王。"惟命不于常。"命，天命也，亦人民共意之所向也。其所注之處是無常的。

（五）太公望。"明者見兆于未冥，智者避危于未傾。"我們祇要隨觀念而轉，則未冥未傾之勢，明眼人不能隱者也。

3. 《周易》以後的哲學

（一）管子。《漢書·藝文志》把他歸入道家，良有以也。物以其有形（形指範疇），纔能有名，名不過是一個代表的符號而已，却不宜執著拘泥之也。

"同內相從，异內相拒，吾察相反相拒，吾以故知復從之同也。""鎮心本中，萬物為度。""四維不張，國乃滅亡。""心全于中，形全于外。""動皆相從，靜無不同。""自充自盈，自升自沈。"均不失為名論。管子之書，于此甚可觀。

（二）老子。可道之道，即衆意之所趨，其所趨不常，故非常道。有名則有非他非一切的範圍出，即萬物之世也。竅即邊緣意，無名，有名同是無色的玄，是僞名而已。連玄都玄起來，那末纔到妙門之內呢。

（三）孔子。他的知識論是"思無邪"，邪就是虛妄的去想過去與未來的事。

"知之爲知之，不知爲不知。是知也。""子絕四：毋意，毋必，毋固，毋我。"意即志也，志之其心也。必者自立异而使他從之也。又説"下學而上達"，下即形下，上即形上。"人之生也直，罔之生也幸而免"是他的人生論。

（四）楊朱、墨翟，其立足都在利與用上。

（五）荀子。性惡之説，蓋駁正人之動，向于一端，則將有惡。

21.11.9.2－4

第四講　宋元明哲學概論

馬叙倫

這三朝約占七八百年，昔謂之爲性理學，或理學。但元人作史時，祇有道學傳，無性理之名。其實名雖不一，而所指一也。其背景有二：（1）政治背景。自唐末五代社會之不安寧，政治之混亂，故有宋肇始，民樂和平，知識階級更要求長治久安之策，故着重教育。（2）學術背景。義學至唐而衰。唐太宗又首倡科舉選士，不過佛學尚極一時之盛，文學亦臻頂峰。而五代時各體均衰，祇有詞生出來。北宋文人雖有相當貢獻，都不能駕唐而上。創新力不能表現出來。書院制從五代開端，謝同文（？）爲首事者。後胡源的書院，成了普遍的教育方法。太學亦仿之，内容就偏重尋孔學要義的一方面。而啓理學之先河者還要推李翱的《復性書》，不過惜無繼者，未能成派。

他們爲了人生而研究宇宙，期望與宇宙一致，所用方法，一種是静悟，一種是格物。亦各有偏取。静悟的方法，并没什麽問題。而格物因解釋的不一，故異説紛紜。自鄭康成至今，未有確説，但大多數均傾向窮理的説法，蓋遵二程。這種學説的發展并不是進步的，而是退步的。如元明時候，祇研性之善惡，而不究性之本體。

宋代理學家均周敦頤爲開山之祖。他的人格是很好的。但其學説的來源問題，便很有人懷疑，所遺書祇有《太極圖説》及《通書》，其實是一部東西。但其有

《易説》《易通》見于墓志。《太極圖説》實爲其學説的綱要。其圖與《參同契》同，《參同契》非漢之《參同契》，乃唐五代道士所爲。于是有人徑謂他爲道士派，深考之，此實浮説。最攻擊他的推陸象山，説他"無極而太極"之無極，乃道家説。儒者難言之。其實亦誤解。無極非無窮也。周濂溪之用《參同契》的圖，如同孔子之用《魯春秋》一樣，欲藉一種方式代表他的學説而已。"極"如人之背，不可接觸，故説没有極。太極即本體。談中國哲學，離不了《易經》。固説多言動靜。他便用白黑代表之，爲圖以示人，故又説陰陽表之。太極中，動靜無端。太極出五氣，（木、水、金、火、土），而順布之，四時行焉。陰陽與五行合和，成功萬物。第四圖又説，男女乾坤之道，故萬物化生。無極之真，二五之精，便有神出來，而後有知。人之所以靈于萬物者，成分（性）不同也。"性"是剛柔善惡之中而已。人的行爲應"明中正仁義而主靜"。動靜不偏即中正。愛之實際爲仁，愛之方法即義。静觀萬物，可得最好的應付方法。静乃本體不動，無欲（念）之謂。

　　程顥是周濂溪的弟子，可是他自己説，雖有所受，但天理二字乃己體會。程頤是周濂溪的弟，也是胡源（安定）的弟子，兄弟亦有切磋之誼，明道承認伊川合他一樣。他二人都是周易的宇宙論。《繫辭傳》乃孔門弟子所記。太極生兩儀。一絲毫不易，一則絶對的變易。易是往來上下，是無體的，變動不居，周流六虛。太極即易、道、神、性。

　　明道講性，實際講出來一個東西。告子説"生之爲性"，生命與性命通用，明道講性，就是講生。易經説："生生之謂易。"萬物就是一個生命。人生而靜以上可不講。《易》謂"繼之者，善也，成之者，性也。"善是維持宇宙生命得當之謂。合于善者，道德也。即仁、義、禮、智、信。他説義、禮、智、信皆仁也。"維持生命"，義有等差之宜。智者知此，禮者行此，信者踐此。伊川同于乃先之外，別倡感應之説。感者内感，太極自身之用也。宇宙之成有兩原則，一者和，二者序。伊川謂有本然之性，有氣質之性，後人誤會之，以爲二元論。氣質包含形體習氣，已非性内事。因術語少故。

　　邵雍的《皇極經世》與《易經》全是兩回事。以數學作基礎，但不同西洋所謂數理哲學。總以"四"來分配萬物。但一會又講三，又講五。程明道説他是加倍法。他自己承認自己所説乃先天説。似唯心；而又説以物觀物，似唯物。總之，他的學説無法講。

張載。有《西銘》。其中往往前後矛盾。陰陽配合產生萬物，與程等說大同。但他說本體是太虛。太虛湛然。立清虛一大，明道謂之二本。

朱晦庵至死未有定論。

象山不多言性，喜談教授法。"我即宇宙，宇宙即我。"單刀直入。去小己。

第五講　中國哲學史之中古思想史第二期

洋貨漸漸變爲國貨而莫辨。若輪回，若果報，均非國粹。從先衹有積善之家必有餘慶的話。而印度的業報說（Karma）則很有系統、很有理論的了。吾國古時之惠迪吉，從逆凶，有時不能自圓其說，如奈何強天而病全耶？然而印度的三世說，輪回不已，常識上容易承認，遂成爲中國人唯一的信念，如鐵一般的確定了。吾國古時家神，對鬼事，所談大略，誠如小巫，而外來的、新穎的印度思想，却有三十六天十八地獄，亦誠如大巫了。可是我們現在以爲是自己的老東西了。若由旬若刹那，若僧，若佛，均爲梵字，而今不覺也。

印度人本亞利安族，即高加索種。其語言亦多同，如 Veda 與 Vit、Vid、、Vio 皆同源。

四種階級（Caste）之下爲不可觸階級。（untouch）修行有三種：1. 苦修（自苦）；2. 靜觀；3. 祠祀。

《奧義書》中已有很深的哲學思想，謂 Atman（小我）即是 Brahman（大梵）。天地與我爲一的思想不异此。

孔子　〈公元前〉551—〈公元前〉479

喬答摩　〈公元前〉560—〈公元前〉480

最無歷史觀念的民族是印度人。（思想最細密的民族也是印度人）

我——持續性 Continuity、主宰性。

佛教頂高的哲學便是"因緣"論。

周叔迦：《中國佛學史》第一編

①大時期：

Ⅰ　原始時期：①齊祀季；②般若季；③三學季。（漢—齊）

Ⅱ　革化時期：①醞釀季；②燦爛季；③彫零季。（梁—唐末）

Ⅲ　蔓衍時期（宋、元）

Ⅳ　衰微時期（明、清）

湯用彤：《中國佛教史講義》

原始的佛教，完全是革命的。但在宣傳時期，一定就不那末純粹了。

佛教是個叫花子的宗教。

《四十二章經》，任公輩嘗疑之；則嫌多事。或真有一梵本供譯，或教徒的提綱節要。

波羅密多 Paramita

念佛法門：①想念佛像；②念彌勒佛，往生兜率天；③念阿彌陀佛，往生净天。

（amita）無量壽、無量光。南無（Nama）。

Nama amita bha

佛教思想的華化，是"禪"。

彌陀佛的肚子漸漸大起來，觀世音的脚漸漸小下去。這不過形式華化的一點。

阿羅漢（Anahat）"應真"之意。

安般乃安那般那之略（Ana pana）。

初禪離愛欲，二禪離覺，三禪離喜（Joy），四禪離樂（ease）。

淫→不净觀

嗔→慈心觀

貪→思惟觀

四禪後的功用：

四無量心：慈無量、悲無量、喜無量、捨無量。

四念處：1.虛空處（無色空）；2.識處；3.無所有處；4.非想非之想處。

五神通：①如意通；②天耳通；③他心通；④宿命通；⑤天眼通。

涅槃 Nirvana，寂滅義。

四五世紀時，印度的思想界，正是涅槃經權威的時代，此由譯經上看來，討論的中心，尤在佛性問題。

三階：①最上利根；②利根；③鈍根。

達摩引入四事：①報怨行；②隨緣行；③無所求行；④稱法行。

古時的瑜伽師地論，大概都講禪法，故又名修行地道經。

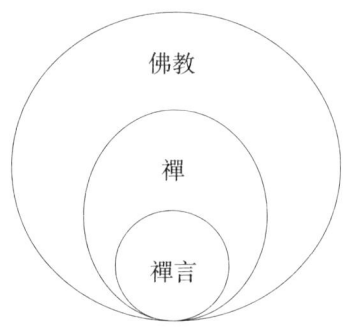

自唐以後，禪則幾乎等于佛教。

Karhmere，唐言罽賓。

唐 （日本）	23 師子	24 舍那婆斯 （同 3）	25 優婆山屈 （同 4）	26 婆修蜜 （同下 7）
《傳燈錄》	7 婆須密	24 師子	25 婆舍斯多	
	27 僧伽羅義 （古有）	28 菩提達摩多羅	③商那和修 ④優婆鞠多	
	26 不如蜜多	27 般若多羅	28 菩提達摩	

可見二十八祖表，就亂七八糟的。來歷不明；那時一般大和尚都在那裏爲了主義或目的去造僞。

中國教——墨教——儒教——道教

《宗門武庫》，張方平對王荆公云："儒門淡薄，收拾不住，皆歸釋氏焉。"

陶弘景《真誥》抄《四十二章經》十九章。

南北朝時之有無問題：主無者——王弼、王衍之。

開務成物說：主有有——裴頠《山崇有論》（書佚，大半見《晉書》）"凡濟有者，皆有也。""虛無矣，益于已有之群生哉？"

道書多襲佛宗言，可看《道藏》《道藏緝要》《雲笈七籤》（《四部叢刊》本），則較簡易。

韓愈、李翱爲九世紀之代表。所謂古文運動，無異于文藝復興。貌似復古，實爲革新。六朝之沈靡于駢驪，思想閉塞已極；韓、李運動，即王光所言"疾虛妄"是也。古文指經、《論語》《孟子》《史記》《漢書》。不僅爲文學運動也，在此。韓退之策曰進士："夫子既没，聖人之道不明；楊墨出亂，天下嘩然，孟子出而闢之，今楊墨之書猶存，將何以救之？"（大意）

《諫佛骨表》雖膚淺，但其不顧環境之大無畏精神，很爲難得。《原道》確述中國之道。可注意之點：

1. "古之所謂正心而誠意者，將以有爲也。今也欲治其身，而外天下國家，而滅其天常。"把道講的由高玄而達于平淡。

李翱爲退之侄婿，與澄觀、宗密交，多納其說，廿九，撰《復性書》三篇，謂佛家妙義，莊、列言之綦詳，其餘糟粕耳，夷狄之道也。雖駁佛言，但中恒依佛理（如說寂處）。崇拜《大學》《中庸》，倡言孔學爲性命之學。

中古時期　200B.C.—1050A.D.

近世時期　1050—1900

唐代詩家如杜甫忠君愛國的思想，與中古頗異。

古文運動，實爲文藝復興（Renaissance）。李翱等以禪宗眼光，《易經》遂視爲宇宙觀，《中庸》視爲人生觀，《大學》視爲政治學。一切古書，均賦予新的意義。中古儒家思想之淡薄，漸轉濃厚，由出世變爲入世的。昔日之宗教色彩一除。

此時代的重要變化

①印刷術。800年前已有印刷術，敦煌所出八世紀刻本書，現藏英國。雷峰塔

有975年之刻經。馮道曾大刻儒典。

②學校。宋朝有太學院，爲學術中心。胡瑗倡新學風，以經義治事課生徒。

③古文運動。李商隱、楊億爲古文運動之反動，至柳開、石介、孫復、歐陽修等復興古運。石介《怪說》斥佛、老、楊億爲三怪。（唐之古文運動健將，時呈文法不通之現象，宋代始備）

范仲淹董于慶曆新政，爲自覺的改革。趨重軍政具體問題，純爲向外的，入世的。以先天下而憂樂的精神代替了"我不入地獄誰入地獄"的口號。

300—1600 A.D，印度思想傳入後，思想界曾出現兩個潮流：①道教，仿佛爲教，代表民間思想；②理學，三家合夥，以儒作招牌。吳稚暉謂理學以印度出世之道作入世之法。前者印度思想華化，今者適反。

慶曆中的變法，是范仲淹，思想的代表却是李覯（字泰伯）。他拿《周禮》及《易》都變成政治書來看。禮即教，教之用途，在使臣民之耳目鼻口心知百體，皆有所主。他很不贊成，讀書祇爲科舉的行爲，要"修身正心，養生送死"纔可。

禮的内容：樂、刑、政、仁、義、智爲具體的表現故。故有人以爲他太向外了，說"不求諸内，而競諸外"的話。他答辯道："内外不可離。"他提倡富國強兵。（慶曆1043—1045）　范仲淹死于1052。李覯死于1059。

神宗熙寧中的變法（1068—1085），中心人物爲王安石（1021—1086）。他代表新法派。同時有司馬光（1086死）爲之反動派。理學便產于這個鬥爭中。1085神宗死，哲宗立，高太后攝政。沒幾年，把王安石十數年經營的新法，完全破壞。高太后的年號曰元祐（1086—1093）爲報復時代。太后死，哲宗受新法派之言，改年號曰紹聖，爲紹述時代，又爲大報仇的時代。所謂"元祐黨禁"，不能自由活動，元祐黨人的名譽還是很高，理學便是這般人的成績。

王安石是很了不得的人物，有《王臨川全集》，中有《答曾子固書》："讀經而已，則不足以知經。"他是無書不讀的，佛書、醫卜、星相，小說都看。農夫、女工，都有所問。"致其知而後讀"也。其詩《感事》寫民間痛苦。《兼并》"三代子百姓，公私無異財，人主擅操柄，如天持斗魁。賦予皆自我，兼并乃奸回。……"

《訪茶》："孔稱均無貧，此語今可取。譬若輕萬鈞，當令衆人負。……"集中最長者爲《上仁宗皇書》，是歷史上最重要的一篇文章。意謂當今不知法度，因人才不足，則必教、養、取、任之不當以致者也。爲學在用，用必致學。"因天下之力，以生天下之財，取天下之財，以供天下之費，自古治世，未嘗以不足爲天下之公患也。患在治財無其道耳。"青苗法即政府所辦的農村借貸。在他在寧安作縣長時却很有成績，熟知來治天下，用人的關係，使他變爲虐政。

司馬光："凡法久則難變，此法行之已十五年，下户雖愁苦，上户頗優便，常情論議，已是非不一，若不于此際決志改之，恐異日遂爲萬世膏肓之疾。……"

總之，兩派之思想之不同故。王荆公爲有爲的哲學，司馬光爲無爲的哲學，可看其來往書文中。

《擬寒山拾得》二十首，《賜也》《謝安》"秦晉區之等亡國，可能王衍勝商君？"均暴露其有爲思想。

《夢》："知世如夢無所求，無所求心普空寂，還似夢中隨夢境，成就河沙夢功德。"這是他從佛家得來的東西。《老子》他以爲無禮樂刑政的有爲政治，何有無爲的結果呢？從道家得來的見解也特別的。

同時，他有很短練的一篇《上時政書》，很可以代表他的有爲主義。有云："趨過目前，而不爲久遠之計。"一切政治的毛病，他以爲不出"因循苟且"四字。

設大學，中分五科，如律學、武學等等，廣施其積極精神。考試依經義，以變從前祇重文采的精神。有人謂八股是從他起始，但不見得。

他的諸種施設改革，完全爲了民利的，但行起來，弊障百出。誰之咎焉？一般正人君子袖手旁觀。故用人不當。

三不主義：祖宗不足法，天變不足畏，人言不足恤。

他很羨慕商鞅。"今人不可非商鞅，商鞅能令政必行。"

他有兩詩，表示他無奈何皇帝的思想。"有道伐民天即助，不知何用牧羊兒？"（對楚義帝的事）

《百年無事札子》文短義長。如："一切因任自然之理勢，而精神之運有所不加，名實之間，有所不察。"

對范雎事有句云"簀中死尸能報仇"。但他的有爲精神，失敗了，被打了九百年的功夫。

清人蔡上翔有《王荆公年譜考略》，替王先生伸冤，考出後人污毁他的僞史料。如蘇洵之《辯奸論》今人知其爲南宋始出。《宋人平話八種》中的《拗相公》也是大罵他。實因哲學不同故。

有爲是用人的精神、才力預料的去作些事體。

無爲派的首領是司馬光。光爲當時理學的先導（七十四卷有《迂書》）他作過典型的歷史書——《資治通鑑》，是個了不得的人物。與王安石鬥爭失意後，常居汴京。邵雍、二程，均過從唯密。《迂書》足可代無爲派的主張，蓋以欲速不達，必長行之始可。自名曰迂叟。

①迂的原則：收功愈遠，爲利益大。

②庸（常）（不變）　天地萬物均不變，道亦不變。

③無爲（因），《無爲贊》："治心以正，保躬以靜，進退有義，得失有命，守道在己，成功則天，夫復何爲？莫非自然。"挂了儒家的招牌，暗行道家之塗。他表面上很反對佛老，但有人問他以二家可取之點？他以爲和尚取其空，道士取其無。

④治心（向內的）"小人治迹，君子治心。學者將以求心也。"

均爲宗教的傳統來的思想。

他的文章如《中和說》《致知在格物論》，都是理學討論的先河。對于"中"字，不以來發爲足，必有境界存焉。他說格物之格字，扞也，禦也。能把物趕出去纔可以，完全是中古時代的宗教修養。那末，爲何用于政治之上呢？司馬光一般人的功勞吧！他上書說："治亂存亡之本源，都在君主之心。修養之態度，固不可厚非，用于政治，亦有一部分之用處，而全般以無爲了之，豈有不糟糕者哉？"

程灝〔顥〕上書，則以爲政明在定制。有《論十事札子》謂變法不可，有不變爲真故。"爲治之大原，牧民之要道，大理之不可易，人之所賴以生。"諸爲不變。必行其所無事，纔足以作政治。

以上所講爲道學或理學之起源。

道家的思想挂上儒家的招牌，是反動派的哲學。理學是當初反對新法的那般人的製造。

王安石	有爲	向外	干涉	悲觀
司馬光	無爲	向內（正心）	放任（自由）	樂觀

當時，洛陽有如今之天津，是失意的政治人物，均聚于此，如富弼、程家兄弟等。邵雍亦其一，有詩云："自從新法行，常苦樽無酒。每有賓朋至，盡日閑相守。必欲丐于人，交親自無有，必欲典衣賣，焉能得長久？"可見新法之爲干涉政

治了，真叫人受不了，因爲放任慣了。樂觀者是滿意于當前政治，悲觀者反是。

他不說我有五樂：①爲中國人，②爲男人，③爲上層人，④生太平世，⑤聞道義。尤其要住在洛陽更樂了。有《伊川擊壤集》行世。他的眼裏總是太平世界。爲相者能有幾年，麻煩人家幹什麼？而王安石却老悲觀而學賈誼那派長太息、長流涕的景境。時至元祐而大興黨禁，却不知給理學造出出路來。由政治的活動，移到學理的活動，這是反動派所以走上理學路上的大原因。繼而反動黨稍稍去世，祇有小程子伊川留在世上。而一般弟子都是失政的生活。所以便拿他作了反動派哲學發展的領袖。

以時期短促，今以理學的特點出之，略備一斑。

①政治的理論化，他而至于純理論。

②宗教上的民族自決。漸漸由歐陽修的《本論》及李覯的言論而不復有韓愈那樣表面的武斷式去排斥外來的宗教，拿出自己本具的東西，代替舶來品的獨占市場的形勢。實際他們都不是純粹的儒家，可說是道家。

```
道教 ⎫
     ⎬ 道學（儒道不分）
道家 ⎭
```

邵雍、周敦頤等完全是道士行爲。种放、陳摶也不免是儒生、道士的化學工業品。傳种放之學者，有李之才，挂了書生的招牌，暗行出賣道貨其實。那一套先天八挂〔卦〕的說法，因爲時短故，此象數學祇好從略。我們看他們是道士而不疑，但當時他們在社會上活動，不異于儒生。有如六朝之陶弘景、吳鈞、司馬承禎等，以讀中國書爲中國人對了外來宗教而占立在一條戰綫上而互與儒生爲兄弟了。宋代承此遺緒，復興民族性的宗教運動。程頤有《明道先生行狀》，很值得我們注意。"泛濫于諸家，出入于老釋，反求于六經，然後得之。"這幾句足以爲宋學的素描。又說："明于庶物，察于人倫，知盡性至命（窮理、盡性以至于命）必本于孝悌，窮神知化，由通于禮樂。"表示他們與佛家的不同。談理說性，我們也有，窮神知化，何嘗又無。不過我們的精神，是世間的，實際的。"辨异端似是之非，開百代未明之惑。"末引伊川之語結云："道之不明，异端害也……自謂之窮神知化，而不足以開物成務，言爲無不周遍，實則外于倫理，窮深極微而不以入堯舜之道。"二程之態度實合于時代問題。雖不免加入一些象數。

以入世的文化代替出世的文化，以人的文化趕掉非人的文化，遂開了兩條路：

①社會政治的：王安石、范仲淹、李覯、歐陽修等，禮樂行政。

②學術思想的：二程等，以安身立命（窮理、盡性至命）爲口號。廢禪而談性理。材料以《大學》《中庸》《樂記》（老莊爲其暗流）《孟子》等。目的是入世的，打倒求仙成佛的方式，而恢復齊家治國的那一套。走第一條道未免犯了欲速的毛病。造成一個新的人生觀，努力人的文化。

拿回舊的書本，加以新的解釋，這便是理，又名道學。邵雍："天使我有，是之謂'命'。命之在我之謂性，性之在物之謂理。"這種說法，也可以說近于科學呀，但不能不受時代的影響，所謂中世紀的遺毒。他們都抱著觀物的態度。對于世界事物，祇存品評的精神，是種玩味旁觀的樣子。不動感情，而也不參加。邵先生頂明顯。所謂 Contemplation。他少年時，立志頗豪，嘗奔走四方。晚年樂道，遂被上黃衣，拿出"以物觀物"的把戲。我亦物也，用純粹的客觀。他說觀物之樂頂大，可以"兩不相傷"。"花開不必喜，花落何須愁？情累都忘去"。（見其詩集的自序）"觀物非以目觀之也，觀之以心也，非觀之以心，觀之以理也。"最好我作個看戲的吧。最高的成就，要當一個評劇家，要一萬物之情，要反觀，要無我。

又說以物觀物，性也。以我觀物情也。性明而公，情偏而私。還是中古排情的氣味。唐朝最利害。一部分因受孟子些寡欲的思想。再可以看看他的詩，《觀物吟》："時有代謝，物有枯榮，人有衰盛，事有廢興。""物不兩盛，事難獨行，榮瘁迭起，賢愚并行。"

太陽	日	皇	暑	性	目	元	129600
太陰	月	帝	寒	情	耳	會	10800
少陽	星	王	晝	形	口	運	360
少陰	辰	霸	夜	體	鼻	世	30

并有太剛柔及少剛柔配起來。

他有《皇極經世》一書，是他腦中算出來的歷史年代。他的求知與處世的態度，不參加，不動手，真真荒唐。

程顥　"萬物靜觀皆自得，四時佳興與人間。道通天地有形外，思入風雲變態中。"也是觀物的態度。《定性書》："夫天地之常，以其心普萬物而無心，聖人之常，以其情順萬物而無情，故君子之學，莫若廓然而大公，物來而順應。"合鏡子一樣，要"無將迎，無內外。""人之情均有蔽，而自私用智，大患所在也。自私則不能以有爲爲應迹。用智則不能以明覺爲自然。"恢復慎到之不建己、不用知的學說。無事則定，定則明，明則映物而無累。雖然表面上反對和尚，但骨子裏還是那套把戲。後人謂其"主靜立極"。

張載　（橫渠）"無心之妙，非有心所能及。""體天下之物。""無意爲善，無心爲惡。"

周敦頤　提出"誠"之一字，《復性書》已倡之。

文字學上的"誠"字，不過實而已矣。他可是說"誠乎爲寂然不動者，誠也。感而遂通者，神也。"出于《易經》《中庸》，寂然乃形容卜卦的烏龜殼而已。直到戴東原纔明白。他們是烏龜殼的客觀，是玻璃鏡子的客觀。"一爲要，一者無欲也。無欲則靜虛動直。靜虛則明，明則通，動直則公。公則溥。"

近代哲學參考書：

《宋元學案》（未完，全祖望等補完備了）

《明儒學案》（原稿是黃黎洲的）

《朱子語類》

《王陽明全書》中的《傳習錄》

《二程全書》

《陸象山文集》（鉛印本）

敬、靜、一、無爲，不動都是寂然派的專有語。

"終日端坐如泥塑人。"這是大程子的功課。小程很誇他，整個是中古時代的態度。

仁的態度，本出于古代哲學的花園裏，程顥拿來與中古時代的意味相投而成功一個説法，謂"渾然與物同體"。纔叫作仁的態度。又説仁就是生，是麻木不仁的反面。血脉流通便是仁了。

"天理"一詞亦出古代。新儒家把他合道家的道結婚了。無所不在，仁便是無所不在的。杏仁、桃仁便是桃杏的生氣所鍾。所以我們要"識仁"。張載是頂有氣派的學者，也是這一套。《西銘》是他思想的結晶。歷史上很傳頌的，但文字頗不通。

"天地之塞，吾其體，天地之帥，吾其性。民，吾同胞。物，吾與也。"是泛神論的宗教態度。天地之塞，氣也。天地之帥，理也。中古時代的道教的精神附到倫理的體上。大程子頂注意天理，他以爲其他皆有所授受，而天理是他自己體會出來的。知天理之存，纔懂得"萬物皆備于我"的話。所以說"百理具在，平鋪放著"了。原來增不得一分，原來減不得一分。不爲堯存，不爲桀亡。也是寂然不動，感而遂通的。那末，都應當照天理而行的"循理"了。有時說："天理具備，元無欠少。"但壞的事情誰作的呢？在此問題下，二程積極的表示我們的宗教，曰："天下善惡皆天理。"或過或不及，便是惡。天地之理"無獨必有對"故。他中夜悟此，不覺手之舞之，足之蹈之了。摩尼教的善惡說就是如此。不過"理"字的出現，實爲思想上的一大解放。戴震這位大思想出來，纔更把理看重，他說既然公有公理、婆有婆理，是否有作媳婦的理呢？惜乎把理當成意見了。真大糟其糕，太把理看易了。朱子說理是"得于天而具于心"的。尤爲戴氏攻擊的鵠的。說"理"是解放乃戴震倡提的成功。明末時代一般學者爭自由，爭民族解放的，亦理之影響。明末學者呂坤倡理與勢，而理尤尊之說。

"格物致知"的觀念

四字出《大學》，但未明講出來，唐人尚未之注意。宋人纔發覺四字的重要，因爲是平天下的最基本的元素。司馬光："格，扞也。物，欲也。"二程對於此觀念，亦不甚清楚，謂格者，至也，來也。後把來的意思去掉。產生"就"的意思，標其義曰："即物而窮其理。"這句話，不免又犯了"增字解經"的訓詁學上的毛病了。前廿數年，把"格致"二字來譯 Science 一詞，可見其觀念之長久了。二程之後，朱熹依程子之言，作《大學補傳》（致者書義）謂"即凡天下之物，莫不因其已知之理而益窮之，以求致乎其極，及其用力之久，而一旦豁然貫通焉，則物之表裏精粗無不盡，而吾心之全體大用，無不明焉。"這是他們——程朱學派——的治學方法，物理爲對象方面，而心知爲 Faculty 方面，還是中古時代大澈大悟的禪學的肖子。

二程—楊時（龜山）—羅從亮—李侗—朱熹（死于一千二百年）

二程，河南人，朱熹、李侗均福建人。程顥是頂聰明人物，可惜死的早些。

他老弟伊川活到七十多歲，較爲迂緩，重切實。曉得祇是廓然而大公；物來順受的態度不大够，所以他又重起知識來。知是行之先，如黑路之燈。有時他講得近于知行合一之處。他以爲真知是合行並在一起的，如實傷于虎者，談虎時，較空談者，其色迥异。其能殺身成仁，捐軀徇〔殉〕道，非有真知者不行。真知者可不著意而行。他還告訴大家說，知見實難，别看的太容易了。似乎都受了禪宗的影響。其弟子問何謂："陰陽不測之謂神"？答道："賢是疑了問？是揀難底問？"與禪宗對答無异。有弟子問："天下何思何慮？"答："是則是有此理，賢却廢得太早！"他又説："以無思無慮而得者，乃所以深思而得之也。以無思無慮爲不思，而自以爲得者，未之有也。"一反寂然不動、感而遂通之容易話。

張載一方面提倡疑的風氣。伊川教人思考。疑即心開，趕快記下來，追他、握住他，纔能作學問呢。斗酒詩百篇的人，容易乃難出來的。不思慮而得乃深思的結果。是中古和尚行脚遍天下爲了一個問題的解决，漸漸到了理智主義，不過還不能純粹，伊川有名的格言："涵養須用敬。進學則在致知。"朱子頂贊美這兩句話，理學之所以爲調和派也在此。"物"的範圍非常廣。程頤說過："自一身之中，至萬物之理，但理會得多，相次自然豁然有覺處。"不但方面多，並且説的方法也不壞。又謂："語其大，至天地之高厚，語其小，至一物之所以然，學者皆當理會。""一草一木皆是理。"簡直 nature 的全體都包括無餘。他們所謂"物"，所謂"理"。按說很近于科學了。沈括有《夢溪筆談》，音樂等學均通，科學知識亦不异之。張載《正蒙》一書亦頗饒趣味。李明仲《營造法式》是中國建築學上頂重要的書，有圖有畫，非常精密，實在够得上講格物，但大部分士大夫動手動脚的與物接觸。把很大的範圍漸漸縮小了。程二先生又說："窮理亦多端，或讀書明義理，或論古今人物，別其是非，或應接事物，而處其當然，皆窮理也。"祇成了讀書，論史，應事的 program 了。因爲大的計劃，不能不丢掉，不有工具故。後來王陽明坐著看竹子，一格格了幾天，反把自己格病了。蓋已往没有遺下那個科學的背景，無"已知之理"故。静坐的習慣，讀書的風氣，如談是非的嗜好都有了，都根深蒂固了，所以縮小的原因在此，原來中西二千五百年的歷史，同點非常大，所以不能有西洋造詣者，因爲研究自然的遺傳是没有的。而 Euclid 的幾何，是一千三百多年以前的成就，至今很少變動。

而我們的歷史中，從未有個 Euclid 和 Archimeds 樣的人物。大哲 Plato，標其學門曰：不懂幾何者不得入。Aristotle 不但有 golden means，與孔子道同，可是别忘了他是個極大的科學家,他注重試驗,注重標本。西洋科學的種子,早育于是。Democritus 老早就在提倡原子論,而《墨子》裏稍稍有幾條涉于科學的地方,到現在纔有人明白的提出。中世紀 Galen 真真莊莊重重的解剖尸體。我們的來源是 ethical political,"皆務爲治者也"。他們的來源是科學的,頭一個哲學家 Thales 便能算定日蝕。我們自然哲學出來的早,而自然科學反遲。自然科學方法出來的早(1100 年時),而科學的實驗却從未見過。最少我們祖宗要負一分責任,或是象形文字的影響。此其一。自然哲學出來的太早,不信鬼、不信神,結果弄成無爲,没有徹底的迷信與科學思想相攻擊,此其二。程子没後,北宋即亡。太學生也曾要求干涉政治。這種精神都是積極的表現。弟子楊時以爲其師的道路走不通,贊成他的師伯。"天下之物不可勝窮,然皆備于我,而非從外得。"尹和靖否認他老師曾説格物的話。謝良佐(上蔡)便以爲還是敬對。敬＝常惺惺法(佛家語)＝conscious＝不昏不敬。總覺他們老師的道太迂。"窮理祇是求一個是處。"吕與叔"必窮物之理,同出于一,爲格物"都可代表回復中古宗教的態度。

李侗(延平)纔又提倡程子的精神,"理一而分殊。""凡遇一事,即當且就此事反復推求,以救其急,待此一事,融釋脱落,然後別窮一事。久之,自當有灑然處。"實經驗語。

朱熹是李侗的弟子,他死于 1200,著的書最多。不過他注重的是四書,并且是個大文學家。清末王懋竑有《朱子年譜》,很可一看。(附有《考异》及《附錄》) 王號白田。其書爲學者年譜的模範,是傳記文學的代表作。

朱子的思想終歸戰勝,以致籠照了七百多年的思想。王守仁是朱子敵派,曾造一部僞書,叫《朱子晚年定論》。王著《考异》,條分縷析,嚴訂其僞。

程子的方法是:"涵養須用敬,進學則在致知。"朱子根本承受這道路,稍加修理:"致知須用涵養,涵養必用致知。"二者偏廢不得。敬＝無總慢放蕩。求知識一舉一動,都須這樣。積極的説即"整齊嚴肅"。小事至灑掃,總要誠敬,誠者不欺不妄。涵養也得要真知。程語還是兩條路,朱語則爲一條路。

《語類》卷十八,及《大學或問》方法最精采。致知窮究徹底,真見得決定如此。求個 certainty。因已知及未表,已達及未達。成功以後,歷史科學的所謂樸學的方法。有人主張中國樸學的起因,是由于西洋教會來華的影響。因爲樸學大師没有一個不是數學家。余以爲不然,蓋證據二字。出于我國地道思想,證出于醫學,據出于刑名。窮理上下功夫,非 exhaust 之謂。概知有時可以一貫,祇要你肯幹。中國士人，每每都要審官私，求據以結案。

十二世紀，也是中國思想的盛期。

```
朱  熹              1130—1200      ——閩學
陸九淵（象山）       ？—1192        ——江西（金溪）┐
呂祖謙（？—1181），陈亮？—1193    ——永康（金華）│
陳傳良（止齋）                     ——永嘉（溫州）├浙學
葉  適（水心）      1150—1223      ——永嘉（溫州）┘
張  栻（南軒）      1133—1180      ——湖南
```

因爲中國當時的背景，祇是書本子，所以格致的芽子，終久焦萎了。靜坐的把戲，倒非常發達。朱子也曉得窮不通的，因爲天下的事物太廣了，也祇好縮小範圍，所以讀書窮理，卻是做得到，開了七百年樸學的波瀾，以至于現在整理國故之氣路，近有人搜集了些材料，叫作《朱子辨僞書考》。他把書縮小到經，從經又縮小到《四書》。所謂支配思想界很久的《四書集注》，并以《或問》《輯略》《語類》輔之。此外有《易本義》及《詩集傳》，以文學天才的眼光注釋出來，實爲非凡，但不免受人的小攻擊。他說《易經》是卜卦之書，切勿隨便加入己意。如燈籠然，添了一路股子，便掃去一部分光明。

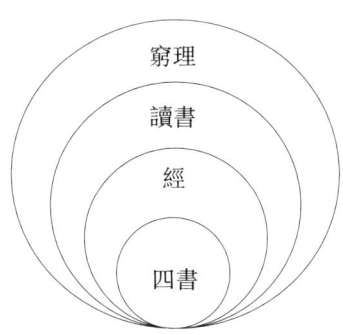

詩有不壓韻處，謂之"叶韻"，是朱子的特見。後來開了古韻的研究；他對于《古文尚書》的懷疑，直到現在的顧頡剛，都在考據它。他思想不能完全解放，是因爲他把敬與致知當作不可離的道理。朱子死，其弟子誄之曰："窮理以致其知，反躬以踐其實；而'居敬'者，所以成始成終也。"陸派祇知反躬，浙學祇知致知，旁的都忽略了。

陸象山（—1175）。吕祖謙請了朱、陸二人，到鵝湖開了個討論會（陸有兄弟），所謂"鵝湖之會"。陸九齡與其弟研究對敵，有詩云："孩提知愛長知欽，古聖相傳祇此心。大抵有基方築室，未聞無址忽成岑。……"象山云："易簡工夫終久大，支離事業竟浮沈。"九齡也罵朱子："留情傳注翻榛塞。"象山又云："學苟知本，則六經皆我注脚。""六經注我，我注六經。"

朱子批評他們，以爲祇記得孟子一句話，"先立乎其大者。"他們也承認對的。朱派主張以 knowing faculties 去窮理；而陸主"心即理"。千古將來盡四海的聖人，"此心同焉，此理同焉"。但如何下手處呢？其弟子便如此問他。他説格物呀！研究如何明理即是，理者，不解之明也。你們看《大學》也可以，隆師親友也可以。講不到什麼好方法。這種哲學固然有毛病，但乎給個人增氣張目，發揚個性，標曰"尊德性""盡人道"。天給我們的是什麼，我們要看重如何爲人。不過終久有虛誇的毛病，武斷之壞處。因爲看自己的理是實理、真理、正理、公理、常理，看的太容易了，反到没有下手處。祇談了些人格上的感化。

浙派與朱子較同。倡之者爲吕祖謙，東萊人，有《東萊博議》。世家子，如吕夷簡、公弼、公著均爲卿相。其祖好問，正值北宋亡時，爲一時顯宦，公著與司馬光同時，并爲同黨。背景固然是理學的，但這樣有政勢的世家，他們深知經天濟世的艱難，故祖謙雖然講心，但偏重歷史。《易·小畜》："君子，以多議前言往行，以畜其德。"爲他們思想的主幹。特看重歷史的文獻的知識——致知的工作。進學即進德。"講貫通繹，乃百代爲學通法，學者緣此支離泛濫，自是人病，非是法病。"——此爲陸派批評他的話。其致知之積極精神，頗近朱學。吕曰："知猶識路，行猶進步，若謂但知便可，則釋氏一超直入如來地之説也。"同時亦重行，則曰："論致知則見不可偏，論力行則進當有序。""善不易明理不易察。"作功夫有二字吃緊即"就實"。心性的問題，浙派不大講。他對於教育，主張實用，差不多符于王安石的精神。所謂當時的學生——國子，不限于貴族子弟了，乃國家之優秀分子，要他們知道經濟，通達治體；因爲他們將來就是統治階級。致用的致知學，表現的非常明顯，説："生天地間，豈不知天地事乎？"不要祇顧了耳聽口說的學問，要先重應酬施用的人生行動。大程子曾説過"玩物喪志"的話。吕家駁他道：《易經》説畜德，而程先生却説讀書是玩物喪志，叫人不懂。

陳亮（同甫，龍川）氣魄更大，有《龍川文集》，文章很好，乃豪杰之士，思想并不怎樣了不得,可是膽子非常大。在他們以前甚至同時的歷史論討,都用心用口去爭論王霸、義利之辨。于此背後,乃是道統的問題。若講道統,則中間空掉一大段。

孔子→曾→思→孟→周程

至吕祖謙纔説:"總統一代,謂之政。隨時維持謂之事。"他以爲前漢有政,後漢有軍,代有可稱之人。非若程先生等之以黑暗看中間一千多年。與辛稼(葉適:《習學記言》〔《敬鄉樓叢書》本〕《水心文集》)軒爲詞唱和,辛心服之。其詞有云:"恨芳菲世界,游人未賞,都付與鶯和燕!""斬新換出旗麈別,把當年一樁大義,拆開收合,據地一呼吾往矣。萬里搖肢動骨,這話欛,祇成痴絶!""天地洪爐誰扇鞴,算于中,安得長堅鐵!"他是很利害的功利主義者,人家罵他也就在此。"功到成處,便是有德;事到濟處,便是有理。"是人形容他的話,大概能代表他的精神,如同人家對于實用主義譯道:"What works is true, what work is good." 有人形容朱子的態度:"功有適成,何必有德?事有偶濟,何必有理?"這指朱子對于歷史上的漢唐觀察的眼光。陳亮頗爲反對,曰:"心之用有不盡,而無常泯。法之文有不備,而無常廢。"他這種歷史哲學是以打倒其餘。王道與霸道之標準是天理與人欲。陳亮與朱子討論這種問題,以爲以"適用"作看歷史的鏡子。管仲、蕭何,都稱得起人,都擔得起事情。本來"天地常運,而人爲常不息"。我們以人的史看,那裏可以把一千年的史實都忽略了呢?希望人作個人,不叫作儒者。他的確可以代表反對理學的一派。"凡得不傳之絶學者,皆耳目不洪,見聞不慣之辭也。"——這是罵理學的話。他們看歷史是不斷的活動的適用的,并頂重利重功。所以他們又反對理學的超人。纔有人心,便有許多不乾净的東西,或有程度之差,何可以汝絶對之標準,要罵歷史,而秘汝光明寶藏于有數的幾個儒者。你們何忍?你的標準在史上祇有暗合的幾點,結果把朱子氣個無可如何。還有一個問題使朱子生氣的便是《近思錄》(朱吕合作)中的太極思想,而被象山所非。

陳亮説他們自以爲聖人之道,天下之理,盡在于己。唯恐他們後代不得了吧!他又罵那于講理學的人道:"以端慤靜身爲體,以徐行緩語爲用。務爲不可窮測,以蓋其所無。一藝一能,皆以爲不足自通于聖人之道。爲士者耻言文章行義,而曰盡心知性。居官者,耻言政事,而曰學道愛人,相蒙相欺,以書廢天下之實,終于百事不理而已。"以盡當時之毛病。

葉適,也帶些致用、歷史、排理的態度。同時他是個文學家,以故文章非常動人。他對于道的來路考查一下，到了周公，纔"治教并行，禮刑并事。"後至孔子，因爲是個歷史家，搜捕文獻，述而不作。孔子死後，或言傳曾，或言傳思，或言傳孟。他説孟子"開德廣，語治驟，處己過，涉世疏"的話。從此失道。"千載絶學矣。"他評《周易》的《繫辭》皆假造。非常有歷史的造就。他主張内外不分，因事談理，浙派之通説也。他給陳亮作序，説聖人之理常于事上覺得。作《大學》書的人説格物二字，本不透澈，"以此知趨詣簡之地，未易求而徒易惑也"。

第三部分 印度佛教史及印度哲學聽課筆記

第一講　印度佛教史

呂澂

1. 《長阿含經》2.14　a. 金七十論（內學院出版）·39.
2. 《解脫道論》（上座）·6
3. 《異部宗輪論》（內院藏要本）《述記》·42.　共 3.53.
4. 《俱舍論》《光記》
5. 《成唯識論》
6. 《般若經》之一種

教史之注意點

卍繼續性。"佛說"問題。雖有對大乘譏之爲舊瓶新酒（new wine in old battle），但吾輩講佛教史，要看其推演之迹。《般若經》雖非佛之親說，但其精神是一貫，總均與原始佛說有密切關係。其發展性，其繼續性，殆不宜忽也。後之經論，不過于前之經典之延長或解釋。且後起龍象，多善得菁華，不拘字句之間而已。大天其一也。一如宋學家之研究孔典然。于繼續見同，于發展見異，是爲得之。否則佛教史不立。今之人多忽略其間繼續。

《阿含》略談

"阿含"，聖典或聖言意。（agama）《金七十論》："阿含是聖言。"爲原始教理之依托。通謂有四阿含或五阿含。即《長阿含》《中阿含》《雜阿含》《增一阿含》《小阿含》。《長阿含》有巴利文本，但大同小异。巴利文本有英譯本 Dialghagama of Buddha.

佛教以前的思想界

佛生年，不可詳知，概于西前500年左右，可謂之佛陀時代，其前是吠陀時代，約一千年或二千年之久。此時代尚未造成印度民族的風氣。雖厭世而不悲觀。據吠陀經典可知，"吠陀"明義，有四部，一較晚，初有三明。《長阿含》中所謂三明經是，中多歌唱，如用于祭祀者，用于談哲、談史者，及用于贊美者。但非印度土著之黑人"大夏"所有。乃史稱貴族之阿利安人的文物。（Aryan）約從北部來，年代不考。祇知很早的。其來也，分兩支，一支至波斯，名伊蘭族，實與阿利安同種。一支至印度，名阿利安族。印土著初爲魔鬼教，而阿利安人則爲神教。吠陀爲彼所創，或于時携來者。尚武功，習于游牧，故分部落。其最崇奉之神爲"因陀羅"。在中亞細亞時，彼已有之。代表一位暴風雨的凶惡的戰神。可見與後來之厭世觀相差頗遠。先據印之西北部，漸及東方，生活容易，遂化而爲農業民族。可是還沒有大的要求或重的問題出來，而安樂現世。所集成的歌咏集——吠陀，可知其要求非常簡單，對于Puran一神，請求尋回失畜，凡數見。唯其道德觀念，于後有關。Mitra, Varuna 二神，司理世界秩序。有見于世界是一個大系統，是有秩序的、嚴重的、不可忽略的。解脱的觀念，尚未萌也。因陀羅飲酒淫蕩，最重報復，供之必加福，犯之必遭無理的殘暴。輔助祭祀的人，謂之婆羅門，蓋因宗教于古之社會政治的秩序方面，非常要緊，此輩遂爲文化上、政治上的最高階級。當時對于祭祀，都以爲不可稍忽。他們認爲祭祀的一種行爲，舉衆爲之，實有大勢力存其間。神亦祭祀，祭祀先于神故。既與土著相處久，便染魔術魅咒之風習，巫者遂夥。土著並有輪回厭世的觀念，阿利安人一并納之。佛教未興前，1. 神之觀念已衰。祭祀愈爲無味，道德見解却日新。神祇稍强于人，并不能幫你解脱。2. 祭祀祇重形式，婆羅門依之騙財貪供，爲知者所恨。3. 輪回代替了現世的流戀，要求的方面頓廣。此民族的覺悟，于斯爲盛，與中國春秋、西洋希臘相輝映。

佛陀出世時印度學術之大略

在新文化運動中，最有勢力的人物，推釋迦而已。其時婆羅門派的舊僧侶，一部分被淘汰，一部分却有改革。此般新婆羅門的見解，即 upanishad（奧義書）

之一支，蓋與佛教有密切關係。釋迦牟尼雖爲沙門之一，但對一切人都等視，信法即佛徒。沙門中有刹利階級人較多。斯時政治上仍舊部落，不過酋長稱王而已，并不太尊威的，出于武士階級，阿利安人之侵入印土也，武士自獲得相當地位。婆羅門腐敗的情形太多，故佛陀每斥之。《長阿含》卷十六、頁十二，《三明經》第七即攻擊婆羅門的話。

佛後婆羅門的一生分作四部：1. 梵行；2. 在家；3. 林住；4. 游行。

林中居住，爲少煩擾故。

"异典三部"：1. 吠陀（本經）；2. 梵書；3. 經書（釋前二部，有八支）。

"大人相"通常有三十二相。

四無量 Brahma vihara，慈悲喜捨也。梵住。生天。vihana，宴坐。

《三明經》一篇即佛與婆羅門討論生梵天問題。婆羅門則恚嗔恨貪。而佛教之四無量正反之，即慈、悲、喜、捨也。

《長阿含》第十五卷有《種德經》亦反對婆羅門者。

梵分即同僧粟。（梵 Brahmana）

Lokayata 《世典》望經典而言。此字亦用于順世外道。（Loka 世，ayata 順）

卷十五、頁七：謂爲婆羅門之條件有五：1. 血統；2. 吠陀；3. 顏貌；4. 持戒；5. 智慧。

卷十三《阿魔書經》亦對婆羅門。

摩納，年青也。

"黑冥法"指土人之法也。于此可見沙門之新運動，受土人之影響。

"邪命"，命者生活或職業也。八正道中之正命對之。卷六有《四姓經》可參看。

佛對于沙門也有不滿意之處，可見卷十六、頁十七後面以下。

"沙門"，唐言息心，或寂志，都出家。

釋迦亦沙門，其派則去髮、三衣、一鉢一罐一杖、乞食，略備醫藥。

卷十六、頁八談苦行事。沙門最重之。（《倮形梵志經》）塗灰外道，倮形臥牛糞上，至今有名。

《耆那教經》談邪命外道。

苦行意在戒見之修養。過則成爲外道行。

《倮形梵志經》巴利文中謂之爲《師子吼經》。

瞿曇堂弟，有名調達（提婆達多），以爲瞿曇有違苦行，太鬆故，遂起分裂，教團遂分二，謂之"破僧"。舍利佛及目犍連，善爲維持，始未散盡。瞿曇之修正精神，于此可見。調達一派，法顯、玄奘至印度時，猶見遺流。

《長阿含經》最有名的［名的］一篇，是卷十七的《沙門果經》，有三四個翻譯以上。表示佛對于其他沙門的態度及關係。但本文亦很有問題。有很多不同的本子。不辨真假。不過吾人要知當時世尊所說固自己有其真知灼見，同時，其所用材料亦不能脫開時代的問題。

《長阿含經》卷十六《堅固經》　宗教的目的要製造超人。耶教就以爲耶穌能造出許多 miracles，稱曰超人。*Yoga sutra* 一書謂行 yoga（六宗之一）法，可得解脫，雖有神通，亦所不爲榮。佛陀亦同是意，該經便答堅固説："我但教弟子于空閑處，靜默思道。"

梵動（本宜作網，動 jala，網 cala）《經》卷十四中。在破種種迷信。佛亦不絕對強迫不教傾向，祇告意不留此也。第二部分，在破哲學——所謂六十二見。于身心無大關係，便無價值。

六十二見
1. 本劫本見——現在的，現實的，18 見
2. 末劫末見——將來的，結果的，44 見

十八本劫本見
- a. 4 常見
- b. 4 半常半無常見
- c. 有邊無邊等四見（邊 anta＝end＝finite）
- d. 异問异答（sophists）4 見
- e. 無因 2 見

末劫末見 44 個均研究人的歸宿問題。佛陀都不及之，不遺也。

吠陀末流，已不信神即天。佛則視若恒人，所言衆生，天人均在内。佛的態度素爲寬大，應機方便而説法故。但後繼者，却以佛爲首神，大謬佛意，深爲不幸。

《沙門果經》，巴利文本，美極，中文譯者并不見得。

羅閱即祇王舍城。

菴婆，果木一種之名。

耆舊童子即壽命童子。

此經中所叙六師學說排列因經各異。

富蘭迦葉即滿迦葉。富，華言滿。

六師中第二名末伽黎拘舍黎。末伽黎乞食義，乃邪命外道，不相信報應。拘舍羅（Gojala）與耆那教之民犍子，同一僧伽（集衆義）同一教令。後二人以見互諍，遂各立門派。拘氏立邪命外道 Ajinaka 焉。耆那（jaina），命（jiva）靈魂義，職業義。邪命外道或持命外道有命論，廣大分析。無論善惡，祇要經八百四十萬大劫，即可解脫。最悲觀，無意義。

散若毗羅離子，巴利文中謂之"捕鱔"之派。

阿夷多翅舍欽婆羅爲斷滅無我論。

佛于無我，報應，無因，數中等間，建立中道。以後大乘諸論，即宗此法。若謂大乘非佛說，確非的論。

《轉法輪經》（佛第一次所說）云不在極端，獨行中道。如是如是，佛說似多有所本，但其建立，迥異常者。

卷十七、頁十行二，《布咤婆羅經》乃辨我無我義？

Abhisanna niroaha 想滅盡定，佛以外亦有說者。巴利文中謂此經所諍，即于此定。有謂此想（ideation）乃無因或說有命。

《沙門果經》中有云："有因緣而想生，有因緣而想滅。"十二因緣是佛之特論，非斷非常。

想（ideation，consciousness）

想（生，Jiva，Self，God）滅盡

常人都謂想生滅，必有 self 或 divine self。然則 Self，將是非常。但不合 Self 常在不變之義。義（artha→object），目的，鵠的，或所指 means、meaning，又作財或利益解。此依後說，故"義合"合于利益也。

佛辯非詭辨，若援人溺，在救出河。故單刀直入，截然達的。

佛成道時，各經都謂其悟得四諦及十二因緣，爲從來所未有。（卷一）

《長阿含》卷十頁《十大緣方便經》，乃講十二因緣。

"有是生緣"之"有"即等于"存在"。（being）

"取"梵文有握意。(grasp) grh

"愛是取緣"之"愛"字——Tanka＝tirtifia（希臘文）＝sorrow＝渴＝want

"受"（feeling）對外界的感受，不離感情。

"觸"（contact）

"名色" 名者，心法。色者，色法，二者合而成體，斯"體"意，有構成個體之旨。個望別言。

"行"，造業義。

為何十因緣，為佛說獨俱？為何其他各道所不能了？但十二因緣，《奧義書》已有十二緣起之論。此後約分二支，一支為數論，一支為佛說。二支有許多相同之點，數論以苦為起。《金七十論》："三苦所逼故，欲知滅斷因。"知即佛所謂慧，彼又以為：

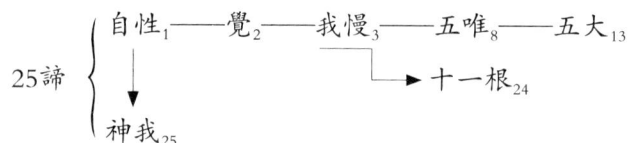

自性即三德之別名。神我是主觀方。自性是客觀的自然。三德者，喜愛也，合成作覺，喜代表世界的活動變化，憂代表收斂，闇代表笨重，物質之所以。無明之別名也。即貪、嗔、痴，痴即無明。覺中有識，我慢中有名色。五唯以後便有生，與佛十二因緣，頗為貌似，其分別却大。佛破神我故，破自性故，均為substance故。空無性故。十二因緣表示無常、不定、剎那生滅義故。

神我

自性

初轉法輪時，教五弟子，得無垢法眼。轉《法輪經》："一切有因，必須毀滅。"

《長阿含經》卷四，頁十一，行一。"一切萬物，無常存者。"外道所不能了者在此。

苦聖諦　以感情之苦爲中心，而義頗廣。西洋有 pain 與 evil 二字，此當後者。"苦聖諦者，生亦是苦，……于怨憎會，于愛別離，求不得亦是苦，簡言之，五取蘊，均是苦"。五取蘊，五蘊即色、受、想、行、識，取者言聚積而成的種種，何以聚積？因抓住不放—取—故。人之種種作業，其有果報，因愛取故。維持生命，而有業報。可云 will to live 故有苦也。故無常之苦，親因是取，因有取故，輪轉生死。

Dukha 意義甚廣，故田比曇用法甚多，代表一切不好的方面，且與無常互用，因無常即苦故。

集聖諦　集即愛（Tanka），"集"不作"因"，蓋恐混于十二因緣，業爲因，親故。愛爲緣，疏故。因爲細胞，緣如污水，果爲微生物，且業體爲思，業之要因爲內心活動，而非外表行爲。思者主義，想有所作（意志）故。以苦爲樂而愛之，遂有十二因緣，集亦包括之。"愛"之解釋甚多，茲不贅。取即緣于愛。

滅聖諦　滅愛，業苦即失其用。猶以種子置桌上。

涅槃 Nirvana，本有滅義，非謂滅至于無，總佛典中有兩種觀念。①消極：小乘佛教多重之；②積極：大乘發揮之。小乘非謂斷滅，而爲滅愛、煩惱、無常、生死、苦。而回到究竟常安之實體，故曰"入涅槃"。覺另有境可入故。《阿含》則僅言斷去煩惱。後之大乘，表示涅槃即無爲，離一切因緣造作，造者必壞故。《金七十論》："積聚爲他故。"積聚是無常，他指神我。

離人世愛欲淺狹，《阿含》有此義，佛弟子舍利佛死，或問佛曰："其神何往？"佛謂在無□處。《涅槃經》《游行經》中，佛先入禪定，從禪定入涅槃，禪定爲逐漸除人愛欲，狹淺之手段。最後至滅盡定，想受滅盡故，爲禪最高境界。以世人見短，積極其義，謬解常多，故《阿含》罕談體，注重實行。

以後教理，多從涅槃演出。

小乘中有兩種涅槃：①有餘依；②無餘依。

作業有果報，愛爲緣故。成道除愛，業即失用，但尚有身在，雖不入輪回，而名有餘依。脫去身體，爲無餘依。般（Pari），圓也。涅槃，寂也。故曰圓寂。

數論世界爲自性、神我二方面，神我見自性，生現象世界，變化無端，自性又名"不變易"。佛教阿含不破之。

一、無本質哲學之淵源：雖未講空宗，而實爲無自性之始。

二、無常：十二因緣的數目，雖有不同，然描寫無常道理，至上座部便有"刹那生滅""等生等滅"之義。大乘爲莫正之等生、等滅論，生則滅，而不住，亦□無本質在生或滯滅，故謂之不生不滅亦無不可。

大乘空宗不講主宰，（自性）祇有現象界，變動本身即變化，本體不動即動，故動者見其諸法而言，不動者觀其法性而言。動表現不動，不動中含動，一切之動皆合全體之法則，即合法理之天然法則。動者一部分循其法性也。星球皆動，而全宇宙不動，因動則不全故。宇宙大而無外故。不動即動義，無另外本體故。

三、重人生：義詳無我，佛初說法，多針對人生故。小乘重個人解脱。1. 哲理與人無直接關係。以留餘步，不獨斷也。2. 人生、俗性爲一事之兩面。解脱後個人即全體。法性、法身、本體，真如真如之説，小乘已有，大乘非佛口説，實佛演進而來。

《長阿含》卷十講十二因緣，名色謂有精神活動之身體；其意在明無我，無我則無常。無主宰，性空故，性相之無自性説出此。

五蘊：色即物質。受是感。想是取相。即 conception、ideation。行是受想識以外之心理活動。識即心意。我者即此五積聚而成。《雜阿含》十二卷有云："世俗皆認，色身無常。故非是我，佛告弟子，有更奇見，以識爲我，真不可解，四大之身，可存百年，識之爲物，刹那生滅，更其無常，五蘊任一，皆非是常，當即無我。"

阿夷多（外道）謂人是七分合成，散則我滅，此合成人，死後焚化，四大歸原，意識歸空，祇遺鴿色骨耳。無我可得，此與佛說，似有同處，但墮斷見，唯執無因，豈若緣觀，宛然是有，畢竟其空，婆羅門于此又執常見，均偏而不中。

業報：因緣不斷，無我不常，業報之説，印土各宗，少有不信，即歐西遠古，柏拉圖亦有同見。十二因緣無明緣行，已示其意，見小識狹，故有三毒，行本業意，乃爾有報，行復緣識，依次而往，因果重疊，既有輪迴，便有善惡。業以行報，而賴無明，故知無我，以火喻業，草譬人格，人死業在，業能引生。

①佛教最重心業，身口意業，意爲主故。若人殺母，而非有心，不受果報。動機重于表現故。尼乾子反是。而重身口。《中阿含經》《優婆離經》佛與耆那，討論及此。

②佛説輪迴，特別俗意。數論立二，神我、自性，我與性具，附于"細身"。是即靈魂。中土之説，人死爲鬼，鬼可受生，非真無常。佛理異是，謂存業力，

如星已隕,星流空間,地上猶宛然光現。業力相傳,無實性隨。空義小器不受,猶會主有物,犢子部言,佛既說我,又出煩惱痛苦,種種負擔,必有負者,以是有我。重歸邪見。

③業報之說,根于三世。然過者已滅,未者未生,何段爲現?亦復不得,如執三寶,中有常體,望此火說,消其雪見。等生等滅,空宗斯宏,西洋二元論者,有謂我之記憶,以爲主宰。同彼外道,無我之説,近數百來,西洋始昌,而佛説獨古。

以常人見,續生不朽,孰不發喜?印人不然,反以爲苦,乃求速離,故修無生。無生境界,即是涅槃。所修之法,初説四諦,非佛獨有,古印醫方"病集滅道"。瑜伽外道"苦、集、滅、道"。佛以此説,另附新義,無我非斷,爲聖心要。

道諦即八正道,婆羅門亦有之,分別甚微。《長阿含》卷九、《十上經》卷十、《增一經》《三聚經》等數經,于佛教術語之帶數目者,盡出之矣。

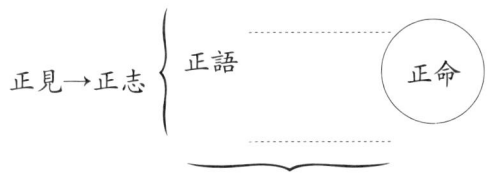

正命(命者職業也)全體的表現也。
"正定"(禪定)"正念"(四念唯)是精神上的修養,以上偏就"戒"。

二者雖有目的與手續不同,修持與所念不同,然內容都同。最早的解釋,要推《解脫道論》,初看甚爲複雜與奇異,但再味之,頗不如是。如十十净、十一切入、十念、八定等,不過分類較多,綜合之,不出四禪八定,且大小乘從未大異于此。

四禪八定,所分就或淺深之度。禪,禪那之略也。禪定妙旨,在一貫理行,用以修持,如無常之義,口說心解不爲了,必變作習慣而常照。如是,始可解脫了你的狹小的人格。故有此八解脫，或謂四禪八定。于坐禪以前，要心注一處（境 object），即趨于你所欲達之相。如取無常共相于任一境。由小的淺的 kartieulan 而至其普遍的共相（universal）。用的看法或有异于世，但不可謂之毫無理論。

再對于此境作尋求，覺觀（唐以前之譯語）伺察的功夫，尋求出粗，伺察生細。如此初禪，必起喜樂，蕩然無阻矣（smooth）。已而境忘，但有喜樂。如人學騎自行車然，初則尚覺車是車、我是我，熟後，騎則忘車，汝之人格則已擴張。

再行"捨"的功夫，平等而不動心，漸漸如剝春笋而臻于非想非非想定。

四禪八定：①初禪，②二禪，③三禪，④四禪，⑤空無邊處，⑥識無邊處，⑦無所有處，⑧非想非非想處（各經稍有异處）。

亦可謂是禪定之各階段，意在去掉種種纏繞。

心注一境，緣其共相，淺陋之習漸漸洗去。一切世間，所以捨不得，丟不下，因有我見，我見依身，可以①不净觀，無常觀解脫之；②又有慈悲喜捨之四無量觀，以四善法訓練心理；③次有六念或十念，念觀佛最要（想念佛也）；④再有"一切入"（地水……）。

小乘初時，最重禪定，由定得慧。最高厥維智慧。

戒→定→慧（《游行經》）

起凡入聖，即在人生態度之不同，態度則以智慧爲其背景。後之佛教，擴大慧的方面，所謂"般若波羅蜜"也。

帶數目字的佛教術語，在佛初說時，不曾絕對確定，以應機隨緣故。而諸弟子，以己聲聞各异，常有不同。以後發展漸盛，形成統一的固定的名詞，實爲自然的需要。以免諍亂故。佛入滅後，有數"結集"Samgiti（sam＝com，composition＝put to gather）.（gito，唱也）結集法藏，或經論也。有謂二次，有謂三次，有謂四次，但最少有二次。佛教歷史中，曾有詳細記載，但恐不可靠的成分太多。

《長阿含》中卷十、十七頁，《三聚經》（巴利文本直爲 Samgiti）。明爲佛入滅後，結集時事，而冒爲佛說者。卷九有《十上經》，同《三聚》。佛正病時，舍利佛代說，亦明是結集，托言于佛傍也。

結集或結集時，阿難唱之，衆聽之，無异昔聞處，便記之。

結集：①五舍城，五百人；②毗舍離，七百。此兩結集比較可靠。③波吒釐子城（華氏城）一千人。祇有巴利文載之，結集"分別説"也。巴利文經一派之結集而已。④亦爲一部分的學說，在迦膩色迦王朝，結集一切有部經典。

結集的歷史，因各派的主觀太深，頗呈紛亂之現象。假定佛于西前 500 滅度，迄西後一百年頃，小乘分成十八部。分部的原〈因〉有二：

①戒律上的關係。因教行頗廣，各地政治風俗，種種不同，不能適用同一之戒律。故而修改。戒律因小團體與大團體之不懸殊而不同。

據上座部傳說，第二結集，因跋耆比丘，相信戒律上的十事，多人和之，"角鹽淨"其一事也。大約佛教，初以為不宜多食鹽，該比丘，則倡以牛角之量，不為不淨。"二指淨"，佛教日中以後不食。該比丘以為不偏過于二指時，尚可進食。故于大會——結集大會——中欲通過十事。長老等不然之，而比丘大眾頗贊同，遂分裂。長老等成上座部，比丘眾大成大眾部。梁僧祐《出三藏記集》，謂"律分五部"。唐義淨：《寄歸傳》亦有同樣之表示。

②學說上的關係。佛滅後，眾弟子日多而言紛，地廣而傳异，加以各種外道之影響，遂大分其派，所謂十八。

《异部宗輪論》謂佛滅百年後，值無憂王朝 Asoka，分成兩部，因大天五事發生諍論故（事 artha，即義＝利益＝目的，point＝指＝旨），贊同大天者為大眾部，反對者為上座部，大眾重佛之精神，頗積進，不大執文字。後之空宗，即采納此種趣向。而相宗則襲保守精神于上座。大眾又分為九，上座分為十一部。連大眾，雪山（原上座）共二十部也。上座大眾之外有十八，故有稱十八部者。（部 Vada，學說，意見也。如"說一切有部"即一切有說也，英文中之 doctrine、school 當之，非若耶教中之分美以美會、公理會長會之狀態。都于一"僧迦"故。僧伽同英語 church 一字。蓋分部與破僧是兩事。如佛在世時之提婆達多，纔謂破僧）因學說關係，故各尊典籍不同，漸演為後之大乘。其變化之中心問題有四，後之紛糾，均起于是。

①佛陀論。佛滅後，佛徒對釋迦之印象大同，原來佛并不以其說為我見，毫無為教主之意。并遺言曰"依法、不依人"。但佛甫去，以印土素富想像力故，教徒愈多，而佛之人格，因而漸變，則釋迦之生死說法，均蒙瑞應之附會。如地動散華等等，即中國對于孔子，何獨不然？加以佛教本講輪回，故對釋迦之代之輪回，發生很大的謠傳。希臘等地之故事，均拉在內。如驢蒙虎皮，及見真虎而現原像事。謂釋迦為前生之虎，提婆達多為驢。大眾部便以世尊為神格。（參看《述記》中卷二十餘頁）上座部目的在成阿羅漢，大眾則在成佛。

出世 Loko tara（toka—wttara）是 naturesuper 之意。

一音説一切法，（一）各地所聞不同；（二）音猶綸音，一音爲一義。常人説話，用代替法，以觀念代事實。佛頌略實相，與實相不二，佛即實相，本身就是一切。（如柏格森 intuition 之時，不用代名）

Māhā Vaster（廣律）（大事）對律加廣，乃大衆部中所奉，但已不全，祇餘緒論，講佛教歷史來源、結集等事。出世部謂諸佛均出世，與一切律及巴利文廣律異。佛是意生身，非血肉生，不飢不渴，無肉欲，妻爲處女。變爲人者，隨世俗故。度衆生故，實起世間，猶基督教 Docetism，主張基督即神。

大衆部已有"如來色身，實無邊際"以實相與物質現象故，即有三身説。

佛之態度寬廣，對當時所傳之神，與以下劣地位，亦六道之一。而佛滅後，神位復高。佛漸神化，净土宗拜佛，遂日進宗教化。他地部："僧中有佛，故施僧者，便獲大果，非別施佛。"其意謂教會元首即佛。"于窣堵波（Stupa）興供養業，所獲果少。"即塔中藏佛舍利，拜之無要。

法藏部"佛雖在僧中所攝，然別施佛，果大非僧，于窣堵波興供養業，獲廣大果"。

無我義原有二説，一者我者我見之本，欲惱由之，二者我實無有，一切無常，而我應常。除此外，佛未言，無關身心，性命故。然既無我，何有輪回及 personality？心理情態連來成一個整系統？又種種之心理情態之下，應有主宰，應有發動力，現象活動，前後相接，主宰乃要。

以上幾個問題，有兩層發展的答釋：

①犢子部——返于有我（如西洋之靈魂説）

②大衆部等——另一解釋（如西洋之良心説）

直至唯之阿賴耶説，皆無我説之發展。

"無我"：

①犢子部，最受攻擊，以擲却無我説故。可看《俱舍》末卷，《成實》《無我品》及《成唯識》起首。但他亦有相當的普通見解，以記憶享受，而承認我故。《异部宗輪論》末卷謂"補特迦羅非即蘊離蘊"（補特迦羅 Pudgala，有譯作"人"，或作"數取趣"。耆那〔Jaina〕教直謂"物質"之義，蓋有質持續故）。"依蘊處界，假施設名"從念至念，從時至時，中間以 Pudgala 爲依故。因佛曾談五蘊與我之問題，而該部不得不提，他謂補特迦羅爲不可説，原爾焰有五（爾焰 Known），不可説其也。以不可説而避免問題故。

②雖不主我，而謂有深伏微細之識，乃斷見論。據《成唯論》及《攝論》均謂大衆部有根本識說。化地部有窮生死蘊說。經部有一味蘊說。前二《异部》不載。根本識堪攝記憶等故，异他識。窮生死蘊不爲生死而變故。一味蘊即細微意識，可前轉于後，故亦稱"轉部"，味字有特性（essence）義。此外尚有上座部師分別論者，現存錫蘭之上座部說（巴利文），即亦號稱分別論者（《成唯識》及《攝》亦提及），《解脫道論》所叙最詳。述其"有分識"之義（有 existence＝have＝to be＝being。分 nga，"因義，全義爲 The cause of being 之義），亦即微細識，深伏潛流而不斷。乃受激動，便起而有心理的活動。有七種狀態可說："轉心、見心、受持心、分別心、令起心、速心、彼事心。"《成唯識樞要》出九心："①有分心，②能行發心，③見心，④等尋求心，⑤等貫識之耐心，⑥安立心，⑦勢用，⑧返緣心（爲記憶之根本），⑨有分心，總不出潛在心理之學。雖無我，而有繼續性。

至《攝論》及《成唯識》主張阿賴耶識說，自己便認爲亦爲深細之識。至少有歷史關係，雖然後之論師，頗有异調。

法的研究（大衆上座的分劑）

"法"義繁廣，當英文 fact、principles、things 等字，所謂法性及法相之法，非佛法、法律等等法義，乃"諸法"之法，或當拉丁文的"data"。因求解脫，故先究宇宙實相，中有三面：心、色、苦（煩惱、業）三法也。以解脫有次，有四諦，意唯分析宇宙之實相，達乎解脫之境。于是佛教徒對法的研究，不能不加以特別的努力。alhidharma（對法）即整理"法"的表績，并與以發明；此論藏一出，問題遂告紛披。佛觀諸法，無常無常，生滅不住，刹那輪迴。刹那之中，有去來今，去者已渺，未來不見。現法若實而不住，譬如"鏡花""水月""水沫""芭蕉"，虛幻玄浮。佛對地水火風，并未謂都無，祇緣此所成人瓶等物，却不能說有。心的元素，亦不絕無，以往或未集而成人，現在緣會而有人之假名，將來亦不可謂無。由是有謂去來無實，有謂去來都實。前說積進，大衆部也。後說保守，一切有部也。有部漸展，問題復生，識本二緣起，非實有物，一方必有人類之心理機關，一方必有對象物。然後識生，但鏡花夢幻，對象何有？過去未來雖實無，亦有識生，喻中可曉。有部謂元素爲有，但人見瓶甌，元素莫覩，不必執有。上座的支流，分化地與經二部。轉變有說，不承先緒。無常義日進光揚，初之兩派，于此無大爭執。般若宗出焉。人之墮落苦海，心性之無明故。得解脫于心性明净。"心性本净"宇宙實相，即個人心性之本真故。但如此説，則不宜有親染可生。大衆部便以爲個性可代表宇宙本性，佛之法身即法性。由客塵煩惱，而説不净。人生苦海，苦，假耶，實耶？煩惱之討論可見《异部宗輪論》。佛初即謂人爲因緣合和生。因緣之解釋亦有多方。法既因緣有——緣起論。當無實性，畢竟空故。若依歷史，將法性、法相以前之"法"説，條出之，其真相更了。"佛的觀念，也是法的觀念。

"果"的探討

小乘所得果，與大乘不同。小乘成阿羅漢，大乘成佛。阿羅漢説失理論之需要，因羅漢祇須漏盡，煩惱都摧，似未極果。阿羅漢于未死前，無异常人。崇揚大我或法身之説，彼不有也。大衆上座之最初分裂，因大天王事。Katha（辯論）—vatthu（事項）。爲巴文論藏之一。中據錫蘭上座部的理論，攻擊他家。其第二卷第一節至五節，列五事，并未提及大天。①"餘所誘"一事，餘指天魔。羅漢尚有不净。②"無知"一事，阿羅漢所知，不多常人。③"猶預"遇事生疑，羅漢不免。④"他含入"由他悟故。（四事均對阿羅漢）⑤"道因聲故起"小乘重禪，不宜激刺全動；大天以爲禪定可由聲起，不憚其煩。後有阿羅漢有退説，不得無生智，受前業報。種種證明，羅漢果有多不極。"法身"即佛，佛即實相，此説一行，羅漢之勢更微。以衆生苦衆，現身濟渡。人人有佛性，都可成佛；欲返本際，欲見己性，即求爲佛之動機。"菩提薩埵"一詞，釋含多義，普遍所認，菩提即覺。薩埵（is＝sat〔拉丁文〕cot，esse＝being＝衆生）或直同 essence 之義，乃持業釋。"以覺爲其特性之人物"的意思。指將來得果説。簡稱菩薩。本專指佛，而普遍化了。因此有十地之次序論出來。以得羅漢爲之者，稱聲聞乘。求菩提者，稱大乘。

佛教分部時期之歷史

Ⅰ 結集。其歷史不多可靠。可靠者，于佛滅後約百年，阿輸迦王（即阿育王）出世，信奉佛教，現有彼時石刻發現，可作明證。在石柱刻文中，有派人至遠方傳教之舉。該王國土甚廣，教化大行。但所行猶爲未分部以前之上座部。小乘較大乘爲早，于兹易見。即可説巴利文佛經是最初最可貴的材料。復有石刻，爲勸佛教分争之文，分部遂未顯有，而問題已紛。阿育王滅後，歷史若大海之島，島外均黑暗不可考。

Ⅱ 分部。詳情不明，祇曉已有教理之變化，因西東漢時，印土復生名主，曰迦膩色迦王，與漢與希臘均有關係，彼亦贊成佛教，但同時亦有雜信，如婆羅門中諸天。有石函出土，知其最奉一切有部，有部既勝，必有紛爭對立之結果。《大毗婆沙》乃該王朝，五百教徒所修記，內容複雜，廣斥他說，足見其間辨海之一勺。并且該王與馬鳴爲友，而馬鳴爲大乘之開山，乃一般人之所相信。但有傳謂有六馬鳴，出《三藏記》，記至少有二馬鳴。因《大毗婆沙》中有馬鳴學說。如是，則馬鳴雖非有部師，而爲小乘一師也無疑。《大乘莊嚴論》中，馬鳴自稱爲化地部，化地部原與有部相近。然而大乘于其時有，不能克實。但大毗婆沙不久即分爲西方東方兩派。分部時代之歷史僅模糊概見。以後傳入中國，記載已繁，史迹可于此推知。并代有天德，步游五印，均有所記。晉朝有多僧游印，法顯有《歷游天竺傳》一書。中記彼于昔阿育王國所得大衆部律及論。小乘之經，或共《阿含》。故大衆部，未聞別有專經自奉。大衆部論律于是有譯文。并知一切有部，在印曾極盛。又大乘于其時已有根本諸經，如《方等（或方廣）經》、《般若經》等。又，犢子部亦見聞于時，有謂大衆律及其律也。正量部學說，亦有逸文，經部因晉末鳩法師曾譯《成實論》，論中廣及犢子，一切有大衆，化地諸部學說。經部之對立派也。

南北朝又加有《楞伽因明》諸譯，基法相之說。上座部流行于錫蘭，《解脫道論》爲梁時，有僧南來，約從錫蘭，彼所譯也。上座部材料亦入中土。

其各派在印土割據情形可細參《西域記》及義净《寄歸傳》。

大乘佛教發展之史實

人、地、時，均無詳細的材料。等而下之，若以龍樹爲中心，則迦膩色迦王已發起。中國所譯《雜阿含經》，中即有大乘。《涅槃經》（最早的材料，乃《阿含》一種）亦有大乘字樣，若顯然指出何人提倡，何時昌盛，何地風會，均不可考。然爲演變之結果，却無疑。一方面又對外道之邪說，時有申正。龍樹思想，以宇宙實相爲中心，而《阿含》則嘗明言，與人生無關者，可置少談。《奧義書》中所探討之真我大梵，實與大乘討論之趣同。或有與于大乘之興起。原印土宗教，初有沙門婆羅門，當佛之世，神權陡衰。婆羅門重祭祀，而反輕神。沙門根本不取。然至此時（約迦膩色迦王朝），印度神教又興。今有石刻發現，可知該王亦奉神唯謹。群信他力。《阿含》本主自力自度。而大乘思想中，他力說反盛。佛不但爲宇宙實相，并賦與神格，爲崇拜之目標。原來佛主大悲濟世，小乘乃依自達，大乘依達人。教理與神說成正比例而發展。小乘部中之急進派——大衆部，爲大乘之先鋒。佛説無常、無我二義。然何以生滅不居？何以無我？佛答以緣生故。因緣和合，生滅生滅，有爲法故。相對相待而有功能作用。有爲即聚集、和合、相待等義。凡有合者必散，有生必有滅，種種苦根，佛之外，無不承認。故佛説十二因緣、五藴，均和合義中所建立者。如《因明》凡所作者必無常。而有爲與所作，梵文中二字語根爲一。大衆即發展是義爲"過去無體，刹那無常"。同佛説之緣生；大衆之後，有説假部："因緣和合而有十二處，而有苦。"（説者主義，主張也，假者，假義也）但過未實無，現在何在因緣而有。那一刹那，可指爲現耶？故三世無體。有爲十二處，苦、我等等，均生滅幻有，假名一詞，梵文中即施設之義。一切一切，均假名無相，均畢竟空寂。而有爲的另一面，有無爲法。不能以有爲之道知之。然非離絶有爲法。然非有爲法之狹執所可了知。大衆衆起南印，分支爲案達羅部亦在南印。《大般若經》謂法起南方，轉西達北。龍樹生于南印，學于婆羅門。後選中論，承襲佛説精神，不拘文字。

空宗的系統之建立較早，最重要的人便是龍樹，發祥于南印。

另一系統，從上座來。

上座→一切有部→經部→俱舍→唯識。

此種承遞，綫絡顯明可考。近人歐陽漸，闢以二門，唯識，法相也。如是研究其過程，群皆贊其精詳。法相如龍，唯識如點睛。用此標準，衡諸諸法性相。原法相與大衆本少分別，不過一講空，一講識。一切有部説有75法與唯識百法，組織全同，唯排列或稍岐〔歧〕。均以五位處之。五位者，色法、心法、心所有法、不相應行法、無爲法也。75法者，色有11，心1，心所46，不相應行14，無爲3。《俱舍》亦出75法，盡同有部，經部于75稍有減裁。《成實論》列84法，亦大同。有部謂三世實有。以其刹那生滅故，非如世間所説有無，乃法體恒有也。《俱舍論》講三世隨眠，勢用不滅，最爲有名。故法體恒有，解釋多端。阿賴耶識之恒轉亦同此。其不同處，在阿賴耶有詳細之講法。用成"唯識"。然不相應行在百法七十五法中均占一位。中最要點爲生住異滅。因此外如心所，蓋皆心理狀態，而刹那生滅，非心識可治。"行"爲有爲，而與心不相涉應也。行乃勢用，有功能力量，爲地大之外，生滅轉變，必有爲之者。但誰令生、令住、令滅、令異耶？有四隨相説焉，生生，住住，異異，滅滅。有部此處，未免過隘。《俱舍》嘗痛斥之。非法體之外，有生等也。生滅如此爾爾，何可執言。遂令此説有還陽之機會。不相應行，不過依他起——依色心分位而起。其間理論發展之痕，有條不紊。唯識學説起于西部及北部。我國所譯世親傳，可備參詳，世親本有部，受經部影響，有《俱舍》之宏著，受乃兄無著之影響，而有《二十論》及《三十》諸論。同時，印土之神教迷信，亦與大乘佛教結合，加了不少神秘色彩。于是佛教蒙不潔。

第二講　印度哲學

湯用彤

總綱

Ⅰ　史的敘述

Ⅱ　問題的敘述

Ⅲ　學說的敘述

Ⅳ　A 佛教；B 外道。

Ⅰ 時代①吠陀時代

　　（1）吠陀經典

　　（2）兩時期

　　（3）敘述內容：a 黎俱吠陀時期；b 梵書。

②沙門時代

　　（1）時代轉變之原因

　　（2）宗計之繁興：a 吠陀系；b 沙門系。

　　（3）敘述內容

③哲理時代

④印度教時代

Ⅰ 時代

1. 吠陀時代

①2000B.C.──500B.C.（周敬王時，佛生）

②500B.C.──250B.C.（秦始皇時）

③250B.C.──800A.D.（唐德宗時）

④800A.D.──現代

①吠陀 Veda 譯作明

甲．吠陀有四：Rig，頌義　yajur，祠義　sama，歌　Atharva

Rigveda 與《詩經》相似，第一首頌河神，為 Arya（亞利安是尊貴義）人之詩歌。此種乃希臘同族，彼之征服印度，猶之漢族之服息華夏。

（乙．梵書　Brahmama，丙．經書　Sutra）

a. 黎俱中，為多神的、自然的，崇拜天 Dyaus，神中最要者為 Indra（因陀羅）司雷雨。及 Agni（火）。三十三天即三十三神意。中又有福惡禍淫的報應思想。可以說是祈福的宗教。人和神的關係是交易的商業的形式。汝供神以物，則神降以福。又可見那時人是樂生的，現世的）

（黎俱吠陀時代終）

b. 梵乙時代，Brahmama 與婆羅門一字同根。最重祭祝，典禮儀式，非常繁瑣，稍錯則貽凶。以是必有專司之不可，斯即婆羅門僧人也。其勢力甚大。普通人每日有祭祀；最簡者是火祠。時間長久而繁者為馬祠。（可見佛經）祭祀的目的，有贖罪，祈福供養等。還要以財物施婆羅門。繼則該等僧侶，敗壞紀，求財太苛。故不能持久。反對者出，沙門是也。

2. 沙門時代

沙門包括佛徒，但有其他的。（沙門 Sramana）其出見的原因：1. 民智漸高，辯論風起。對于祭祀發疑。2. 神的崇拜衰，宗教重保守，進步遲。道德進取，進步速。如因陀羅為甚強狠的，這時道德上沒有他的地位了。但古今人類總有對歸宿的需求，遂有智慧的解脫論出。3. 僧侶的腐敗。如佛經中最大攻擊婆羅門的是他們太愛財。說他們"貪他信施。"而沙門是苦行的。有甚者數十日不食。比丘，一詞，便是游行乞食的意思。他們欲正先有的風氣，故非為甚不可。4. 輪回報應的信仰出，即佛必采之。

（①時代轉變之原因終）

②a. 吠陀系。有 Upanisad（奧義書）是一種書的名類。引申吠陀而爲系統的哲理，但與沙門之精神頗同。是大多數的婆羅門之聰明者所寫，集得。

b. 沙門系。有六師。重要者爲尼犍子，後演爲耆那教，及拘舍羅。佛教亦同時拔出。沙門系與吠陀系内容有共同三點：1. 解脱輪迴。2. 智慧最高。奧義就是智義。佛有三學，智亦最高。3. 裁制欲望。耆那教更是厲害。他們的不同點：

奧義書 1. 吠陀系。2. 有我説。主張自我爲人之本質。并相信世界的自我，爲"梵"。3. 我即梵。這説法名 pantheism.

沙門 1. 非吠陀。2. 有他自己的團體與戒律。3. 大多數主張無我。佛教最，其餘亦間有之。

（沙門時代完）

3. 哲理時代

與沙門時代的不同有：

1. 統系之確定。

a. 吠陀統系。有名者爲婆羅門之六宗或六論。

甲．數論 Sankhya. 最早。有謂在佛前者。

乙．瑜伽 yaga

丙．勝論 vaisesika

丁．正理論

戊．彌曼差

庚．吠檀多。商羯羅的吠檀多最晚。

b. 佛教統系：斯時分大小乘。小乘有十八部。

大乘有二派，一者中宗，二者瑜伽宗。前者吾國稱爲法性宗。後者稱爲法相。前者的菩薩爲龍猛、提婆等，後者的菩薩，爲無著、世親、陳那等。

2. 叙述内容

a. 都重慧上解脱。

b. 都重方法。對于求學的以及求智的等。因明學出，一方面因爲辯論急烈，就演出個共同遵守的法則。

c. 對于宇宙人生的全體的根本義的觀察，是從因果。有從不從彼者，則宗派林立。

d. 宇宙構成的本體的討論。中亦似唯物、實在、唯心等論,但有他特別的個,俟下論。

e. 對于智識的研究,如智識對外界的關係。一個問題下,又有許多派立。

f. 有神教的興起。黎俱時,本爲神教,但後則衰微,而重慧。此時彼又復陽。六宗與佛教固皆爲無神論,即中國之淨土宗,亦有染神的色彩。

Ⅳ 印度教時代

普通所瞭解的神教。崇拜三身:1. 梵天,2. 韋紐天,3. 尸婆天(天皆神義,舊譯爲天)。祇要信奉這三個神的,都可說是印度教徒。(印度教 Hinduism)他的內容:1. 信仰解脫,全是情感的結合;2. 密教彩色。有些像佛之密宗。從身口意象徵密意,久已自成。3. 精力說,是崇拜女性的神。有些亂七八糟的事發生。4. 重儀軌,是身口意的種種表現,與神相應。(佛教爲什麼銷沉:1. 無人纔出;2. 回教侵入的摧殘;3. 婆羅門復興;4. 已入精微,普通人不易瞭解;5. 染密教與有神之精神,失其原形。與印度教分限漠忽。一部分爲婆羅門所吸收,聚起而爲印度教,然祇存各所有宗派的真精神,存其糟粕而已。玄奘在曲女城,戒旺所開之無遮大會中,所縣〔懸〕之佛像旁配以印度教之神。

21.10.5.2—4

Ⅱ

1. 方法的問題

a. 起原

在歷史上當然先有事實、後有方法。在理論上,則必先有方法。他講的方法,不必盡同于現代論理,現代論理祇就理論的一部。他們對于宇宙人生的問題,特別感覺興味,那種絢真的精神,故有辯論之精密方法出。這種問題屬印度發生最早,并且最繁茂的。沙門時代更甚矣。其亦氣候之影響與?有相持不下者,便築屋比鄰,辯論不休。有挾金遠征,尋人辨論者,己敗則與之金,或拜之爲師。金七十論的作者,即此種人也。他廣求異論,遂集七十頌爲書。那先比丘經,nagasena 譯作龍軍。當時印度北部有王名 Menander 爲希臘種,與那先討論佛教,遂成是經。中有那先問王曰:用王者辨論之法,還是用智者辨論之法?蓋王者辨論必從王,無真可言。王遂從智者之辨。

婆羅門與沙門同要出家。出家後,苦攻思考,對于真理有所得時,便游行傳道。不要金錢,乞食資身。宗派一多,辨論更盛。即有所謂 Nyaya(正理)一種學問出。繼之而出者爲 Hetu viya（因明）。明就是學問。因是"故"的意思。吾國先秦時代的名學，有所謂"以學出故"的話是也。

b. 問題

什麼是理論的標準呢？爲何這個學說就對，那個學說便非呢？故有《量論》爲依。量有各種：有正量，有似量，并有三量、五量、六量之說。智慧是對于宇宙全體的一種證知，知識祇是一切瞭解而已。理學謂自己體會與體驗，有近于智慧。故佛學有所謂轉識成智之說。

推理　智識是展進的東西。故大部分的知識，都由于推理，由已知及未知。已知人皆有死（喻的一部）。孔子是人（因）便推到宗上。即孔子必死也。那末，依著什麼方式或規則便能得到正確的結論呢？因爲如此便對宗因喻的關係有許多的見解出生。

2. 因果的問題

這問題非常複雜，就我欲討論這個問題的動機亦甚複雜。因爲這個問題是印土的特產，印土對于人生的解決是要實際的解脫，不像哲學一般的祇是理論上的好奇。一方面求真理，一方面因爲他們對于人生有最尖刻的感觸。

(1) 求全宇宙之因果。宇宙到是如何回事？便是求真理。在于智識之欲，所謂"欲知"。

(2) 求人生之究竟。

(1) 在黎俱吠陀第十卷（成于紀元前二三千年時）中有對于宇宙，問是何木所造？木即質素之義，如希臘古代所謂 stuff。他內裏又說，宇宙是一個大精神的集團，但是一個什麼神呢？如此諸問題，完全是本質與現象上之論。可以說是他們中間的因果關係。要說本質是一，便成開展說。是多，便成積聚說。前說謂因中有果，因中無果，如何有形形色色的現象出來呢？後說是因中無果。佛教謂前者爲轉變說。果非真理，故現象如幻。他們所以不像西洋的一元、二元、多元之分法，亦以其出于因果論上。

(2) 人生苦聚，要消滅苦，必知苦因。根本的苦就是無常，無常就是生死的急促。有生滅，有得失，種種因果，種種輪回。故佛教有所謂四諦，即苦、集（苦因）、滅、道（滅苦的方法）。

3. 自我的問題，亦包括心理分析的問題

(1) 信仰的起原。起于有鬼論。普通說鬼，亦有謂之爲 Atman，譯作我。神我，或命，亦名此對象之异者。

（2）何謂自我？這種問題生出許多的解釋來，并且每一解釋都有他的來源。在釋迦時，對于自我的討論亦詳。《長阿含經》，載許多的佛的教訓。中有一部分名《梵網（亦作動字）經》。亦對自我的討論也。有的説自我是色（物質），這個肉體便是自我。有的説自我非色，從想生。要拿英文字表示出來，便是有謂是 Soul 的，有謂是 Self 的。（Soul 情＋志＋思，Self 是主宰，是動作的或感觸的起源，他本是却不是活動或感觸）是知者，受者，或作者都是 Self 或主宰之含意，大部分都趨重這方面，但是廣指那 pure activity，而没有內容嗎？

（3）知者與所知之關係。知者是純粹的主宰，在未發動前亦宛然在，但無所知那個對象，亦不可知。而所知祇達現象，不及本質。假使説世界是電子形成的，但是我們祇見山河大地，未知電子是個什麽東西。如此祇在現象上接觸，而主宰的心與外界的本質，不能相通，不能知其有無也。且此現象屬心的方面呢？屬于本質方面呢？

（4）自我與宇宙的關係。黎俱吠陀中既看宇宙作神。換言之，即對于宇宙説是有秩序的、有意義的。而人身亦一小宇宙般的有秩序、有意義，遂有大我、小我之關係出。但世界有缺陷（有罪惡）是没有問題的。這罪惡是我們本身有的呢？還是宇宙有的呢？

4. 輪回業報問題

起源　印度原先没有這種問題，因爲那時人皆樂天的。沙門時代此種問題纔起。有説我是不滅的，有説我是依輪回業報的支配。看他作業的善惡，其所受的報亦同。就有超出輪回的説法，業之性質的問題，及何者輪回？（有我與無我之説，均對此問題而發）出。佛教既説無我，可是又信輪回，這處是佛學上的結症所在，亦其創立所在，俟下説。

5. 解脱問題

佛教及各宗派，不出解脱之道。可分五：

（1）戒律　合理的動作所依的法則也。斷欲之説屬此。耆那教主之。

（2）最刻苦的　所謂苦行者是。不但斷欲，還要苦身。直至現在印度尚有，如當時之邪命外道。

（3）禪定　戒律和苦，似偏于外的。此就内修。以定慮解脱煩惱，達到不思議的境界。以此爲主要學説者是瑜伽論（六宗之一），佛教亦采之。

（4）智慧　智慧非知識，前已表明。此常得之于禪定，體證而來。所以祇知印度哲學不能解脫，必待實證。蓋業由欲生，欲由不通，即無明之作祟，必以智慧降之不可。智慧最圓故。（佛）

（5）信仰　前四憑自力解脫，此就他力解脫。如淨土之藉他力而往生也。印度教屬是。

那末，用那種來解脫最好呢？

21.10.12

印度佛教哲學

Ⅰ 佛與佛經

佛生于印度北部，即今尼泊爾，名悉達多，姓喬達摩。因爲成道後，説法教人，人謂之佛陀。又稱之爲釋迦牟尼。釋迦，佛種也，牟尼者，珠也。我國亦翻作能仁。牟尼又有智者的義。據最可靠的説法，他死于西前483年，即周敬王三〈十〉七年。按説他活了八十一二歲，則生于西前563年，周靈王九年也，大孔丘十二年。他是釋迦種的王子。但那時的王子，不過一小部落的酋長的子。十九歲出家。得道後，傳教于恒河上游。因爲他的道非常透澈，在世時，傳布已甚廣。秦始皇同時的阿育王時，王亦信教，北至新疆一帶，西至希臘，東南至錫蘭，遂成功巴利文的佛經。至我國西漢、東漢之交，印度有王曰迦膩色迦，亦信佛，領土頗廣，月氏種也。又將佛教入西域。後遂入于中國，經過長時間的翻譯，成功五千卷的中文佛經。東晉時傳入高麗，梁時入日本。唐時入西藏，經過長時的翻譯，成功西藏文的藏經，由此系又滋出蒙古及滿洲的藏經。宋朝時，西夏亦翻彼文，成功西夏文的藏經。巴利文以外還有不完全的梵文藏。可見佛教傳布之廣，各種族間皆受影響。其年代之悠久，其間演進，遂有各宗派出來，然其根本精神一樣。

Ⅱ 原始佛教

佛自所説之經，當然是最早的佛教學説。通常研究這一部分，都根據巴利文的藏經，而且根據最早的一部分。他的精神是：

1. 重實用　他根本的精神在實際的解脫，不尚空談。對于人心性命沒有關係的學法，就不必談。《梵網經》，列有六十二見，皆邪見也。《箭喻經》，説如果一個被箭所射，那末祇可快請醫生來治，切不可竟去研究這箭是什麼造的等等的無味問題，以其無益解脫之道。他也排斥迷信，不主張拜菩薩、占卦等。同時，他教學生時，不重神通。于《堅固經》可見一斑。他也不偏于苦行，那時苦行者，獨足站至七天、一餓過旬等，佛亦不然之。在未進乳醮時，佛曾苦行而至于將死，及進乳醮後，人多非之。

2. 無常。佛教有所謂三法印：即無常、無我及苦。佛見到一切衆生的煩惱，主要在于無常。一切的爭執，皆出于我見，但我非常也；我且無常，何有我所？而當時外道，則主張常、我；佛便對于他們的執著，加以分析，算了個總賬。代表我的幾堆東，就是五蘊，而五蘊亦無常體。山河大地，瞬息萬變，色相爲幻。

由這條路走的，就是分析的法相的學問。并且又由十二處、十八界去分析，大分之下，又有小分。它并不需要與心理學相符，他的目的，在求實相故。己身上毫無主宰，因緣所生也。什麼叫作車子呢？不過是車輪、車軸等等的東西，除了車輪、車軸之外，并無有車體。從此便有十二因緣之說，最後的根本，在于無明。皆因爲人的不通，便有差別因緣。通則妙有實無也。無常的連鎖，由無明而下，十二因緣各顯身手。佛又說過四諦，苦就是無常，集便是原因，滅便脫净煩惱，道是方法。

3. 涅槃。如何能滅這苦的原因呢？造業由于無明，欲明之則有所謂修鍊，厥有三學。而最高的境界，就是涅槃，即寂滅義。脫離了無常、苦、我煩惱生死等等的苦海，而登彼岸，寂靜圓滿的境界是也，這個是不〔可〕思議的、不可言說的，這是宇宙人生的真相。這是没有經過矯揉造作的，所以這個内容，就没法說。

Ⅲ. 佛說變遷

佛在世時，即有所謂規律了，即戒律也。後因發達頗廣，因時因地而起戒律的變化衝突。佛在世時，自己并没有看爲教主，後來因弟子們太崇拜他了，幾乎將他神化了，就有佛身之爭。

佛主無我，後來小根者，不堪此說，而興爭執。

佛時已有法相的經典，在得宇宙之實相，後來的人，對于法相的確定，數目及内容，多有不同的見解。又如染净、心物、真僞等等的分別，理論頗爲繁雜。

果之確定，亦是後來發達的種種說法。有說得果必阿羅漢。後便謂得果宜成菩薩。同時，涅槃的内容的種種討論。小乘有十八部，大乘分法性、法相兩宗。

Ⅳ. 法性宗

是從小乘大衆部出來的，在東漢初年時候。這宗的人物，是龍樹提婆。經依般若，論有中論、百論、十二門論、大智度論等，在印土名中宗，或中觀宗。他們發揮的是：

1. 因緣所生。萬有均無自性。西洋哲學的初創及演進，就在討論自性，討論本質。至十九世紀以後，纔有一般哲學家，放下了 Substance，不去問他。法性的精神，也就有些那樣觀法。法亦無我，在顏色、聲音之外，何必再提出一個抽象的 material 出來呢？我也找不到的。本來如是，便是如是而已，此即真如。

2. 真如（涅槃）本來如是，你非要以名相去限制它不可，非要拿你那矯揉造作的心理去解釋它不可，非妄自何？自性哲學的錯誤，似乎在真實經驗之外，復有種種的妄立。無常之中，那裏去找常呢？除假名之外，亦無實相。所以《般若經》有云："不壞假名，而說實相。"超假名而求實相，亦無所得也，祇有妄得。

V. 法相宗

出于小乘一切有部中，一切有部變爲經部，經部變化俱舍。俱舍一變而爲唯識法相。所依之論有瑜伽師地論、攝大乘論、唯唯三十頌，及成唯識論等，這派的人物有無著、世親、護法等大師。這便是有名的唯識學說，內容也非常廣大。它是知與對象或心與物的關係之解釋。在普遍的常識，都說有境與心接觸而有知識。可是按現在的新學說，萬有皆成于電子，電子，人是看不到，祇看一一各別的萬相。我們要認電子是實在的，則現象豈不是幻相麼？知識不是錯誤的麼。則此二元的或二重的論調，當西洋十七世紀笛卡爾、洛克等，纔提出討論它的困難。而此唯識的解釋，可以說是最根本的解決，這種困難，全因爲把知識情形 knowledging situation 看差了。其實是相不離見，能所雙忘的。就是在西洋博克雷以後，對于這種傾向，亦頗受人尊重。人總以爲——知識都在予一身，心在身內。其實在身裏的祇有腦子等等；心不是如是狹的，心在見相和合之中。說心是在身裏，就是野蠻人的鬼在身裏的遺傳。唯識者，境不離識也。

21.10.19

附錄——《韓鏡清北大聽課筆記》手稿原件

中國通史

傅斯年等講

韓鏡清筆記

民廿一九月至廿二二月
北大二院禮堂

第一講　　　　　　　　中国通史　1.

按朝代去讀歷史，每個朝代年限之不均，而不能得一個統一的整個的歷史概念。西洋歷史的分期，較易嚴明，而中國又是我們了拿出來一个標準來量它，來整理它，看出它的經絡与分野。今以一個敎材分它作幾個段落，這是根於歷史的理論的提出。

法國十八世紀有所謂人文地理一科出，後經西方有以經濟看歷史的，有以政治看歷史的。

中國的文化起於黄河，以黄河古时有灌溉统用故。Physiocrats 就是以地理及地球上的運籍的經濟來解釋歷史，認識歷史。但是地理是靜的 Static. 歷史 dynamic. 它可以解釋一時的現象，而不能提住歷史的連續的綱鎖。Buckle 是以經濟窺歷史的。但以解釋工業革命以後的現象因新大陸發現黃金產富，歐州產生資本。若欲以新經濟看古史恐多牽強。

中國經濟現象分三時期，1.春秋戰國以前。2,漢武帝鹽鐵前後。3,工商通商到現在。

西洋史整個的全是"民族变遷"。中國的五華乱華及南宋時的民族變遷，其對於文化的關係甚傑。民族的變遷就是一切的变迁。

中國史以民族的關係分其時代为下：——

1, 東周 → 秦漢大一統. → 東漢魏晉 — 東晉 — → 陳亡. (一个大帝國生長成至於衰/滅亡)

2, 五胡 → （ ）→ 隋唐 → 宋 → 南宋.
   (十六國)

3, 宋元明清.

　　　　　　　　——傅斯年講 21.10.6. 3—5

第二講

　　就以我講起來，人類當有一部歷史，不是像過去的政洋畫史可以掩蓋天下。或中國通史就是世界史。一個民族的內容是：1.人種，2.語言，3.文化。兩個限制他們的要素：1.歷史，2.地理。但不能因文字語言而就分為一，或因文字文化而判分為兩三區。要說民族，是三種的總合，必要將三個要素綜合起來才成。

　　中國史當可說在東亞的地方（黃河流域等）的一個文化系統，前後不大矛盾。而它的語言人種卻有許多多的差異。要沒有一個疆域總是有民族。故有些歷史家現在要靠地理歷史等了。印度會想，亞儀之熱也。歐洲人會幹，氣儀之寒也。同時，一個民族是必需在歷史過程中完成它自己。今天只是關於人種一部分上講。因為許多外族民族就拿人種代表了它，這種誤解要更正。有中國民族，而無中國人種。

　　人種的分類有三系的，四系的，五系的。最要緊的是看頭髮的橫截面（凸○○（）等形）及眼的顏色等。但不必以皮膚高加索之可以分為白種。黑種了分三種。　　惟中國的人種至少百分之九十以上是黃色種。

1. 研究中國人種的方法大概同其他人種學一樣。但雖說中國人的頭髮是黑的粗直的，但其程度不等，亦是有分別色的。以鼻子的高，也分為注意。王靜安的一個考據，說商周以前的中西祖先亨鬲。有鬲是在匈奴那般胡人侵入中國以後。

中國通史 2.

(見靜齊文集) 并非毛髮的生的地方多寡是的不同，都是注意。而這皮膚的顏色也不是一樣，大多數圍是黃色，但有白的黑的。身長的問題固然有父母的關係。西人說平均高度是平均男子的高和女子的高之中間。父母高子不平均高度，則子必低於父母，反是。可是說一種民族有他一定的高度。

再次是頭形的標準。以頭前後的長除左右的寬，得一個數目就是 Cephalic Index (頭形指數) 80以上是圓頭，75.3以下是長形。以頭形別人種女中較多。但頭形有隨環境變遷的，不過可以倒歸看之。甚至鼻脛、張短、指掌紋、血統，莫均有分別。由人的骨骼也可得許多結論。

體高.

直隸 170.64. cm.   165. 四川 162.68.
山東 169.09.   雲南 166.60.
河南 169.24.   貴州 166.60.
山西 168.00   廣西 162.10.
陝西 166.53.   廣東 162.95
169. 甘肅 166.70.   福建 165.21.
江蘇 168.61. {江北 168.29 福州 162.
                江南 165.17} 廈門 167.
安徽 168.95. {淮北 —
                 南 165.11}
浙江 165.41.
江西 164.39.   (不但北比南高而東部
湖南 168.46.   比西高)
湖北 168.65.

頭形指數

直隸 82.02　　　湖南 81.26
山東 80.34　　　湖北 82.68
河南 80.41　　　四川 81.88
山西 79.18　　　雲南 81.25
陝西 78.50　　　貴州 77.44
甘肅 76.54　　　廣西 78.98
　　　　　　　　廣東 80.22
江蘇 82.26　　　福建 80.71
安徽 80.68
浙江 82.53
江西 81.67

（全是男人在22年以上者）

湖南的鄂幾個府，(体高)

襄陽 166.85　　武昌 164.18
安陸 165.33

以省為單位，一方面是行政的單位，不是人種的單位，一方面是中國的省有如歐洲的一國，地域太大，以其為單位則数目太粗。

山西的介休縣　168.69　体高　81.72　頭形
陝西的華州　　166.83　　　　75.34
湖北的武昌　　165.11　　　　84.70

河南曾發掘疑為商代的人骨与滿州人骨畧有分別。

殷墟出有銅器时代的伏身葬的骨骸，以後便皆仰身葬。

中國通史. 3.

周朝是西方來的民族。殷朝又是一種民族。中國民族在秦以後有兩變化。

1. 從永嘉以後，漢族南下，而代北的拓拔民之族，佔黃河流域，南方的苗猺等與漢族混合。代北的民族與南方的民族混合。

2. 唐宋的民族分配的變動又有南北朝時的現象。————李濟講 21.10.8. 3-5.

第三講

1. 何謂考古學？——一門科學的內容，全在材料的真實。令第二人看了不能不相信。考古學的精神全在考的一字。歐陽修的集古錄等，在十一世紀已出現，而西洋則在十三世紀才對於古代彫刻等加以注意。金石學是佔在考古學史上層的功夫。因發掘出來的實在材料，佔住重要地位。但考古學對於這材料的來源及發掘的情形等，而金石學含有賞鑑的意思，不著眼賞原的形色。金石學對於破銅爛鐵不屑一顧，考古者則同之。我們知道，第一是世界上歷史沒有一部。第二，地下的史物與文字的史有同等的重要。有文字後的歷史同今我們現在的生活情形差不多。而無記錄以前的歷史卻非靠地下材料不可。而且傳著的歷史好多是想像的材料，故必需就証於地下材料。現在的古生物學及地質學的發達，都是我們研究古史的援助。西洋在文藝復興後，學者喜歡研究對於希臘考古著重。1870年 Schliemann 德人，在希臘發掘出九個古城後，歐州的歷史上起了个革皓大陸。再先1830年時法人 Bouche de Perthes 初为税闪的士官，喜在河边去拾石子，忽发自己觉得有最古的人动作的石器，他便作起文章发表，人都以为狂。後经为历史家动信，直至现在法国的考古学犹在第一位。一方面虽由於发古之癖，一方面有文艺復典的推動，再受了古生物学及地质学的启动，遂使这成立。 中国民族号稱"信而好古"，可因没有自然科学的帮助，致不能大的发展。而錸字在宋朝的成就是很了以为荣的，比同时期的各国真算是把头了。可是以后人家去十步我们走一步以致现在才接受了西洋科学的比证。 敦煌的发现，是中国学术界的转捩。一方面许多材料流入西欧，因人引起研究。一方面我国王国维出而倡考古，方法虽不太新，但他的位置很了不得了。但因现在中国古生物学家及地质学的发见，考古学上要一面自以地质调查站的数量。

舊石器時代的發現——周口店發現出的北京人，以后又发掘出许多石器，现在还在研究中。舊石器在中国是否有，於以前很觉着疑问。民国十二年时有法教师白德日遒及桑志華。他们常在一坏在中国游历。在河套的北边，宁夏河上游的西拉烏蘇地方，发见在河岸高处的黄土层下有石器出息，掘出最多的石器，並有食餘之獸骨等为化牛駝鳥等

在冲積期一半的，有这般人在这居住，在宁夏經逢一帶

中国通史 4

住，与西洋的 monsterian 及 Aurignacian 时代的实验相同。中国北部这一阶段旧石器时代，论其来源与后继，还待切实的研究与考见。是不是这种人便是中国现在民族的老祖宗？据协和的顾达生医师，对方公以后在此部的兽骨中的一个人牙的判定，大概那他永远在种。

新石器时代的发现——一部是内蒙左，一部是黄河流域，发现磨过的石器，及厨房的侏儒，及家畜的骨头等，零碎的在各地发掘或搜括。可以断言现在内蒙一带确有新石器的时期。瑞典人曾得生 J.G.Andersson 曾在东省的沙锅屯等见许多兽骨，等一些东西在一个洞里。又在河南的仰韶村发见一左村落的遗址，发见许陶器，并画有色彩的画绘。直后仰韶村图续入发掘一个村，出掘许多诸骨器，磨力砺石等，定命名为仰韶文化。即时已是农业时代。（同时他在甘肃的境裏也发现许多陶器等。）他便做了一部书发表出来。这个区域很辽远，黄河流域都是。这种材料与中亚细亚，伊朗及西部等处相同。曾有人说仰韶文化大概在 3000B.C. 或 2800B.C.时，或者这种是由中亚发源再到西欧。（铜器时代）（从甘肃直到奉滿）但在北山东还未发见任何材料。前年历史研究部在山东的龙山镇，因修路曾掘一个土丘，掘出许多陶器，断定一部分是石器代的东西。又是有一部分陶器是色漆光，薄似蛋壳。其工会现在也不能做出。

这处常会人怀疑，或铜器时代说，扬子江流域，材料算是不多。美人Nelson等等见一些东西。或因南方地湿，不易保存。云南及四川皆有新石器时代材料的东西。　在彰德府安阳县城外十七里处，洹水之南，小屯有高堆，康子几年前有龟甲文之出现。王懿荣（？）先曾藏之，王死，归刘氏铁云，他曾将它拓出，出有"铁云藏龟"。后，研究最有贡献的为王国维，收藏最多的为罗振玉，他用以获得法国某学院的会员。但他们只注重有文字的甲骨这类是考居多。现社发现最多的已在历史研究所编号已至三千多号。罗振玉等说已被他搜完由此建了一实。可以证明史记是有印本的。那时已至青铜时代，在盘庚之后，确起观铸铜，并且有锡，有武器祭器些饰品等，但尚未将石器脱乾净，犹之现在还有许多石器。商朝的建筑石用版筑，并且掘地厝，传说起于版筑之间是可靠的。艺术方面也可见当时有象及九牛。那时陶瓷存於今者有数百种，可知当时工业的情形。精不及仰韶时代，但花样甚多。由甲骨文知卜字是象形的是烧骨的裂纹故有卜卜卜等形象。那时的生活一举一动，几皆是卜，尤其是皇室。可是今文字的骨头恭到信不有文字的骨，还没研究出个结论。但可以说是普通人用的。就是现在蒙古的边地苗之的野蛮部落，还遗留有骨卜。搞石器与新石器中间时间倒我们不能断定。新石器与殷商可以说直接衔接，但殷文化的东属应续非，西边利亚的成分，中亚细亚的成分作说

在中國歷史上

的成分，黃河上游的成分都有。銅器過渡到鐵器的中間，不是一個民族單獨等着可以做到，就是舊石与新石之間，也難以一個民族自己去解決釋的問題。中國的民族的複雜及殷商時代的文化的解決，不應當拘現在國別的眼光，這是我們研究中國考古學應注意的第一點。第二我們對左丘明記錄的歷史不全信，因為吉有合于實際直接材料的，可是也不全不信，所以史記在現在考古學的說明是大半可信的。總言之，不要有什麼偏見於其中，要多存一点懷疑的精神。

21.10.13. 3—5.

—— 李濟講 ——

第四講

商代以前科弦已不多考，神話的材料与书記在春秋以後，戰國時的材料到還不少。詩經內的商頌，是春秋時宋人的作。這"天命玄鳥，降而生商"（商頌玄鳥.）"厥初生民，時維姜嫄，生民如何？克禋克祀，以弗無子，履帝武敏歆，（此句不易懂.）攸介攸止，載震載夙，載生載育，時維后稷。"——（大雅生民）赫赫姜嫄，其德不回，上帝是依，無災無害，彌月不遲，是生后稷。——（魯頌閟宫.） 前一首是說商民族的來源。後二首是說周民族的來源。春秋時代的神話材料只是這些。要在春秋或以前的地位很重要，就是到現在人还佩服他。我們看那時對於他的神話以外。"洪水茫茫，禹敷下土方 …… 有娀方将，帝立子生商。"——（商頌長發）"天命多辟，設都于禹之績。"——（商頌殷武）. "是生后稷，——

奄有下土，纘禹之緒。"——《魯頌·閟宮》"信彼南山，維禹甸之。"（小雅信南山）"奕奕梁山，維禹甸之。"——（大雅韓奕）"豐水東注，維禹之績。"——（大雅文王有聲）。这样看来，周对於禹的尊崇很同。桀之感虐，〔湯〕有左黿卯，敢受天命……成唐〔湯〕，屬禹之堵。"——〔叔夷鐘鎛〕"秦公曰，丕顯朕皇祖受天命，冥宅禹責〔蹟〕。"——〔秦公敦〕这些像是金文的材料。禹在古代是很偉大的一个人。殷周春秋皆以为是也。楚辭的天问，大概作於戰国初年，真正屈原作的没有多少。对於禹的故事甚多。"地方極厚，何以寘〔填〕之？地方九則，何以墳之？应就何画之？日月何屬？鳥焉何屬？禹之力獻功，康囘馮怒。地何故以东南傾？九州安錯？川谷何洿？東流不溢，孰知其故？……禹之力獻功，降省下土方，焉得彼嵞女，而通之于台桑。" —— 楚詞天问 —— 比起禹亞貴當然許多，到真神話。洪水滔天，鯀窃帝之息壤以堙洪水，不待帝命。帝令祝融殺鯀于羽郊，鯀後生禹，帝乃命禹卒布土〔即敷土〕以定九州。" ——山海經海內經——山海經筆出甚後，其说法与楚辞同，不能手大誤。皇帝兩字现在是連在一起的。我们看，早是分的。"皇天上帝，改厥元子。"——書召誥——"皇矣上天臨下有赫。"——詩大雅皇矣——"皇皇后土"——詩魯頌閟宮——"皇后憑玉几"——書顧命——"皇王維辟，皇王烝哉。"——詩大雅文王有聲—— "若禹皇祖"詩小雅信南山—— 这些皇字

中國通史 6

皇是形容詞，帝是名詞。這是古代很清楚的用法。皇〈形容詞／准名詞　帝〈上帝／頭人王

与後來的用法大不同。秦朝的「掬襲」"秦文公藝黄地自天下累地，其口止于廊阿行。文公問史敦，敦曰："此上帝之徵，君其祠之。"于是作廊阿時，郊祭白帝也。"—史記封禪書— 秦宣公作密田时祭青帝，靈公時秦霏公作兵阳上時，祭黄帝，作下時，祭炎帝。"（同上）起共上帝是一个，這里便出了四。此現狀秦独有。"（蜀帝）未有諡列，但以四色為主，故其廟稱青赤黑黃白帝也。"—華陽國志，蜀志— 蜀國为秦滅了之以後，才通中國東部。華陽國志不怎樣可靠，因为材料后来。上帝为什麼帶顏色呢？很莫名其妙。黄帝炎帝到人間做王。"昔少典娶于有蟜氏，生黄帝炎帝。黄帝以姬水成，炎帝以姜水成，成而異德，故黄帝为姬，炎帝为姜。二帝用師以相濟也，異德之故也。"—國語晉語四— 東来天上的上帝，變成人間的王。"黄帝之子二十五宗，其得姓者一四人。為十二姓：姬、酉、祁、己、滕、箴、任、荀、僖、姞、儇、依是也。"（同上）炎帝之一姓傳屬，黄帝子有十二姓。大戴礼記中有帝系姓："少典產軒轅是為黄帝。"黄帝產玄囂，玄囂產蟜極，蟜極產高辛是為帝嚳，嚳產放勳，是為帝堯。""黄帝產昌意，昌意產高陽是為帝顓頊。顓頊產窮蟬，窮蟬產敬康，敬康產句芒，句芒產蟜牛，蟜牛產瞽叟，瞽叟產重

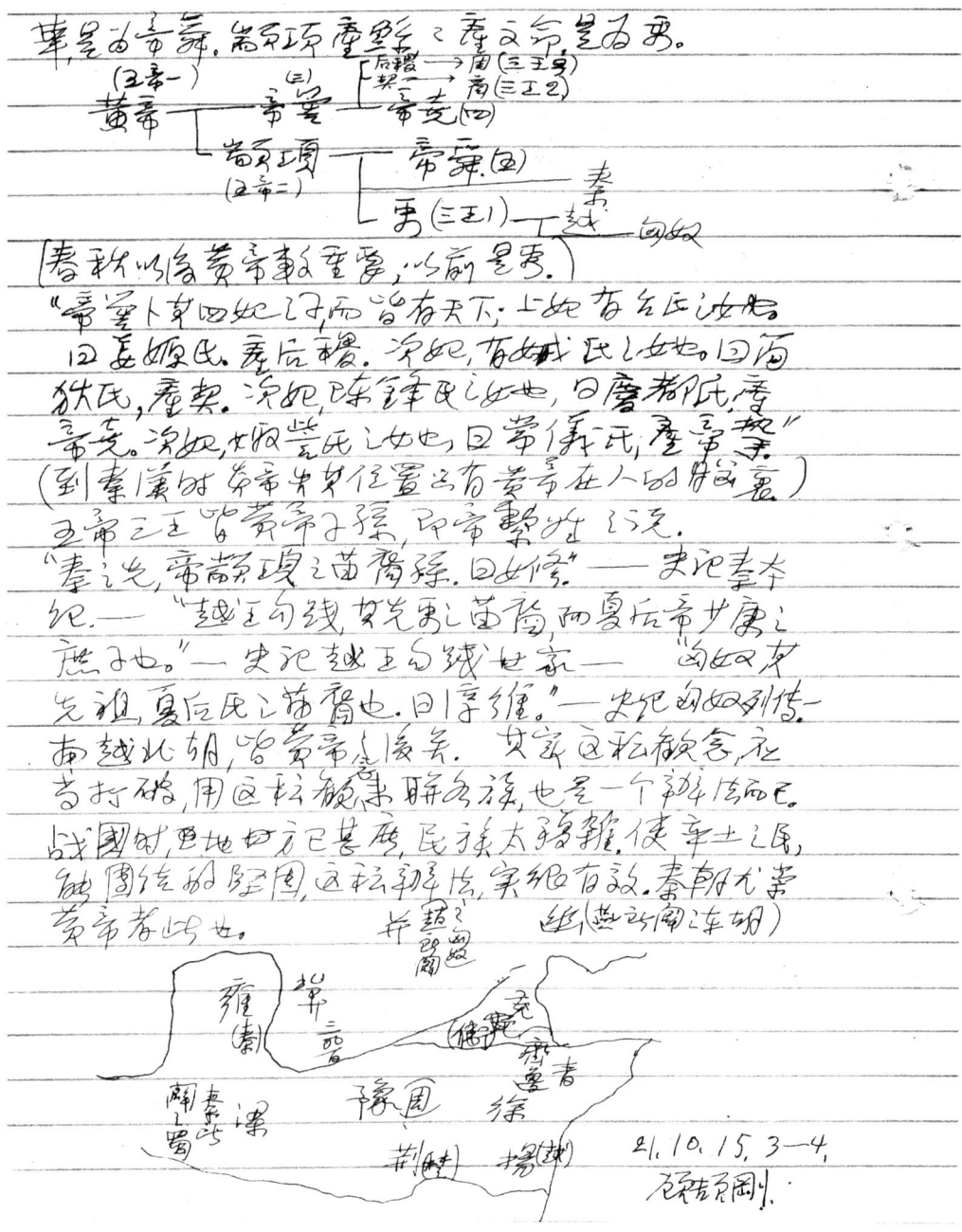

舜是黃帝舜，顓頊產鯀，鯀產禹，皆黃帝。

（五帝一）黃帝 — 帝嚳（三）—［后稷→周（三王3）／契→商（三王2）］／帝堯（四）
顓頊（五帝二）— 帝舜（五）／鯀 — 禹（三王1）— 越／秦／匈奴

（春秋以後黃帝越重要，以前是堯。）

"帝嚳卜其四妃子，皆當有天下。上妃有邰氏女，曰姜嫄氏，產后稷。次妃，有娀氏之女也，曰簡狄氏，產契。次妃，陳鋒氏之女也，曰慶都氏，產帝堯。次妃，娵訾氏女也，曰常儀氏，產帝摯。"
（到秦漢時黃帝先於堯位置，已有黃帝在人的眼裡。）
五帝三王皆黃帝子孫，即帝繫姓也足。
"秦之先，帝顓頊之苗裔孫，曰女修。" —史記秦本紀— "越王句踐，其先禹之苗裔，而夏后帝少康之庶子也。" —史記越王句踐世家— "匈奴其先祖，夏后氏之苗裔也，曰淳維。" —史記匈奴列傳—
南越北胡，皆黃帝之後裔。史家這秘訣念定而打破，用這種來聯各族，也是一個辦法而已。戰國時畫地由氏甚麼，民族太複雜，使率土之民，結團結的堅固，這種辦法，實很有效。秦朝尤其黃帝者此也。

燕趙之關 （燕趙開連胡）

雍（秦） 韓 晉 （齊 ）

關秦 豫 圍 徐（青 ）
中蜀 荊（楚） 揚（越）

21.10.15, 3—4.
石硯頁剛.

中國通史 1.

春秋以前承最尊貴，在乎地祇。春秋以戰國以後，黃帝最尊，要在乎民族。

"帝"古為上帝，此外，另有一意即祖先之通意。禮曲禮："措之廟立之主，曰之帝。" ▽己△口丹 ※(卣)(帝配祖丁父癸) 又有點 ▽己△·以我 (父合) 蓋古時以祖上往帝稱呼，無認識之意。楚辭九歌中皇太一："吉日兮辰良，穆將愉兮上皇"此皇字為名詞，上皇即上帝。離騷："怨靈修此浩蕩兮……指西皇使涉予"西皇之皇，亦即同此。有此可知皇太一一詞皇相對。九章橘頌："后皇嘉樹橘徠服兮"此后皇即由后帝變來，此稱考此為戰國之時勢有關。

1. 民族混合——皇帝為各民族祖先之代表。
2. 地域統一——影乎九州之代表。
3. 王晉級曰帝——三皇五帝之代表。

王晉為華帝，故稱上帝以皇。呂氏春秋在當然用象參引之篇中，屢稱三皇五帝皇帝，而指三皇之氣未詳為此。至秦始皇時，李斯等上尊号說："古有天皇，有地皇，有秦皇"秦皇當為古之人皇。三皇五帝五等，故即為有統系之國際，當時為廣泛確認為生者，完何皇帝竟起於何地方難考。

[土, 木, 金, 火, 水] ——相勝（此說在漢以後）
木火土金水——相生。

劉韻之說以改王總，蓋以王莽篡位避革命之名而稱禪讓。禪讓則不能取相勝而取相生。故堯為以土德王，舜以為黄舜之子孫，黃帝之子孫（王→用→戶→→舜→黃帝）遂使劉韻改五德之序，使黃帝為舜始为土德与纪同。且使汉为火德，以续金土。

(土) 黄帝 → 舜 → 王莽 ｝尧禅于舜
(火) 尧帝 ← 尧 ← 汉   ｝故汉当为尧之后也。

史记高祖本纪"高祖沛丰邑中阳里人，姓刘氏，字季，父曰太公，母曰刘媪。"

汉书高祖本纪"汉帝本系，出自唐帝，降及于周，在秦作刘，涉魏而东，遂为丰公，丰公盖太上皇父。"

改制后之表如下：—

(木) 伏羲 → 高辛 → 周
(火) 炎帝 → 尧 → 汉
(土) 黄帝 → 舜 → 王莽
(金) (少昊) → 夏
(水) 颛顼 → 商

赤帝子斩邦使刘邦成炎帝之后。

"以十一月朔癸酉建国元年正月朔，服色配德尚黄，牺牲应用白"——王莽传。

"黄帝初祖，德匝于虞，虞帝始祖，德匝于新……
……据土德受，正号即真，改正建丑，长寿崇崇"
——嘉量铭 —the end—

邹衍，齐人，为阴阳家之始祖。史记孟轲列传"邹衍睹有国者益淫侈，不能尚德，……乃深观阴阳消息而作怪迂之变。终始大圣之篇十余万言，
其语闳大不经，关于地理者二，关于历史者二：

1. 关于地理者 a. 先列中国名山大川，通谷禽兽，水土所殖，物类所珍，因而推之及海外人之所不能睹。此与山海经有问。

中國通史、8。

山海經 { 五藏山經（中國）
　　　　　海經 { 海內經
　　　　　　　　海外經
　　　　　　　　大荒經

b. 以為仗者政說天下（即中國）言之天下不止一分應是一分焉。中國曰赤縣神州，神州內自有九州，禹之序九州是也。不得為州數。中國外如赤縣神州者九，乃所謂九州也。於是有裨海環之。人民禽獸莫能相通，為一區中者，乃為一州。如此者九，乃有大瀛海環其外，天地之際焉。

2. 圖說歷史者—— a. 先序今以上至黃帝，學者所共術，因載其禨祥度制，推而遠之，至天地未生，窈冥不可考而原也。 b. 稱引天地剖判以來，五德轉移，治各有宜，而符應若茲。

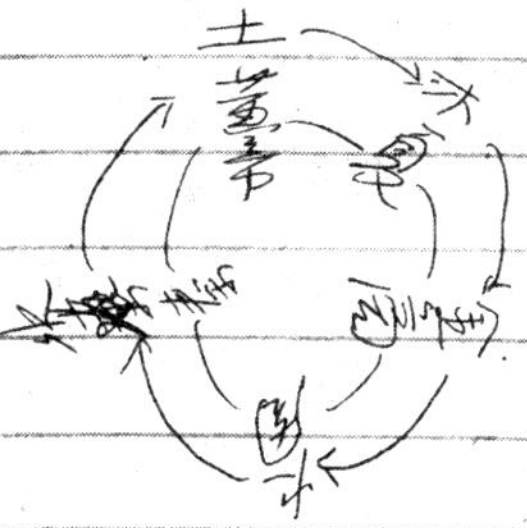

[圖：土、黃帝、木、金、水、火 方位圖]

黃帝時黃就地實現（土）
夏 —— 青就出於郊 （木）
商 —— 銀自山溢 （金）
周 —— 赤烏銜丹書集於周社（火）
秦 —— 秦文公得黑龍就（水）

"始皇推終始五德之傳，以為周得火德，秦代周德從所不勝方今水德之始。改年始朝賀皆十月朔，衣服旄旌節旗皆上黑，數以六為紀。——更名……1912德水，剛發戾深，事皆決於法"
—— 史記秦始皇本紀 ——

秦亡，漢高祖之黑帝祠，自以為以水德王，漢文帝時，賈誼以為漢當土德，來之帝改制，景帝歷至武帝始定。

土德

1. 漢土德的符瑞。

   1. 文帝十五年黃龍現成紀。
   2. 武帝元封元年，填星出如瓜。
   3. 武帝元鼎四年，逼郊至中山，有黃雲捨蓋。
   4. 五年卯見泰一，黃氣上屬天。

   漢書武帝紀："太初元年夏五月正曆，以正月為歲首，色上黃，數用五，定官名。"（封禪書云"官名更印章以五字"）

   三統——董仲舒春秋繁露三代改制質文篇，以為夏得黑統，商得白統，周得赤統，春秋得黑統。（後之吉子五德說淵源於此）是故三統即由五德而來。

五德		黑統——建子
黑赤白青黃		白統——建丑
三統		赤統——建寅

   漢書律曆志："……向子歆佐三統曆及譜牒……故述焉。"

   漢書郊祀志："劉向父子，以為帝舜氏始賞黃德，故自黃虞下歷夏商周秦而漢得火焉。"參看漢書律曆書世經黃大體如下：

伏羲	女媧	神農	黃帝	顓頊	帝嚳	帝摯	唐	虞	夏	商	周	秦	漢
木	木流	火	土	金	水	木	火	土	金	水	木	閏水	火

   第一次　　　　第二次　　　　第三次

中國通史. 9

第五講

商代的文化，由安陽縣小屯發掘殷墟後，実証了史記殷本紀。已往的經講，有書而不実，有実而不書者，今講漸具。我们可見看中央研究院安陽發掘報告第二期，与殷本紀相對照。蓋古史的殷墟，不分中西。商代是民族社會Sibbe他们相聚的原用社血族。但並有收容外族的引着，叫adoption。雖然不一定出於一祖，但是宗族上以外表上都未承認。這族的發展，在我國成了一個很長的歷史。在俊漢以後五代以前，聚族同居之風為尤甚。前說氏族社會是私有財產確立前的段落。以後的族，則私有財產確立，同時因應對外与互助的方便關係，故依然有族的組織。在安陽發掘出的尸骨旁，有殉葬的東西，如工具陶器等，大約是生前所用的。就有人以為這是私有制度的表現。其实這是宗教的意義，以為生人要用之具，死人亦然；該人所用工具，他人不宜用，用則死人生忌。商代约在1122B.C.時，這時代的發掘有銅的兵器、陶器、石器，及製銅戈的模型等。兵器是抗敵人及猛獸用。生產工具如 SS，末、木製也。乙、耒，石製也。均見文字中。畜牧的生活，也是這時的生活，由畜牧即戰爭的生活，故兵族即氏族是也。蓋依水草而居，則引動不時，每遇猛獸，或敵人来襲，則皆引起有紀律的動的戰爭。有財畜等變引则盗敵之。甲骨文中記戰爭甚多，生產工具与战具幾失分。這是氏族為戰的社會。農業不發達，焼田為用石器據地耕耘，薩滿或國才感到，那時還沒有以文字作迷述。民族的食料來源主要在畜牧，農業雖然發生不限於此時，但只作副料而已。只是不是長久的事，固畜牧來的食料，天災不易抵抗，苟水草不生，別人奪食，故漸停其畜牧，而定居後以為定生居，商代是這個過渡的時代，盤庚一看的後期——已不須再遷移，一方有屢經之遷移便是過渡的表徵。安徽河南等處，均是他們遷徙的範圍。人的群，與獸的群尾本無多異，所異者只在人能利用身外工具，不只為利，不能自由意思，使然。人類是自己轉變更自己的生物，善用工具改變自然現象與環境，同時，環境亦改人類自己的意識亦變。射獵的時期這部落則少，後時人數漸多。商代不是靠海而居，他們是畜牧的，畜牧的人數不頗多，故有民族出來，這種組織有兩個基本條件，一是男女的分工，一是年齡大小的分工。因為畜牧要繼續勞動，而女子因兒童的哺乳期甚長的關係，氣力不如男子充足，所以牽犁給男子去作。現在還有女子耕田的，但乃是男子壓制好久以後的事。女子社後方安全地方。而性分工的結果，意識兩個 association，不相干涉。廿年的團體也是在其他民族有的現象，商民族以份我們還不知道。在成年的時期有成年禮，那就是帶著東西給他年齡的表示。叫作 puberty。中國後來的冠禮，生男設弧，至廿時帶設矢，便說成年，等為禮。商代我們還不能確定。現代的野蠻民族有許多

中國通史 10

認尊老俗或殺老俗。商代是尊老的。在周以後才有男女兩性或一男多女成功一個單位的組織，這是農業時代的現象。因為農業社會男女老少均有各別的工作，而商代——還屬狩獵及農業的時代——還是。他們是 generation 傳 generation 的兄傳弟。有王代表武力的領袖，故傷有自稱或王的事。高一代的男女是父母，再高一代的男女是祖妣。同代男女了結婚，屬末的女子，則說為奴婢。祭祀時男女同至。後來至周則大別另子結婚，都是這屬末的女子中兩位妻妾。奴隸制度商代還沒有，周自己工作還不足呢，那能替人家呢。故當有 raid 的引意，些以肥己，把搶到的人全做奴隸。游牧時代，常常需要許多的勞力，雷他搶的人來做奴隸。商代是個尚層時期，先別把俘虜的人拿到祖前來報，後來以為不會算，便逐幾個人來報，再後，奴隸制度漸立，商直不殺了，用俘來代奴隸來使，就有人不工作而食。一方因為兵流進步，就有一般人(rank)專做戰事的措備，全不做工作，可說是卿士。軍有一般老人，他知道天氣的變更，及節令等，月份的來氣，農事的特殊經驗，又為男女問結婚所有禮俗及知識，都歸他所保存成他事業。這是巫祝的級。一方宗教上他的勢力很大。同時，政治，用兵等等引動，都要他的來卜，才決定，如族會議，不過實在都受他們兄意作中意的反乞。因此一方社會上他的勢力很大。商代很重神意。盖氏族社會，周氏沒有有能之師的講階級及的社會，鄂以他們的社為一切獲取食料或戰爭等—都是一致的，各自不能為主，都倚社而生。他相信族有靈魂，如同各人的靈魂能保佑自己一樣，它可以降災降福。詩經玄鳥"天命玄鳥降而生商。"一族有一族的神，以龜走色列的即和華一樣，埃及的Horus（鷹形的神）尤為此同。商民族的神就是玄鳥。它的意思是這卜表表示，族神就是他們的祖宗，這祖宗可以降福也神靈在。直到周崇拜祖宗的思想還在，不過觀念改變而已。因為一族必須抗天然的災禍，必果不同心協力抵禦集衆，都更足以為禍。聽指揮者的命令一致的努力就好，這種思想又須要為天人之際的說法，但這溝通者便是王。古代的氏族社會，這種色彩是特有的。同時，在姓生姓的時候，就有說之的神話，如伊尹從"生於空桑" 伊尹就是大巫，巫在天人之際下成立國王都受他的指教。太甲不忠，把他監禁不許問事，稍微有些不軌之事，便警告此國王，僧侶在古代的的勢力非常大。吃飯睡覺都受他們管理，寧是生除清朝皇帝較為自由。其餘些仍受民族時代的風俗支配。太甲有說殺伊尹的，有說殺他報了的。民族社會缺沒有个皇要廢而統大官的，而戰國一般子民，便造出伊尹是有莘氏的宰，始沒與庖廚有關係。那年離有外來的人，大多怕老太監及鐵匠。宰相的宰字其實甚古，商代的宰都是小臣。執牛耳者為盟主了是宰不是小官韓的。周王朝王宰相的，太僕而才中国通史11.

有权力的权力,皇帝都要统治这宗祠庙的。又一个传说,皇帝请纂林的事,是为民请命的用心。心高的皇帝,往往自表我是好皇帝不顾自己的身体健康为民免灾。古代领袖实,常用特牲,特牲不成,则用人祭,人祭不成,则用酋长或帝王。这未必是真的,只用信念倍或王的势力的夸张而已。桀是战国才有,传说的故事多战国的伪造。武乙与商纣者是武士与信侣的衙实的表政史,闹得纣与武乙都糟的坏。他们不信宗教的原故,钱了等了都是王。周武王伐纣也拿这作口实,讨伐纣的口号,但武王以后本的地也崩下去,蓁人被周王爱撑,秦公的届时就须此引。商北有世代的畫分自然有的畫分。 21.10.29. 3-5. 陶希聖.

第六講
西周是什麼社會有三个見解. 1. 奴隶社会 2. 封建社会. 3. 民族社会的末期.

第一是郭沫若的主张,西周有奴隶是毫无疑的他拿西周与罗马相比,因为周也是一统的。这说法有疑问,有奴隶不見得就是以奴隶为生产的方法.资本主义社会的初期,欧州奴隶並不見得少義国还有个战争为奴隶而起.一定要以奴隶为唯一的生产方法那才是奴隶社会.西周时代的统一是不是一个state呢?罗马崩溃以後,马上就变成一个奴隶社会了统一的罗马是一个大都市,而奴隶制度与商业经济都是着都市的.而西周的发展都是沿黄河的菙原或高原地方,定是牧業為主的,不是商業經濟法,而私有財產是隨著商業經濟而新固定的而階級而固而形成。否則私有財產在西周时有耕作之,則甘为國家与会高是问题。

第二說轅田普遍,但如须有階級,中國那樣分封貢賦,是不是与中世紀的歐西封建相同化,如果諸侯是氏族之長,则將如何。诸侯与管收馨下边是荒收的社会,固爱是封建,也就是land lord。要是去收税的引信,那末又將如199,前者是氏族社会。末者是特殊的封建軻形式。为此別西周是民族社会或是封建社会的两种探测都有的能。以果私有財產没固定,則沒有貴族子民,而是民族,非封建。私有財產的奠定了以是民族社会為奴隶社会或封建社会,若有商業經濟而不是固定的提到,那麼,便成奴隸制度。西周的材料,我们不能读到商業經濟,或私有財產的確立,春秋的才容束。如果說是民族社会,而有封建的转移在东向,诗经是最早的了荒的材料,但是起自西周之末,东周之始的。金文皆有封建的记载,但为中也有上项的问题。春秋时代的最项是大夫的專權,天王的赓偿是私有財權与身分别的绣衡寔以贫富的区别代身引之高低。春秋以前——西周——以身;春秋以後别以財產確定身分,商鞅的变法就是轻引有的表现。西周时,私有財產是不宽達的,我们说过,以道别為奴隶,而是民族社会也是题。民族是以周中国通史，19.

起来，有了财产。周为是族共有的，西周末时春秋时代——贵族出而始有财产，不许民族再分他的财产，这便是私有财产的起源。那时，鲁国横的大夫，如鲁之三桓，晋之六卿，郑之七穆，皆是春秋时代的人物。西周时代土地为公分，经理者主与虐待的事，是私事的民族社会。私有财产的特起是唤起贵族的宣告死刑。

周是一个大民族，是商下的一个属族，武丁是最强盛的君；後商的游牧社会进入农业的社会经济，而周居陕西一带，土地肥沃，农业的民族从事兴旺。至1112. B.C. 武王便起而征服商的王族。周公旦东征其他附族，直到成王才谱封建，扶植自己势力，并且昭王正南征，穆王远击淮夷。他们是父系的民族社会，商代是母系的，今者也唯男才可传嗣长的一支。父传子的制度，一定候宗族制确定以后才了。而商代是乱的唤婚，男女的结合，没有成立家喜。西周时family的制才有固定，这制度是与农业社会有固的。重土地可以连续耕种若干年，不像以先共同劳动的每年开垦土地的继续正徙的那样不安定了。民族的劳动者遂分布四方，每个group的农民，对於土地就连续的分住起来。每个group中的老壮男女增了努力於装备，则这个group就是一个family。但文武时代区没有此时的完造，还是表现着先茸椎自来的制度。

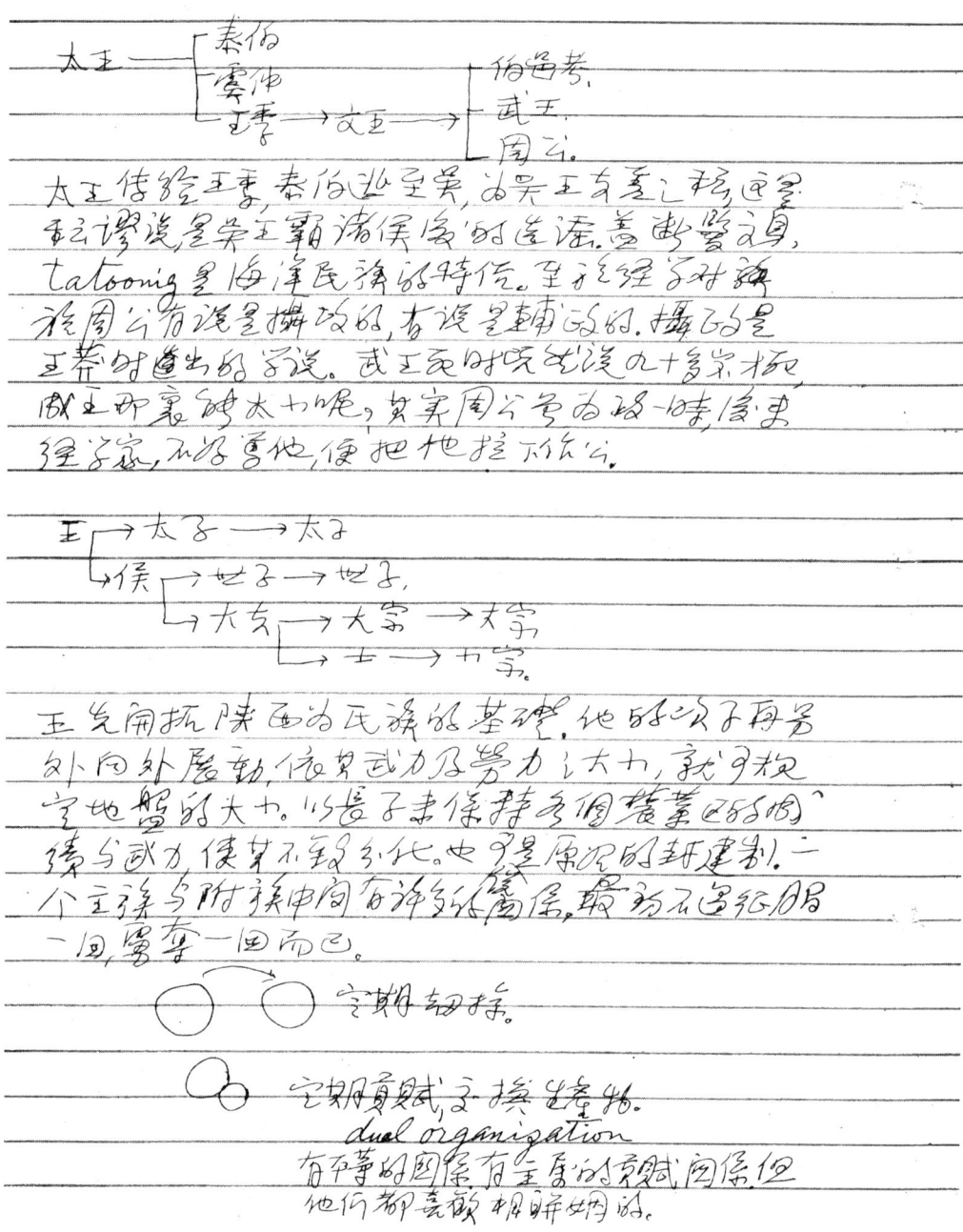

太王傳給王季，泰伯出至吳，為吳王之養之根，這是
一種讓說是吳王霸諸侯後的追溯。蓋斷髮文身，
tatooing 是海洋民族的特徵。至於經子對於
摂周公有說是摄政的，有說是輔佐的。摄政是
王莽時造出的字說。武王死時兒子還九十幾歲，
威王即襄繼太十呢？其實周公當時一時僭主
經了家，不好意他，便把他拉下做公。

王 → 太子 → 太子
 └ 侯 → 世子 → 世子
       └ 大夫 → 大宗 → 大宗
              └ 士 → 小宗

王是用抵陝西為民族的基礎，他的兒子再另
外向外展動，使其武力及勢力之擴大，就可擴
守地盤的大力，以姪子來保持各個產業的關係，
續与威力，使其不致分化。也是原始的封建制。一
個主張与附族中間有許多的關係，最初不過紀朋
一回，寫一回而已。

○ → ○ 定期勃換。

○ ○ 定期貢賦与換姓婚。
      dual organization
      有平等的關係有主屬的貢賦的關係，但
      他們都互敬婚配的。

中国通史,13

以姜姓与姬姓两氏族,信姜嫄起,世代之间通婚,以后两个氏族几乎平等。(在周武王称太公为叔父的时候。)婚姻的结合有掠夺的,有交换的,有以势力被去胁得的,有以猎得的虎以巹祝寓父者。妻的父叫舅,夫的父叫舅,妻的父也叫舅。由是称姓娚女朱都是这连环的。这就是交换婚的结果。故同姓的诸侯为兄弟,异姓的诸侯为舅甥。故周王的称齐桓公为舅,称鲁公为叔父也。(Class married) Sororate 是妻死娶妹的义务。Levirate 是兄弟死弟取嫂的义务。当时,因为贵族耕之的优越,使有一妻多妾的制度,武士别乃以寡妾。女家不一定是同级阶而有固定的。陪嫁的女是她的姐妹恐怕完全是后来仪者的附会。总言之,当时的家族确已成形。而宗子的权力顶大,他主祭,又因异居而同财,所以他又有收族的义务即分配的义务,各个有缺的,都归之于宗。宗子管他的兄弟,诸侯管宗子,内部没有矛盾,便向外发展,这时,天王的势力最大,因为在对外的意义上,成功一条绳。族长带了武士,随天王而外征。这个联盟很坚固,直到康王,都是顶盛的时代。周室诸侯都有了安定的领地,大夫、士,都一样有安定的富有的享受生活了。不须用天子了。不过这时他也存立的却因为有獯狁西戎的搅乱。边远的诸侯固然不能同顾。近边的诸侯当然要同天子一道去抗敌。天子的势力全看他能抗御伐不歸否而已。乃宣王別强，幽王別弱，至幽王春秋的平王時代，势力就完全完了。
　　　　　　21.10.29. 3—8. 陶希聖

第七講

这个题目包括八百年的歷史，研究有两途研究古代民族。1. 以地理分布看　2. 以种姓看。其氣岭二途中間也有矛盾困難。如同一民族相距千里，三四异族反相聚一處。不然因素亦多非如一，匠则尽其批异。第二途，布有困難因文化关係异者反相爱，而同者反相斥。如春秋时宋与周异族也，周与楚同族也，三者之间的关係，以文化看来，宋周似一系东事。且若以名号定之，则一民族名号繁多，亦非常难考。今天所讲之是一个假設，一个比较近真的假設。黄河古时下游有大三角洲，在安徽北部河南，江蘇北部等地常有黄河之泥灣，时有淤土，肥沃適耕稼，遂有城郭墓民之形成。而黄河上游，就内以上以下的地带，土地硗瘠，只限於游牧的社會，而武力却高，故能征服下游民族而被同化。夏禹的民族或来自巴山（四川）或至湖南，或至（江西）等河下游等地。從契至湯一民族凡八迁。商民族迁到这裏就叫亳或薄或蒲，迁到那裹也叫这个名字。殷末屡转而至陰曆之间，以游牧者与夏民族屡相争相化，来自西北山地，伊河之间。

中國通史 14

（轉商的西）
周民族是居西北山地，漸次向東南平原遷移。據記載說先他們住陝西東部寶雞（太引山脈南部）在藍田邠岐一間，商民族東以他公陝西找周民族後就遷到這裏來。同時在周族以西部及北部太原的北部這裏侵擾的民族叫鬼方，也叫玁狁，也叫昆夷。周的部落這初也是他們一起的，後被驅逐，遂東南迁。後时至，将鬼方打下，轉而向商。同時有姜姓一族，申呂齊許皆其孫也。与周相善，共成大業。他們到平原了，掌握的较了。便算後中國民族了。

文王時把鬼方压迫逐驻歧山而都丰鎬。

周穆王宴東征太戎。(距周元的150年) 留仔太原
周穆王——宣王约170年。
太原之俘生雾而疆，宣王周晉穆侯伐之。战場在山西。
中國是稅代，故連太戎超報周迁。周平王東迁畏，領征給太戎。在左傳看，周秦与太戎通婚姻的。
太戎在周幽王之西有不可能者二：
 1. 当時太戎徒步战，千里奔驰，勝利自然别不能追。
 2. 当時千里皆荒原出沒震粮太戎岂是，何能多載粮，以轻战于千里之外。

《史記·周本紀》：「成王東伐淮夷，殘奄，遷其君薄姑。」

（秦）淮夷与奄均姓嬴。（說史記也）

秦趙之祖均善牧畜，亦姓嬴。

商亡与秦奄（嬴姓之國）狄之周与姜。

夷，户外此生後者皆謂之夷。其實當時嬴姓者已甚之矣。宋亦殷民族，人說他壞，孔子都不說，且他們都寄于楚地，周民族到處无享樂的精神。薄姑之薄即鎛壴之字也。

「周商奄之民命而伯禽，封少皞之墟。」

「昔爽鳩氏（女皞氏之臣）始居此地，季茘因之，有逢伯陵因之，蒲（薄壴同）姑氏因之，而後太公因之。」——《左傳》

了見東海之千岛，實是民族文化的發源地。没有地理，没有民族，没有文化。

戰國時，難临情形始去。

中國的古史運動没有到甘陕之地。

北戎或出之於鄭人或秦国人的口中。或在黃河北岸。

封建是侵略式的殖民，筑城而墾地。

齊相国周有外族山戎擋之，遂有筑城聯軍的需要，盟主出来了。（山戎也叫北戎）

太戎、戎、山戎，這後都是太引出来。或在山東青州府。故公羊傳：「旗獲而言成，何戰於戎。」

魯在齊南，山戎若在齊北，那此說不通。

中国通史 15.

1. 西周末年，戎子华戎杂居之大势。
   郑语："郑桓公问史伯，史伯曰王室将卑，戎狄必昌。当成周者，南有荆蛮、申吕、应邓、陈蔡、随唐，北有卫、燕、狄、鲜虞、潞、洛、泉、徐、蒲，西有虞、虢、晋、隗、霍、杨、魏、芮，东有齐、鲁、曹、宋、滕、薛、邹、莒，是非王之支子母弟甥舅也，则皆蛮荆戎狄之人也，非亲则顽，不可弃也。"
   成周以皆非华族，非戎入华，实华入戎也。

2. 春秋戎狄居地及其种类。
   春秋大事表的四裔表，戎有七种：1. 骊戎（左传西有骊山）2. 犬戎（同2，秦公敛犬戎於周内）3. 己姓之戎（秦惠公世家，山西）4. 陆浑之戎，遷陽 5. 陰戎戎、九州戎、姜戎。4. 杨拒泉皋伊洛。 5. 蛮氏（汝州西南）6. 北戎（山戎）7. 此戎（青州之戎）。戎有三大类：山西，河南，山东青州。戎狄三，赤鸟长也。其实与赤白无涉，皆在黄河此岸。後皆被晋国打掉。 戎狄是一工静安考已证之。

3. 齐桓公北伐山戎，西纪大夏之地途。
   霸业乃城郭之联盟。第一个便是齐桓公。左传远，南至召陵（河南郾城地），北伐山戎，西纪大夏。山戎即在黄河此岸。管子七匹，西纪摧白狄地，乘至於西白（就洛）方舟投柎，乘舟至於碗，县车束马踰太引。"刘西白定花太引之书，古者地名移转。其言西河就是山戎之地，子夏所居西河即其地也，北黄河以西之西白也。

小匡继说"予率军耳之寡会，拘秦夏，西服流沙西虞，而□戎咸□。"

左传："肃慎燕亳，吾北土也。"河北之地。

逢伯社山西。

4. 楚秦之称霸。中国（国、民、城也）等对楚，楚对北戎。楚之祖先即在河南，其族祖为鬻熊（陆终、祝融）在丹阳，即丹水边，陕西河南山西均□。申息之□不敢，备中国也。城濮与濮乱晋国抨者地。我们就古邦时与国摆在一起的，相距并不远。秦姓嬴，江黄徐奄，淮夷皆同姓也。嬴姓的国家随了商迁□到东南之地。那是中国人，即是外国人呢？是不能以土地言之，以文言之别了。霸就是辩营，以辩势辩笔，互相结合，以北对外国人的戎与南方楚国王□好楚。戎就是好的民族。齐桓公也，但还是严格的抵制。

5. 晋霸。晋之封地，晋阳，汾水北，但余公乏戎在南，见泳水地也。晋与诸戎：汾冷这些戎地，渐渐□的南邻吃了。大家感觉有辩营之必要，一方而长城亦於是筑起。戎胥是一民族，因土浑方言，故东边人叫他们狐戎，晋地的人叫他们伐翟。古者男氏女姓。为大戎狐姬，姬周之同姓也。晋献公亦同姓也。礼记说，男女同姓，其生不蕃，高童耳是倒□。他是绝後的，虽然同姓王子。绝不拓展的血临，後生屋而不繁血统。而晋文公的母当狐姬，便是外国人，狐戎之人也。狐止一山地也。文公之地死晋之西，而不在东。晋内兵有发奢、晋逃亡

中國通史 16'

朝陽等一也。(見余著周初地理考)他們不叫狄。晉文公第一件大事就是打楚，但狄者反及打擾。僖27，統三引以為「戎」。31，已專以為戎。成13，呂相絕秦：白狄與晉同州。同姓所以伐晉秦，晉獨背晉史。太行山之東的鮮虞也就在狄圍的勢者之外，遂遭晉之打伐。一切反而大起來了。那地方後來叫中山，後為三家分了。

6. 戰國時華戎新舊邊區。

魏策"楚破南陽九夷"

秦策"楚包九夷"

李斯"惠王用張儀計，拔西蜀、包九夷，制鄢郢"

縱橫"子欲屈九夷" 九夷在楚之北方。

趙策"楚王入秦，武遂沒諸，趙王固起兵南代（伐）"

"田單伐齊三月不下。"

蘇策"北夷方七百里，加以魯衛而齊弗之。"

印書統一時此處情形並色。

李斯列傳紀"王翦將上地下井陘，諸起將包代（伐）燕陰瘦，代趙圍邯鄲。"

騎兵在戰國才盛呢。

錢穆講

中国通史 15

第八讲

春秋战国时代的社会组织

春秋时代，家族组织逐渐发达，大宗世代为族中族长。氏族制度则渐衰微。由氏族内部发生出自己分解的事情，而家族乃逐渐育成了。可是财产私有未确立前，决不会发生。周初财产乃以由家子分配。私有财产确立，财产上的生产物，归专有人，则氏族的家子没有权威了。春秋就是这种崩溃的起始，到战国时完成。诸侯不能约束卿大夫的势力渐大，继而卿大夫亦形崩溃下去，战国时便是士发展的时期。西周的时候，氏族的连盟天王犹有势力，西周亡连盟因诸侯割据而崩溃，东周初卿族垄断私伦财产，诸侯束缚落。战国初年，私有财产固定起来，士庶人起而发达。

←—— 庶人　士　卿　侯　王　春秋
　　战国——→

战国以后，与春秋以来是相反的两个阶梯，土地私有是因为：1. 耕种方法的变更。
　　　　　　　　　　2. 商业的发达。
　　　　　　　　　　3. 家族制的不确立。
那时耕具是铜与瓦垦的，虽之商朝也起了，春秋时商的形式感于形不用实。春秋以后，铁制耕具大兴，数量甚多，不宜以铜造的，并且铁也要兼铜。当铜之使用它已非常精致。

203

管子中没美金与恶金，美金就是铜器，均为统治者所垄断，直至纪元后十世纪宋时亦为统治者所独占。秦之吕翁仲也汉之用铁铸铸也。铜镜至宋始废，因为银已发达故。而铁具却普遍的用于民间，铁就是恶金。因为用的工具也粗，才生引着粗放的耕耕，了是到了铁荒耕种时代，灌溉与肥料并进。适用集约的耕耕便利耕与灌的问题，所陌制度就发达起来。到田沧长方形的敌在春秋时即发达，战国时代，分记有不可缺，使成功私有的制度。氏族时代，已有互相贸易，尤其对商吕贸易，牛马商反感。因为牛马与战国同级大，所以可以直与王侯交通，牛马引以组，所以同诸侯分庭抗礼。皆与诸侯之合同而不相把。盖诸侯的武士最爱抢，商人就怕诸侯，但诸侯又需要商品，故常缔结，我也不妨说你，你也别妨害我的联络。(即汉之与匈奴之战，径之因为交换时商人之欺骗。) 族长欲用商品，日渐奢侈，全族出产尽奉之於商贾人。以满得自己的欲望，自洼之桓以後，他伤的财产不转母分，晋之六卿，秦之七族皆是也。家族的发达，就是私有制及独佔的结果。而家族也是补充的伴件，贵族虽然豁着商人的供给，而贵族却看不起他伤。商有两种，一种是来回走的是商。零星坐店的。卖的作用，可以用财产而换卖卖。可以剥夺卖者，又可以介绍卖卖，叫你储，大好叫组。所以市肆都发达起来。市的荣达成行城建的因

中國通史 16

围了是诸侯公定不遵才成，不邑室纳税的，以内税而得保护。或行庙宇及坟墓前发展，但这是两汉的事。在庙宇得到神的保护，在中世以後，僧侶代賣買的現象很普遍。孔子的坟墓前至今每年尚有四会。做地主的有新舊的两种，一部分由贵族中的士出来做地主，有新兴的农民做地主。士的一阶级在戰國非常昌盛。社会经济逐漸取得很高的位置，許多望族皆逐步沒落了。農民中有小農、有僱工農、有用奴隸的農、有佃農。佃農由陝西起源，秦统一後，找山東達。用礦者鹽場用奴隸。大概在南阳一帶，河南东部湖南北部等地。鋪的时候，都用流民耆塾的地方在山東一帶。摇锄也用流民。結果便形成奴隸主与奴隸的对立，地主与佃農的對立。这是以後的话。在战国的时候皇士与農民之化多的時期，住前的分起來極不平均。但分起多的与分起少的之间，並沒有剥削的関係。而私有財產固定以後的战国，便形成剥削与剥餘生產品的形式了。并且高人在民族社会的剥削还不是这樣的。而以後的家族时代，贫富大异，商人与農民直接買賣，買賣財產，買賣土地奴隸的引誘，日見增廣。這时有的连土地一生也沒有，有勞動的人，与備剝剤，整組的剥度，实在不平等了。孔子的时代，他说"不患寡而患不均"，身引剝削者与無削同，而一則富更輕裹，一則隨著筆食。所以孔子时代，土地与人民的比例已经破坏了，按户收税制也就改成按亩或而收税了。贫富的阶级对立起来，农业经济非常困难。百敏之田，于今为今廿发敛，一敛金五六十石或一石或一石半，入不了家无所食，所，便陷到高利贷压迫下，举身押田，富豪集中。但地非到财产的时代不能卖买地怀疑，便有地租发生，陕西甚富，人见地租之盛，便有人出钱，买地租税的了。土地的价值，则因劳働的用费。劳働则有剩余，便有价值出卖，战国末年已有些土地卖买了。商鞅末作下的卖地等地亦有，韩，赵和魏，國都市之菜园了卖买曾闹出政氣。剩余价值，哪个时代都有，共有制时用作养老的人，而私有制成立，剩余价值变成地租，有地租才有土地的卖买，土地卖买发生是经盧的，秋秦商鞅时是西前三世纪左右。贫富的差等便代替了身分的差等，氏族的奴婢是专有的，家族便成为私有奴婢了，奴隶最多是四川陕西，四川的奴来大半是苗人，苗人一未有家，二未継续劳动，三未钉吃苦，这是最适为奴隶的了。而北方的人是纯粹民族他们不堪作奴隶，只堪养马。而四川也是秦朝最先注意的，蜀策老代蜀，盡不仅有许多的奴隶，並了耕得大量的生产物，项霸都为一时的兴盛。而秦獲得最后的胜利。楚巴，吴越等有奴隶（刺花的人）但一定不多。吕不韦家有一茅的奴隶，嫪毐也是个大奴隶主。继之民而出，私有财产产生，盜賊就很多了，盜賊

中国通史，17，

的问题，写漏了产之后。李悝的法经，第一章就是盗法。盗法三章当与抵赃都是私有制下的法典。商业发达，妓女亦随而增盛。商业最出名的邯郸，就是妓女最有名者的。纺纱布主都市，扬州的名盛，在隋唐，宋在苏。今在上海。司马迁说人都是为了"利"。直到自杀都为利，都是为利的结果。为利则多不择免。老子的反对这故主学习起来。生产流的量与质都不怠私。除了丝绸的布帛外还有盐铁，牛马，木材，谷，奴隶。虞卿时奴隶才加工，妓女还得会唱歌会作诗，李冬白居易的律例作廿首不少。货币的运命也是不旺，那些号是黄金。黄金就是铜。商业的发家，兒也不算太像发达。民族生产没有以后这真是弱现象了。

纳不驽而讨之哉？民族生产无成汉？奴隶的上产的比是不两样？

战国时的国，统治的组织才发生七来。产业都是引着家族生产。农业与手工业同长。中世纪是引着林庄的生产。宋朝才有化房的分工。一家的里就包含两个阶级，有奴隶和妻子。汉书沃"一夫挟五人，治田百亩。"君子上表示着一家包含五至八口的人，但不计奴隶。引着父子，夫妇同庭的当家族生产制。三狭即此三者。为什麽有此十家族呢？因为土地的分散地。民族组织是宅挑非常大。而此十家族一方面引着小农生产，一方是奴隶生产。手工业子商业都是奴隶的作业，别业主便是奴隶主这地主营运手奉地。但因的租营运搭的剩很此。

贵族无未宵厥，只有少数形成政治上的领袖。收税等，当税与地租之异。西汉以前邻引租么，贵族的地给农民去耕，便要贡献出一部分生产物。私有财产成立后，便贵而有税。又有赋，是人口税。租本有两种：1.是劳动地租，2.现物地租。前者叫"做助法"。贵族给土地直接生产给民人，生产品全是贵族的，另外给他一些小的田土，叫私田，替贵族的部分叫"公田"。后者叫"贡法"。贡法是由生产品中抽十分之一归贵族所有。私产制度成，富豪买卖又贩的差别很厉害，遂不能不按人收税。农事变的按田这么少而定税也多少。而春国私有制成立较早，故战国时，已引著按田收租的办法。商鞅时便按亩收税，是征之赋。后来生产物增加，国家便取十分之一的国肴，以十分之三分地主或贵族是社会的上层拿好是税，新贵族拿的是租，政在的贵族不能支配地产不能支配土地，直接剥削佃户的是地主，政府使仰仗这一些有产者的新兴的层人，社政治上的贵族压倒。

　　政府——地主——佃户
　　税——租——畫。

不是他们，但春秋末年已经有向政的要求。社会经济诸方面他们都很有直接的势力。春秋以前兵刑不分，大刑用戈，小刑用斧钺。谈不到什么法律。而这时却见有了，清你将法律公布出来，因为不必仰仗了。贵族皆去很反对，孔子曾说"民可使由之不可使知之。"因为公布出来，贵族更没有等靠了，人民便没不

中國通史 18

農人了。戰國初年，身分制度已亂，以私有財產的萌芽定家茂。確定所限制，土地使引起。商鞅的作印是表現私有制的成立，加以承認。李悝經驗的与篇，商鞅有望东依之，他的作是保障私有制，確立小農場家族制等。獎勵農民多產。作商者加稅一倍，对農民又能打拔，便可免稅。財政重者抑工商也，而輕者獎農也。一个耕也就是一个土兵。集合许多小農場成一郷，郷上有縣，縣上有郡。一萬家出一人，王放主人征之但。警察制度也是但，一家有罪三家有分。以小農場為單位及基建整个的政治都建立在上頭。貴族無武功亦不能為官吏。那時國王改築台，与願意聯合有產者成功單國形式，李公一死，貴族便把他犁撐殺死。经歷一回昨天期，便又回到商鞅的方法。别的國家也漸之向效。尧舜禪讓便風傳起來。墨子最為鼓吹，楚破房敗，武王伐紂，也鼓吹的很利害。伊尹放太甲，傅說起版築擧之傳說，一时盛於平民之化。平民起事作天子是歷史的証明。孟子便說出想要賢人的起身及上台的事兒。墨子更大膽，就主學人政治。孟子因為要保障太此環的方式，便說起事作王，要有徳之條件。當有平民色彩，但也不攻擊貴族。孔孟仅主便直以親子王要平民化。但沒有找到像以后到有產者子個官的方式。秦之起原更早。楚至漢初已是氏族社會。屈原，景差皆三族也人。能以遗族到楚之發展，張儀到楚換楊子，荀卿到楚才做个小官。到秦与韩則不然。有產者子個當官的，文官如蘇秦業。因秦昇於諸國之先，經書很繁盛，但不能掌政權，政權必在貴族之手。所以蘇秦用此原則平民希望對了方向，就希望自己學成有好說。孟子就比孔子驕傲多了。書之筆著國王和貴族。貴族等會忍內，不能對外。有用于他們便了。國際情形他們都懂，大員向南部的人當走托蜜的中心地帶。鬼谷子教的就是國際政治學啊。貴族不會懂這些東西，只曉得在家裏，不出國他的地形。貴族不知甘苦，不知平民的心聲，說民眾的心理，他們也不十分了解的為你辦事著外國的主人。給各國君王貴族做之好士者不疑。天地人兵法他們士人都懂，爛熟好錯方地的貴族大。有錢了以影響神他倒他，死人是要財政權在貴族手中，故他們還擇田服這人家用大將用外交等長為死當地他的時勇氣高此。鬼谷子便教人怎樣揣摩人的心理。同時，有一般人他們絕不作官。為莊周業。3莊也因侯王經書。有一般時把官看的很輕的。有的貴族有春士的風氣，亦望不太的士便去吃閒飯。清朝吃閒飯的是滿州東家的，但戰國時卻窺侭驕傲的樣子才成沒有一般一伊人是多產者，到處打托不平。就是破份集]客。破壽命，故有些人也養侭他們。他們只有集團的活動。

　　　　　　　　　　　　　　　　陶希聖

中國画史 19.

第九講（下）

1. 個人的注重。 除了墨家慈之忍之愛人之外，梅路向都重個人。孔門的學說後來完全走上人本主義的道路。孔子李殷後；處之表現殷的文化。檀弓中的記的禮儀，很可以看到。他儘管說"吾從周吾從周"，但他的弟子仍還給他隔出鑑來。祖先教與人本主義的湊合，就成了孝的宗教。首要尊親，其不要辱享父母，再要能养。敬是祭之本，哀是喪之本。後來周末有一部分儒者，這般靠給事人家辦喪事吃飯。另是有一部分在提倡修身，修己，因為己修才有用於社會。不過不是個人的最高目的。 中國的個人主義的理論是很少見的。呂氏春秋 有一部分理論是很澈底。以養生為情欲的標準。王荊公有篇文章叫"楊墨"。他說墨子為人的不對。學者之事，首在責己，其責己有餘，然後可以為天下之事。這是王安石的見解。孔子以後以孝的宗教的話，呂氏春秋常引他作為己之說。

2. 辯學。 Logic is the defender of faith.
總因發教而起。而多系統的學說，都有他的基本說法，這方法便是 Logic。孔子太重名了，處之要正名，故轉用作春秋而孔臣賊子懼。墨子發出實際的立論實在是很值得注意的。名不過是說以或限制實的罷了。名是方便而有，荀子說"約定俗成謂之宜"，"孔多固宜"。名是人為的。後來有一般學者在談辯，有一般政家也在談辯。慎到莊周出而矯之。以壽為短，一是死的標準。以不壽為壽，要彭而先后相不了。吾事吾地，吾时而不变，吾地而不移。"是无得宽，以求无宽。如云己业知。

3. 天与人的关系。 天是无为，人是有为，在第一时期就发端了。

天 { 无为 } 内 { 出世 } 因
人 { 有为 } 外 { 入世 } 革

代表天的是庄子。代表人的是荀子。所以荀子说庄子是蔽于天而不知人。叫你作大宗师，造化者，甚至叫你作天作神都可以。"何为乎？何不为乎？夫固将自化。""安时处顺"最好。荀子讲"常"。他是中国的信根。他的天论很表示人为的精神。性是恶的不好，善是人为的。荀子大有进化的眼光，要法后王。荀子的门下，出了两个伟人。即韩非及李斯。韩非更看不起"常了"。李斯是中国第一次统一的中心人物。是古代学者至祢报。

4. 法家。 司马谈说"务为治者"。本来先秦的学说都有法字都有礼字。未必毕不可孤立。法家是诸子的国家思想混合的产物。墨子经上篇"法，所若而然也"。后来便变成公布的条文，以刑罚支配的东西了。韩非子说，法者编著之竹帛，藏之于官府，用之示人之谓。又说"法者，宪令著于官府，刑罚必于民心。赏存于慎法，而罚加于奸令者也。"论地位是正统派。论文字说则杂说之荟也。如老孔子、墨子、荀子都有的味，善有善气，恶有恶气。尹文子又提出"虚心约态度来。无为而治。所以"法借圣人之拱手而治。要做

中國通史 20

到法治的言論。宪規，法治的事不要用我，不用法則有意思的我在内。有自己的心擺在内，那末就是不能治了。至兼也是墨子的主張。叫人人尚不为師。
　　　　　　　　　　　胡適。

第十講
秦漢統治制度之演變

這秦始皇至東漢末約四四十年。分三时講。

1. 秦統一至二世三年。共15年，秦以前，沒有統一政府。

(I) 由封建變郡縣。蓋一人功，絕不能新創立一種制度。都有它的來歷。封建的破壞與郡縣的建立是一事的兩面。国内取消采邑的封地，国外取消封土。晉獻公盡逐群公子，晉国無公族，遂多采邑，故早有郡縣之制。須一個加统团体的人去管理。第二是楚国，她滅了他国便立县。隔二百四十年，晉時分為三。完全是郡縣制的国家，商鞅本魏人，後挟其制施西秦。

(II) 由貴族世襲軍功封賞。商鞅在秦，以清戰功，以高人之首級为進級之賞。晉楚是先用郡縣制的国家，但至秦始完全廢減封建。古时的官員不是人做的實驗的。分天下为三十六郡，郡設太守，直隸於中央。丞相與皇帝有大分別。

古时代的秦任的官制頗似，相原是皇室的家人。宰有貴族之家臣的称号。天子、公、卿、鄉大夫皆有采邑，有家臣。采邑失掉，宰相之權漸大，大
(III)

而与王室同一机构，才以管王室的事。王宫的一切，都统于天官冢宰，天官冢宰即王家门房的管事也。他们的来源是纸军部的，不过这制度定的不错。秦朝内外之分，是汉才有王室相府内外之分。不是由於理论事的是实际要来的。秦国的宫庭扩大了，他的宰相权也大了起来。十五年间的改造，重复实下曾传，汉朝的起来，不懂政治，他们的记载又不多矣。秦始皇家是一个严正的政治家，李斯是个严正的学者。

2. 西汉初期多於四期。秦之亡，社会国民族的观念尚未取销，且第一次的统一，一定经过多方面的试验。多方面的错误，这是秦亡经的原因，且秦皇死的太早。革秦命的一般人，还都抹戴与国的复商。是实实的事情。秋汉高十二年，终将姓姓诸侯的信，封同姓由仪王。

(1) 同姓生功臣外戚三系之分峙。

(2) 郡县与封建制之两列，汉中央政府直接管理的是十五群。土地不外就在之两者，是四十一郡中的十五群。此外都封了许多国家，大的有七八个群，小的有两三个。中央政府实际等於一个小国。各国的丞相是中央派的，史称皆自派。中央当有宗主权。实际凭大势力，已来于十三君事管位一人学金权重理。战于中央都不能过问。於古代的诸侯察邑无分，与皇不是世就罢了。只有东北地是实的直接管的。已可说，汉朝是秦制的反动。皇后吕的故皇帝就清黄老，丞相便于顾居众日，

中國通史 21.

秦隆与春秋的封建制有什麼分别。

(四) 財產。有大司農为國家財政部,少府为王家財政部。人口田稅,归大司農。鹽鐵、漁畜井諸稅則归少府。古代是引井田制的。你不开的田,你化便給开,助"或"貢"的辦法。山林池地,至秦方令人民去獵与漁,金为贵族等所用的。渐之墾地为民,荒墾地归贵族。山林池渥皆荒地也。跑到山中去撈錢的地方便泥之蘇利。蘇不蘇任,便抽稅而任之。故治少府。發頭到任的没的那些墾漁陶錄的人皆为國家之基本稅。像秦宫國少府的勢力不大。因为那些未耕的人不去占地營業好。漢朝的稅收除廿、十五卿的田口稅,是解給中央的,故自漢初政府是统的。丞相、御大夫皆上去的。刘周姓不可为王,非軍功不得为侯。漢武帝时没有法律的效定。丞相不必像秀不得为。至漢景帝时与高祖争天下的功臣都死完了,便後世繁的侯選出了。御史大夫下有御史中丞、统制王宫中的事。盖御史是选主宫說出来的。功臣階级是的握的階级。丞相御史是这基的。這情形是不好的。信异姓諸侯为强,同姓諸侯,便到漢武帝时

3. 西漢全國。一春时的貴族"漢"时有了。这才是渐、走到统一路上。功臣本不能把大臣的担了。事功又設地蓋了全勝了。漢到帝经真用平民为丞相。苐一个是公孫宏,村儒的相,左一

时，贾后为丞相，为一转机，令之一封。丞相权大了。任意吉封罢，他的权力就小了。尚书事早是书记出来的，侍中就是书房的听差。武帝之时，霍将改成丞相不了意，遂封大司马大将军辅政等，都是外戚，都在宫廷。丞相与大夫就抛了。外戚便成了王室的代表。後打匈奴，武帝嫌钱，将少府的盐收归大司农，意以补军费。昭帝後，昌邑王亲定，开会议王位，为废了之，丞相为别部，不了问也。王莽盖以大司马大将军而篡位。武帝是一个饱学的文学家。

4. 東漢——兩漢丞相有三公制，是由丞相御史大夫，太尉，变为大司马，大司空大司徒。光武複重在台阁，就是尚书。实际大权远是外戚之手。宦官也可以作王室的代表人。東漢帝王年纪很轻，外戚便有了机会。西漢末，恰好是光武在位三十三年。後怨事愈烈，皇帝年轻，外戚还来的干涉内廷的事。故常利用宦官来打外戚。继而出新兴阶级就是士。太学规织大了自由辟署人员。府中的属徽，也由自己任用，用的人差不多总是读书的人，便与前不同了，故有士等生，同研一经，起而有了生故吏官吏间的关系。这已经，起而与王家对立。太学的擴大，像两漢末有三万人，東漢尚有三等学生，他们都罢社一个地位，官吏迎用，皆受太学生的舆论支配，這叫清议。這新兴创发，就成了门第制度，里地经学。所以伏两漢漢朝有宦者不绝。你宦也做了世袭了。

中國通史 82

他們都不起別的人。盡是秦銅之稱。丞相三公，子以自己薦舉自己好的人，作宦的不必知書中央的府。無記門弟。秦經的母親，就有三萬人送葬。魏晉承之。民人與與國家獻，這根深蒂固。　錢穆

第十一講　(21.12.1, 3—5)
秦漢對外之經營

秦始皇的對外，是繼取戰國之政策。我們以前講過而很詳略外議，擺在此方。秦始皇的對外，分兩方面說，一是匈奴一是南方。匈奴之先，皆泯是夏更的。秦統一後，注目就在他身上，先打河套一帶，置四十四縣城，並造長城。秦都咸陽，原西狄之地。河套距都四百多里而已。故守之，而造馳道。河套營於九原，經過雲化北為咸陽一帶，路長一千八里鋪里。造者蒙恬。秦朝紀經已造成，秦始皇露根之病事，即由井陘九原，直道而到咸陽。太史云並身經過這馳道的。長城從甘肅臨洮到遼東，以先，趙燕皆有長城，秦皇起它連起而已。蓋那時不但對外有長墻，對內各有，都是長數百里。及"普照之內，莫非王土"其即長墻也。至戰國，齊魯皆有之。……秦皇起，即將那些內長墻除掉，對外者堵連成之。故對南方，江漢之地。秦統一時，對燕趙，與蒙恬非常隔打。在王翦之南三郡但地形注意很容易走出北方。故令長子及蒙恬成之。即已間至相季斯周遊齊魯之地，以六地籲化東南地方。秦皇

宛，李斯或矯詔殺扶蘇及蒙恬。總的李斯代表東方的文化派，而蒙恬代表西方的武力派。沒蒙恬不死，劉邦史又另別出矣。

漢高祖定都洛陽，遷咸陽。因秦之咸陽屏障，因秦人煙稀少，匈奴居之，故高祖當困於平城（山西地），此後費盡进(?)親之策。当时連年戰事，人丁稀少，平城一役，高祖以全國事列号有三十萬人東出又少。经滹沱陷于不拔。異姓為韓王信子盧綰等肉袒世边疆，而与匈奴同犯。說以安撫好，另将把女兒嫁给他们。而通関市，漢律有関塞，不许私貿易，為南方之畜鐵。匈奴之需给养，没来羞匈奴便以大量的牛馬等犒之。中國人多以织绸絮匈奴人衣服之。其实匈奴注目就在关塞之開放，和親不过是政治上的外套而已。但通商即有侵犯，即商有武力介入。並且通商是不平等的。中國是工業品，而牛羊是自然界的。另外起来他们也要吃糧。為时不久，国用不绝，他絕繁不可。漢文帝征宦者中行說（匈奴人，降中國者）送女下嫁，宦他不愿往，說：我往别避患急，漢不聽。他到匈奴方压漢策匈奴之物，並且多指我们所需吃糧。匈奴人為之動，顯不平，於是正採用搶的手段去得到生產品，每年搶一回後引去。始漢不堪其擾。匈奴以上有單于，及左賢王右賢王。單子居代云中一带，右賢王在山西北部，左賢王左辽东。有24酋户，部居此。他们是浮動的，因此攻防。且中國…

中國通史 23

不喜歡她的賞賜，了解她了憂愁她的賞賜。文帝時，內部並不鞏固，雲誼倡攻伐說，不能用。晁錯倡移民實邊，曾為景帝所用，但不成功也。仍用緩和政策。到漢武帝內部統一，內多充实庫，用毒色之謀，約匈奴貿易，在朔县伏重兵，後為匈奴所覺，不成功。(可看陳烏國傳)主旆以下不可論罷武帝的智。冒頓有才兵強盛共三十萬人。頂多在匈奴的人口尚有六十萬人而已。中國的大郡就有二百多萬人口。定要吃窮的。第一步决定打，第二步决定打他的右方(右賢王之地)，他的辦法很對的。武帝偏主張左打內套。奪匈奴之根據地也。遂置朔方郡。後為用計議誘匈奴兵入漢地，而漢兵隔不足事，便訓練馬隊，每人有三四匹馬，載糧極富，匈奴人智傷甚矣。匈奴打中國總在東方，中國山西之地，中國打匈奴，總在西方，在陝西之東北。西域是他們的生路，故書之征卯章征。武帝的計劃如常好，但動機部不怎樣好。原來古時的信思想，皇帝要溝渠有令，要命方有瑞，洗永，符瑞百出与社會兩傑絡，成功，太子伶，要改制，要封禪，而據告成功，故漢武就征服四夷，以榮己的天端。但此代伶太糟糕了。他也是宦官寵的文人，四東朱宮是他所用的。了是以後經濟破產。西漢的民族思想当标健康人才多富，如霍去病，乃一外戚，第一次出征，当吉23歲，随衛青出，領八百騎。炎甘魔。25歲，号骠谏帥王未。

漢武很喜歡他，死時才29歲。真中國第一將才也。而太史公弱且之。行募軍制。隴西、北郡良家子常從軍建功，故李廣之輩是。

東漢財務弱大之外族，敵人只有西羌。給中國造的禍也很重。安帝永初（十幾年）羌亂，用兵費二百四十億，并涼二州，皆毀。順帝永和八年之亂，用兵費八十餘億。後把西羌打撐了，又用去四十四億。遂有西涼軍之特出，董卓其特也。我們看之中國的古代，東方是文化經濟的區，而西方是武力政治的區。故秦及漢初均建強豪富來。廿府經濟三分之一去蓮陵寢。難民流東，為宦者每往視。故中國勢力一天的向西流動。像太過了，便有衰落之勢。因為山東之人才，不能西向。西漢時極力去開渠屯田，東漢像多不能出國會，西羌東苦十餘郡矣。而東方人的官吏，男女訊斷並出。敗乎策。而董涼州，雲相非常反對，但是節。他又說西方當有屯田軍二十餘萬。每廿人出一馬，得四萬騎，漢擇之，命為將，遂得計。中國北邊的取守勢為敗，取攻勢為勝。　錢穆

中國畫史 24

第十二講
西漢經濟及王莽改制

漢初的經濟，在秦統一的時候，奴隸制度與商業已發展得有三百餘年之久。山東出布帛，主要是絲棉麻，甘肅是大規模的牧業，四川是古奴隸落材地，長江流域出木料，廣東之地出鹽，鐵產出於滎陽（舊南陽郡，湖北西北部）鐵本屬於有一千奴隸的。國家的奴隸有耕稼的，一是屬於的，一是地製的，以奴產子。又有征刑罰來的奴隸，有終身的有一時的，修阿房者三十萬，造驪山三十萬，長城七十萬，這皆是秦室的奴隸群。大地踰了鼎旺，佃户增加。屋通極了，便造反，說之素激。戍伍皆相率暴動的，陳勝揭竿一起農民響應，於蘇頗利害，當時大盛由於齊，大姓如齊田民，楚之昭屈景，均被遷於陝西。這是漢高得住以後的事。項羽是貴族的軍隊，劉邦是平民的軍隊。並且打仗的地方都是繁華之地。打仗時以有屯糧之倉地方。舊南新鄭等即是。楚業最精華的故地完全破壞了。戶口減少十餘二三。都市每處之破壞。劉邦的軍隊均東南地人（以有徽業）楚霸王封漢高為漢王，兵士有歸志，韓信利用之東伐，辛得勝。關中地耕漢高功彈傑。漢高初入關外地，任意破壞財產，即入關剷除法，三章，保障官家。奴隸生產養蠶永撼的窒遷放歸吾土作養。分封軍功及同姓。封異姓侯，封都尉王。收穫給營民，紙耕，十五分之一的田稅，後改世分之一，算賦等。另外有鹽、及井之商業者的稅董。一户有二百钱，千户才收二十万钱。王侯所属郡县之宿卖均自征。中央政府也不过一郡那末大。北以致曾经削藩过，不得已哥。诸侯正朝，查花对抹让。汉不过一国，了望太守由地征，汉中又富，诸侯王每年来一次朝贡。这是不同于当时国家的。商业昌盛，但农民都有田地，家给解足。奴隶除世奪者外均解放，有小地主，了和县衙有小吏，家财足十万钱之上，不受孫。乡都团均去地方的人任官。"富贵而归故乡"，而不中央召用动，而来做官，为来赏居是。小吏之着盒者慢之足便姓氏，蔷薇的姓氏。这样子昌了三十多年。朝有潒休色，天子有少府，有事别徵罚民人去当差，故仓库满的很，穀子都坏了。没什麼用钱的地方，於是这钱使用三分之一达台，三分之一作赏赐，三分之一作国需。汉武帝时被董卓掘了，搬钱搬了三个月。汉高祖时，非常穷，天子才有的車，一匹要廿万。将相出乘牛车。韓信被殺，別亨汉高同事。而民間以土广人稀故事方便，饶汰者反到紙室。小家族的生產制，父母子女甚娶一组，为五六人或七八人而已。大家族是当时所以做包事。小农场的工作，有大哥诔三孫，其实三孫即一家，同有家族如麦生產，农民在面什多冢動稅。繞1繞乌希望人口增加至田增加而已。芒地等的围纷黃老稱霸，儒学奉治，文景之世果然如此。抹君国富而出了毛病，縛後渌逸，等的不分。异姓王都被汉高超了，同姓王的富也增。中央政府更好。於是天春帝又被撚起事。人口增加幸高隆。一万户的侯等

中国通史 25

成三等。亲王最富。于是賈誼上书痛哭流涕了。到文帝也够呛了。盐商鐵商，尤富，甚于王侯。漢武才禁止鹽業。其實地方上佔著買土地，他们比封侯正經享得有。以二分引息，有千萬的人，便超封侯。萬之的人可超王了。画侯的穷，郡县的賣呢，富豪又多，便由借債于豪商。而王列富于敵漢中央政府，形势就逼，便打起来了。一方面穷民都帮忙诸侯王多了的缘故。終之王室赢不了了。但因豪商的量伟，身段至于不够，便賣身為奴走。平穷的生活毀了。豪商子由奴走也形成自己势力在王侯之外，不敢为自己也。中央政府之权威高，统一之势完成。惠帝时，樊哙死相。惠帝死，吕后当权，封豪商狠，功臣都恨她。诸吕已死，封複庄祖。賈誼等有才高不被用。朝錯终被牺牲。瀑来王侯的武力及經濟已坏，豪商起来了。皇帝出汉武统一帝国之真起也。汉高被围於平城，无法雪耻于文景。而到汉武却不爭气了。西域有马，田玉蘭菊等，始用西域。一方面与蒙古画商，以女易多。乌民使牽射之当此作者也。但匈奴也有去，等時匈奴骚擾时，任意来掠寇。奴吏主要强奴其刹利用西南夷。商人等完成家族于匈奴用故。蒙人不能作奴吏。各部用了。打匈奴以郎中费钱。衛青霍去病有策而猷規，而霍去病为会晤衛廿年用事。軍事费用，則盐鐵专賣。但鐵一专賣，辦事不良置个吏去吃饷，使小用屋人的吏多了，商人並不会是屋。又畫均输的策。但作之者如人，商人买名的事批取利。又依产业纳税，自己去报告，富假者有人举之，刻没收，而刻赏告者。结果还是富人赚财，贫民破产，穷民逐有暴动之组织。堤沟不能修而营饥破几，贫民更不能因。董帝好大喜功，就是这个怎样做太平天子，怎对匈奴，怎做黄河。为大宛竟打了一仗，厥武更甚，悉整时通匈奴。费了很多样的动引起，结果黄金不得，民决不忘，谣言大起。由这生巫术，武帝当猜疑，连妻子太子，都加以杀不住了。汉武晚年改悔加赏改言弃冥，引代田法。一切田时耕时息，办渐地，年点化田。一般武功为灾害而恼乱。汉武死时，只有小子伊生田年青，汉武先杀之，委以光辅助霍光。伊弗不几年死，宣帝立，即位。宣帝平民出身，就有个人认识他是戾太子好孙子。成京时，又无孙怡。　董仲舒与知井有限田之策，武帝不听，成京时，师舟绩煌出。也以出条文，石敢公布。大奴主不赞成。习是土地兼併，加重剥穷地为的贫民暴起很多。儒家当董仲舒未立苁阝防犯，就有谣言，宏舟受命。儒家派作古文脉宣传者，出而与今文相抗。刘歆星窒室，亚倡古文。师舟是今文派，便抑压之去信，但刘歆与太皇太后颇为缘，王莽逐出。王莽以第二周公自居。找一个婴他未辅政。公田法，百般以补充公，有贷贵阝者，禁私货奴隶，整齐货币和许商人挟继便捷。设货社，借贷之於公家，利息很少。山林由国家管理，均輸便捷。官有蒸泉，可贷於民，都摸周礼。但结果因有改好。取消身奉禄，改封邑。官吏心理失损，就引起反会。

中国通史26.

上下俱乱，刘秀之由乱得均。宣民清和，郡省不举。豪侠均宽宫也身，利害相亲。互养无所比，无用乎民，但不收一效。　陶希聖

第十三讲

东汉之清议与党锢

欲明此清先讲宦官之来历。秦朝有中涓中常侍、侍望等，起居宫中之士人也。本争政治上之权力，由汉武时，始渐事内廷机密。西汉时，权尚不大，马有弘等，石显等而已。到东汉时，始有之宦官。废士人。是时大权在外戚，而不在丞相。有三公，皆外廷大臣，多虚设。外戚与皇室是一连的，外廷又是一回事。中外隔绝问，宦官相威。报宣帝是宦官争权的第一步。梁冀是顶大的外戚，他家有七侯，三皇后与贵人，三大将军，夫人女食邑称君七人，尚公主三人，卿将尹校五十七人。桓帝时也。为梁冀毒杀大质帝。跟着一日桓帝以剑十宦官唐衡等之。帝问之曰：绍纷与外戚(皇家)不相容者有谁。唐衡等等方圆之五人，遂居之夷，无谋济果。果起，朝廷为之一空。果有三十万之豪财。桓帝时唐衡等指五人为五侯。此后宦官的势力日益膨涨了。当时任官有两途路。即察举辟徵。前者是由郡县中太守送之，多出豪家。後者是郡县自用的官吏，即辟徵也。宦官也有家属，有妻子兄弟亲戚，都可以图之高等。唐朝才有宦官的标准。故宦官而豪在政治等到巨大的势力。

就是内外官吏,宦官的亲属布编。

宦官是清议的对象之一。光武到清桓帝以前清议对象是外戚。清议是代表正义,针对不正当的势力和朝庭上。但党锢为什么不与外戚冲突呢?为什么起社桓帝以后呢?盖清讳,造成强大的势力分宦官而造成强大势力,都在桓帝以后。杨震李固,杜乔等为清议而牺牲,但未成势力。

清议之起,由于察举制度。西汉时,举贤良,孝廉,贤良者有才能者。孝廉是有德行者。与宦邻,与宦亲也。朝庭下银状,太守郡进士应举,至于庭对策,则为仕宦。应贤良之召者影应孝廉之召者也。盖居家能孝,为走能廉者,均为不得好人物,是国之急的人,以西汉以孝弟力田相并标榜。孝代是弟顺父兄济表。贤良才能毒之人略主也。汉武时,便命每郡每举孝廉二人。後不举者加以罪,才勉强有举的了。举廉,置郎署,到了仕宦了。上书也了侍郎。东方朔,司马相如是。虽笔诙谐骑肥马,与皇帝的骑上差不多。以贤良由郎者,如董仲舒是儒。是提倡贤良是儒家思想,提倡孝廉是归真道家的道家思想。汉有103郡,每年有206孝廉招皇孝廉完了了。贤良少了,后前之贤良者,政社也记孝廉了。西汉末年至东汉时便少出下去。孝廉为尚大的出身。但改後上立荐偏重才能。德行以备一格而已。竟举为一唯一标举。那末一般人都想作孝廉的标准了。三年之告太善编了,便出了点气之笺了,六年

中國通史 27.

又傍了，袁臺任隴中廿餘年。宦官陰蕃（桓帝）向他存幾子，他沒有三個，都是拿上生的，野色是假引法條而已。廣是子，取他七十錢。有許武者，兩弟尚幼，名善。兩弟是小，領成長大，讓還引家，他多引了，兩弟還窮，得名了。三人都得名了，像又分引家財。范冉吃婢飯，罷二百錢而後去，皆產也。
少轉風氣，有時根不易。袁紹在是起馬的傳也。東漢人總想作个至高小事故的方法議止。實是吟毛求疵的習气。太學有參軍的大權，太學為軍主，被軍者為故吏，故有報恩之說。于是軍主便喜歡善節到，高气任俠之士。因造成流士的團體。漢末到，漢報恩孝意是家庭報恩是太學就成為國家觀念。第二便用為大學生，武帝時有五博士弟子，光武以元帝2000人。成帝3000人。東漢川派多，已極擴大，桓帝時30000人了。在中央造成極大的勢力，造成威黨羽。如果名士東已對抗宦官，未為不敵。而一般名士不以政治為中心，而以個人名譽為中心。打仗多重名而不重功。無團結，無方法。宦官卻有計劃有手段的。他們的術家，即從地方起而自中央。你在我的福就報你。我扎你的下首便報我。桓帝延熹九年，掌第一次党鋼獄極奪武的法。桓帝忌外戚不名士，站在一條戰線上。不幾年，第二党鋼獄又來。皇甫規言上書說已應下獄。入獄是光榮事。以能入者為榮。故有黨事的第二次。張儉是起顗故。

歷史是制度風俗的向[?]，東漢史紀有意思，但覺得有意思的時候已[?]好好八行，結果垮死，令人覺得分你[?]好憂。有憂死好，沒史才日，[?]多意全[?]如何以而死，沒有[?]憂法[切]小，現東漢[?]以太不[?]好，又[?]革命沒有改造。[?]宜皇帝[?]好思想，[?]去宣言而[?]計劃[?]固陸。[?]經法建言引。
歷史是盲目的，存時[?]無理性沒有。

錢穆

中国通史 28

第十四讲
两汉博士制度及其经学

此题有较之争论，姑择己见，以毛麻大系。博士制度好在齐稷下先生制，在齐国有150年中引此制，而不信而讲论諮询。又名"列大夫"，是有等级上的官职。到秦汉就"妄"为博士制，事体过滥。稷下先生也有弟子，博士同之。员数同为七十二位。孟子有弟子七十七人或说七十二人，当操意把这个数稷下的博士而封稷爾恩。郑康成"稷下学国田我先师稷下生"云云，稷下即释下。博士元是皇帝询机关，即顾问。1. 教弟子。2. 掌国有经事掌故问对。又掌通故。也掌出借宪书，不专掌一经。稷下先生因有一部分讲孔子故，以荀子但大部分还反对孔子。 秦始皇卅四年，会宴诸博士，仪射周青臣，而淳于郭皇有据。博于越州之引起的论，李斯以为地他以为如今，不通也妄，便主张焚书。第一类是烧的史书，厯史上每每烧书均是史记告遗受劫，以其灯政也。第二类是挟博士官守职之书烧之，以诗书百家语。史守"官书"。诗书是私学官书。百家语是近代民间书。家以专家对官而言家，意者私也。故古说"王帝官天下，三王家天下。" 古至虞皆如此解。春秋以前，官学民不分，民除耕稼者皆外，多有事者之间也一阶级。春秋未季受溃倒，始有私家诸子，故有孔家墨家之说。
博士的内容多复动。周室子孙子一毫伏生以尚书博士而逃。巫相公差得未烧。卜筮医言未烧。

博士官書不燒，民間書均被燒。秦始皇要恢復政教合一，君師不分。所以吏為師，章奏書之類皆出。百家經秦亦不見得看重。官書以歷史為主都完了。漢初百家經後來講之者有不少人。蓋陸賈本是古董，戰國人老柏就沒多人去研究他。"偶語詩書者棄市，以今非者族。" 百家經不燒的，另列三十八卷而已。漢初學者通古今藝者廿，通近代諸事之學者多。原因即在此。漢初諸子博士皆文士。

儒家之之統不一，每家至多。武帝盡罷黜為之博士。藝之法有六藝嗎。後之以諸子家，申百到雋宋，子以到入六藝者，皆有淪沒武帝盡罷黜之。但為什麼尊重孔子呢，因為他傳六藝之故而已。其術新創一派，做附傳也。武帝為何尊六經而罷百家呢。蓋武帝是秦皇的反動，他以專尊為方法令不同，他也是要定了統於一尊的。有讀詩者曰轅固生，有讀老子者曰黃生同在廷。竇太后信老，問轅固生以老子何如？曰："家人言耳。" 太后曰："安得得司空城旦書？" 城旦之刑三月苦工，秦之挾書律也。太后怒，敕固之犯刑，令之下周刺豬。景帝為之備之利刀，得方便了事。司馬遷是講古文的，吉笈他講古文。這是他的幸事。所以他要講六藝，滅放百家經而提倡古書，史家之場也。李斯以政治之場，亦假今子。政論家初出了個董仲舒。從秦國滅博話引學幾年而止。所以周之政話為了藝的。武帝起之，罷今學子術之諸子之原因也。董秦利於專制。儒家有主革命者，不利於專制。置博士只通一書一術，中國通史, 29.

既為博士, 並不專氣之曰尚書博士, 左蓆博士也。五經博士無通名也。董仲舒別通五。中公通禮及公羊傳。專通一經者亦多。每經常博士二三人。當時講法者皆另說經家法。口口相傳之後乃寫定後, 但不可靠。宣帝後, 始有家法之名。董仲舒讀五經皆一部一讀各舉出成句幾條而標榜之經的大義派。專一經為一家者, 另經之為章句派。講經之者不一家, 中便生出繁之衝突。于是宣帝聚諸儒聚議, 請帝師評判, 以定擇一家。但結果却反。都各有理由。于是尚書就有大夏侯尚書, 小夏侯尚書, 歐陽尚書出來。但另外小夏侯之尚書, 歐陽尚書亦不立也。故此前無家法。

宣帝有詔不許於五經之外再有異說, 於春秋三家法, 再有後, 為固守章不許於五經之外再有別講一樣。章句之字, 始於小夏侯建, 以定歐也。顧此不能統大事法, 宣帝以已不好筆。有不能讀通者某多通之, 遂百家法。(可看颜之志及儒林傳使) 其他讀林傳所指另家。今文家點落異之飾後"。

長文者亦句亦求生解也。飾後者不通者通也。

後又出古文尚書, 复經壁之尚書十六篇。出孔壁古本尚書也。又出王氏春秋, 及逸禮。當時, 劉歆見之, 經改立博士。于是今文家讚在一條戰線出了。總之, 均有經書, 乃於中, 卅人半部書而已。豈有已立博士與未立博士之爭, 另今古文之對戰, 只擁廢立統守而已。

劉歆所讚書, 死得周官及周禮, 左氏春秋, 統春秋左氏傳者武所位, 便兩信王莽所立博士。而故博士, 張辰之章句家, 毛曹二家皆, 便解釋出三萬. 意尚書王

莽卒不區,傳隱新不詳,論廿萬言,鄭發撞書,後死于
先生死,其學多少矣。但民間之講大義者,班氏錄云:
此古文學大義,後之可以勝於今文也。

今古文的畫分:—

	外表	內容
古文	未立博士	徵言大義
今文	已立博士	訓詁章句

兩漢經學的畫分:—

| 西漢經學 | 通經致用,旨在治政。 |
| 東漢經學 | 專尚章句,分家譜宗。 |

錢穆

第十三講

陰陽五行思想与秦漢的宗教。

三教中儒不成教,道教与佛教而未成為正
式宗教。我們要研究釋教未來時的中國老宗教。
1.東周以前的宗教思想。上帝与先祖合起來成
一宗教,今乌貴族的材料。

上帝 ——→ 天子
先祖

宗周鐘"隹皇上帝,百神保余小子。…昌即宮不顯祖
先王,朵嚴在上,壹之戮之,降余多福。" 隹即惟,即即
既,朵即格,丕即不,丕嚴者嚴也。

上帝 ——→ 天子 ——→ 臣
先王   先祖

中國通史 30.

革命二字是屬於的詞。命者天命，社會命而言。鄭莊公打倒許國，而說："天禍許國鬼神寔不逞于許君，而假手于寡人。"這是宣傳，不可信。《詩·商頌·長發》："湯降不遲，……上帝是祗，帝命式于九圍。"這是商得天下的原因。《尚書·多方》："乃惟成湯克以爾多方，簡代夏……天惟五年，須暇之子孫，誕作民主，罔可念聽，……惟我周王靈承于旅，克堪用德，……天惟式教我用休，簡畀殷命，尹爾多方！"這是殷民選擇了文王而亡商得失天下的原因。《詩·大雅》："維此文王，小心翼翼，昭事上帝，聿懷多福，厥德不回，以受方國。"這是文王受國的大前提。《詩·大雅·皇矣》："皇矣上帝，臨下有赫，監觀四方，求民之莫……乃眷西顧，此維與宅，……帝謂文王，'詢爾仇方，同爾兄弟，以爾鈎援，與爾臨衝，以伐崇墉。'"莫即瘼。上帝即天理，文王溝洫，這是上帝的命令。鈎援，雲梯也。衝，衝車也。武王之生為上帝之命。《詩·大雅》："有命自天，命此文王，于周于京，纘女維莘，……長子維行，篤生武王，保佑命爾，燮伐大商。"武王怎樣打的仗？且看《詩》說。《大雅》："殷商之旅，其會如林，矢于牧野，……上帝臨女，無貳爾心。"（以上講上帝）

盤庚篇。可參看，氣必先強的重要。

又，卜與筮。殷代無易經的劃分，——周室不入事卜，便用卜。卜與筮作上具，卜是用龜甲，筮才用。筮是用蓍草。卜用的東西不易得，故有今筮廢卜之諺說。龜甲用於祭祀，筮才用於出入，征伐，田獵，風雨等的占卜。骨有兩處可用，一是胛，一是胜。龜甲為腹甲说：瘠甲上擦一孔，用火烧而起裂纹，是卜卜卜卜萃状，以定吉凶，其纹曰兆。易经是蓍草的结果，因蓍草较之用甲骨简易的，故名为易。蓍草一束，数之为奇即阳，数之为偶即阴。从下向上画起。

☰ ☱ ☲ ☳ ☴ ☵ ☶ ☷
乾 兑 离 震 坤 巽 坎 艮

甲骨文中有卦象，或出于周易，但文字不载。
左传僖四年"晋献公欲以骊姬为夫人，卜之不吉，筮之吉。公曰从筮。卜人曰：'筮短龟长，不如从长'"。
今举一卦以昭括卦者思想。

☶☱咸卦"初六，咸其拇，与二咸其腓，九三，咸其股，九四，贞吉。九五，咸其脢，上六，咸其辅颊舌。"

拇，大指；腓，小腿肚；脢，背肉；辅颊舌也。
咸卦又感也。高亨曰游牧，晋时不愁。周蓍业初兴，萃数易萃。易系词传："天尊地卑，乾坤定矣，卑高以陈，贵贱位矣，动静有常，刚柔断矣。"

（二元论）阳｛天｛高｛贵｛刚｛君｛父｛夫｝
　　　　阴｛地｛卑｛贱｛柔｛臣｛子｛妻｝

其实是哲学上的一种很活泼见法，等到后来，八卦便走上一种大歪路。
14. 此种思想刻薄在当于此军的遗话。

☷☰泰卦的应用。

中國通史 31

了，而且好都士，是史、巫、医三种人。巫有祀宗，校刘祭祀，周官即到太卜、太占、筮氏。通天地的就是巫筆，是纪了不得的人物。尚書說："在太戊時……巫咸入王家。"祖乙時"巫賢任君左右。"國語楚語："民之精爽不攜貳者，而又能齊肅衷正，其智能上下比義，其聖能光遠宣朗……如是則明神降之，在男曰覡，在女曰巫。"巫者即聖人，了不得不得。

後來的事情也多變動，"周史巫……"云云。書金縢："周公……告太王、王季、文王是乃册祝曰，'惟爾元孫某……'"左傳成十七年："晋侯侍伐鄭……巫□夢曰，啟…"禮運："夫膳無別伎。"可見史是合用的。医本也是合作，因引渡祭跳神医病也。呂氏春秋記"巫彭作医"，此源的本也。揚雄太玄："為医為巫祝。"山海經本也是巫作的地理書，這是好地方紀念。東山經："有木焉……其狀如韭，名曰造裘，服之不疫。""旌龜，其音如判木，佩之不聾。""鬼鼓，其狀如通身而白尾，其音如駕鳥，食者不眠，可以已憂。"與左草相一。海內西經："巫彭、巫陽、巫抵、巫履、巫凡、巫相夾窬□□，皆操不死之藥，以距（卻死氣）之。"大荒西："大荒之中……有靈山，巫咸、巫即、巫盼、巫彭、巫姑、巫真、巫禮、巫抵、巫謝十巫從此升降，百藥爰在。"可見這史是巫的副業，古代學識所管皆不出字義之外。史記太史公自序："昔在唐虞，近乎卜祝之间，故君上所蠻弄。"司馬遷知道的實情實。

已失掉已經的權威。

出現時的宗教儀式。左傳上"蒼蒼之間，謂之皇天后土。"皇天即郊，后土即社。郊天是頂隆重的典禮，除周天子以外皆不可郊，每天一次，以祭當社郊始氏。郊社甲文甲骨書已有："用牲于郊，牛二，一社于新邑，牛一牢二，豕一。"禮記祭法："共工氏霸九州，其子曰句龍，能平水土，祀以為社。諸侯為百姓立社曰國社，諸侯自立社曰侯社，大夫以下成群立社曰置社（百家以上共立一社）即現在的城隍神土地堂一樣。禽經書作雄解："乃建太社于國中，其壇東青土，南赤土，西白土，北驪土，中央黃土。"與中山公園內的社稷壇一樣，但祭祀對這圖畫不一定是錯的。

左襄十："不用命，戮于社。"左僖廿二年："帥師者受脤于社"脤祭社之肉也。左僖廿四年："齊社，蒐軍實，使客觀之。"左僖廿三年："日有食之，鼓用牲于社……非日月用牲于社。""秋大水，用牲于社。"子孫猶不匹，豈不好辦法。孟子："犠牲既成，粢盛既潔，祭祀以時，然而旱乾水溢，則變置社稷。"社稷為國家的代表。襄二十五年，鄭子產伐陳，入之，陳侯免，抱社。社，社主也，與官印一樣。

禮記郊特牲："喪國之社，屋之。"薄"社北牖""薄"即亳，湯都也。穀梁傳："亳屋亡國之社不得達上也。"俗於城郊社處，可見社中樹亦多。春秋莊七年："雉雉食鄭牛角，改卜牛，雉雉又食其角，乃免牲"禮，詩閟宮："民之后稷，克禋祭矣。"詩舊經周頌："實之后稷，皇祖后稷。"左僖廿七年："謂祀后

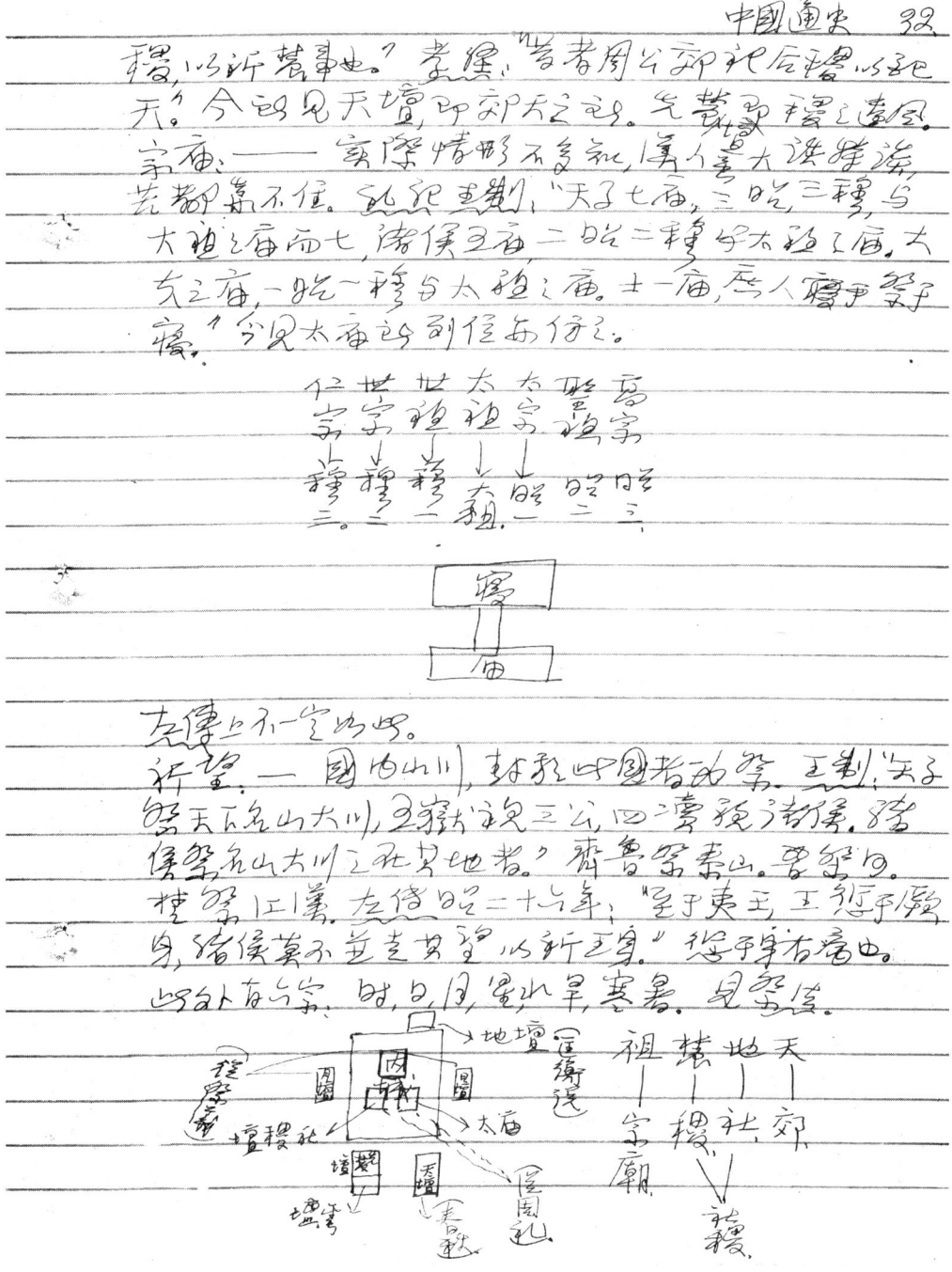

有地壇处及帝壇外，为何又有社稷壇呢？每有原因。　周礼考工史记："建国，左宗庙，右社稷。"

漢武帝喜祭祀。于云陽有天壇，於汾陰有地壇。

漢書郊祀志成帝時匡衡說："祭天于南郊，就陽之義也。祭地于北郊，即陰之象也。天之於天子也，因其郊都而各饗焉。往者孝武皇帝居甘泉宫，即于雲陽之秦時，今引　常幸長安，'祭天，燔祭也，祭地，瘞。祭水，沉。'郊見皇天反北之秦陰，祠后土反东之汾陽，事与古制相朱。……"

（陰太）北
稷 西 □ 东（土陽）
南
（陽太）

成帝依之，改正入王城左右。

社记箋義："祭日于东，祭月于西。"

倘"社稷"能代表国家，先帝壇亦代表有。

5. 国别的宗教。

材料不多。墨子明鬼："燕之有祖，當齊之社稷，宋之桑林，楚之有雲夢也。此男女社庙，而觀者也。"祖有作祖澤者。桑林，左汤濤祷桑山之林。山川皆望。

秦宗教材料較多。秦有西畤、鄜畤，密畤，好畤，家畤，上畤，下畤，畦畤。西畤祠白帝，鄜畤祠白帝，密畤祠青帝，上畤祠黄帝，下畤祠炎帝，畦畤祠白帝。秦尚拜物教，南山大梓、豊大特，陈宝祠（鸡也）等。雍之庙祠："明台后、南斗、熒惑、太白、岁星、填星、辰星、二十八宿、風里、風伯雨師，凡百有餘庙。"

中國通史，33。

齊有八神，1.天主，2.地主，3.兵主，4.陰主，5.陽主，6.月主，7.日主，8.四時主。1.祠天齊 2.梁父 3.蚩尤 4.三山，5.之罘山，6.之萊山，7.成山，8.琅邪。天齊，在臨淄南郊，齊，天之臍也。今歸天齊在淄生死范圍"東嶽主人生死"。

楚——九歌：1.東皇太一，2.雲中君，3.湘君，4.湘夫人，5.大司命，6.少司命，7.東君，8.河伯，9.山鬼，10.國殤，11.禮魂。河伯乃黃河之神，因楚自不至楚境。

漢書祖巫置：1.梁巫——祠天地、天社、天水、房中、堂上之屬。2.晉巫——祠五帝、東君、雲中君、巫社、巫祠、族人炊之屬。3.秦巫——祠社主、巫保、族累之屬。4.荊巫——祠堂下、巫先、司命、施糜之屬。5.九天巫——祠九天。6.河巫——祠河。7.南山巫——祠南山、秦中（二世皇帝）。九歌或謂楚人信俗，用祭神也。

6.春秋戰國間之否對宗教者，——最早起于逮信托儀的星，昭十七年左傳"冬，有星孛大辰……鄭裨灶言于子產曰：'宋衛陳鄭將同日火，若我用瓘斝玉瓚，鄭必不火。'子產不與。"昭十八年，"五月壬午，宋衛陳鄭皆火，裨灶曰：'不用吾言，鄭又將火'，子產不可，曰：'天道遠，人道邇，非所及也，何以知之？灶焉知天道？是亦多言矣，豈不或信？'遂不與，亦不復火。"在神權時代，子產能反對裨灶這表以道德輕神權的命。昭廿六年。"齊有彗星，齊侯使禳之，晏子曰：'無益也，祇取誣焉。天道不謟，不二其命，若之何禳也。君無穢德，又何禳焉？若德之

稷，禳之则禳。"天命不又"是孔子产号留的信，与的
我你能否达好的。《论语》：樊迟问知，子曰："务
民之义，敬鬼神而远之，可谓知矣。""季路问事鬼
神，子曰：'未能事人，焉能事鬼？''敢问死？'曰：'未
知生，焉知死。'"时代在传，每不为之疑惧，与不赞
成迷信。又陈荒"捉蛇之疑"，"文胜质则史"，失致乃以
先生教士可见他很不满意他们。荀子也敬鬼神
而远之的态度，孟子未详。荀子礼篇："祭者志意
思慕之情也。一其在君子以为人道也，其在百姓，以
为鬼事也。"天论篇："雩而雨，何也？犹不雩而雨也。
日月食而救之，天旱而雩，卜噬以为择而后也，以决
也。始君子以为文，而百姓以为神。以为文则吉，以
为神则凶。"老子："天地不仁，以万物为刍狗。"
"以道莅天下者，其鬼不神。""前识者道之华，而愚之始。"
前识者预言也。刍狗，祭时专用草狗，祭毕则弃之。
但人总要有信仰，他们信命，信自然之命。如天
命、命运，即是界之悟别也。
孔子引《诗经》颇多。——《洪范》左传里多有引，但
两书怎后于荀子。荀子非十二子篇培用之。"案往旧
造说，谓之子思，其僻违而无数，幽隐而约，闭约
而无解。按饰之曰：'此真先君子之言也！'子思唱之，孟轲
和之，以为仲尼子游为兹厚于后世。"孔引之《诗》方
根据有，但不重视，知不若是整齐。他们彭解释
自然之悟别，而用引。司马迁还有"孔德终始"之说。
以上均是战国时材料。不多。
月令，礼纪中有之，吕氏春秋中有之，淮南子中有。《鬼周

中國通史，3.4.

本篇之月令中所記：1.各月星象。2.當令之帝與神。3.當令之蟲，音律，數，味，臭。4.其主祀與祭物。5.節候。6.天子之居，乘，衣，食，用具。7.天子所行月令儀式（如迎春等）。8.是月應行之政事。9.是月應禁止之事。10.月令反常時所發生之災禍。

	方	時	數	蟲	音	味	臭	色	畜
木	東	春	八	鱗	角	酸	羶	青	羊
火	南	夏	七	羽	徵	苦	焦	赤	雞
土	中	季夏	五	蠃	宮	甘	香	黃	牛
金	西	秋	九	毛	商	辛	腥	白	犬
水	北	冬	六	介	羽	鹹	朽	黑	彘

(內)商周(戰國)　神／人（商周）　（神／人（戰國）

8.神仙說之影響——起源不考。戰國時已有，莊子"列子御風而行。"~~"藐姑射之山，有神人居焉，肌膚若~~ 莊子中並常說真人之說。可自考。其來源有二：1.向上同神的思想，如上述。2.出世思想。楚辭遠遊："悲時俗之迫阨兮，願輕舉而遠遊。"即是出世思想，燕國為最盛。封禪書："宋毋忌、正伯僑、充尚、羨門高，最後皆燕人，為方仙道，形解銷化，依於鬼神之事。""自威、宣、燕昭，使人入海求蓬萊、方丈、瀛洲，此三神山者，其傳在渤海中……諸仙人及不死之藥皆在焉，……世主莫不甘心焉。"

9.泰一與泰皇，三皇五帝。——太一者至高無上絕對不二之謂也。呂氏春秋："太一出兩儀，兩儀出陰陽。"禮記禮運："必本於太一，分而為天地，轉而为陰陽。"与老子所说道者不复，老以道为无。

太一 { 天 ─ 陽 ─ 天一
      地 ─ 陰 ─ 地一

楚辭九歌中的東皇太一为神轉化了。"上有天皇，有地皇，有泰皇，泰皇最貴。"太与泰通用。

泰皇 { 天皇
       地皇

西三皇之说即出於此种思想。三皇是不是在天上或地下，不能分别。淮南子覽冥道："昔古二皇得道之柄，神与化遊。" 精神篇："古未有天地以时，……有二神混生，经天營地。" 封禪書："謬忌奏祠太一方曰，天神貴者太一，太一佐曰五帝。……後人上書言，古者天子祠三一、天一、地一、太一。"（参看封禪书）

| (三皇) | 太一 — 天一 地一 | 由陰陽家来 |
| (五帝) | 青赤黄白黑 帝帝帝帝帝 | 由五行家来 |

太一之神住紫宮，北極地。史記天官書："中宮天極星，其一明者，太一常居也。" 在秦之際，称之為"昊天上帝"，後来太一也忘掉了。三皇又變而为天皇地皇人皇。郊祀志："秦神與神異，……黄帝作寶鼎三，象徵……寶鼎九。""秦帝使素女鼓五十絃瑟。" 禮樣章："禮有三起，禮理起於泰一，禮事起於皇帝，體名起於黄帝。"则泰一之神不辨。三皇五帝之说起於西漢，前此未有。

15. 封禪說及其影響 ── 封，祭山也。禪，禪也。

中国画史 35

扫地为祭也。后来意义改变，封禅连用，说天子受命以后，报告上帝之祭，盖起于秦。封禅书："自古受命帝王，曷尝不封禅，未有睹符瑞见而不臻乎泰山者也。"泰山乃封禅之地。大概是齐之泰山、鲁之儒生造的，最早又出于管子，封禅篇（可说齐人造的话）云："封禅……东海致比目之鱼，西海致比翼之鸟。然后物有不召而自至者，十有五焉。"齐桓公封禅港遂兴。秦始皇帝……亘于泰山下，诸儒生或议曰，古者封禅为蒲车，恶伤山之土石草木，扫地而祭，席用苴秸，言其易遵也。始皇闻此议各乖异，难施用。由此绌儒生，而遂除车道。上自泰山阳至巅，立石颂德，明其得封也。"汉武帝时其意义又变。他已经是第王州的帝王了，故于神仙说有兴趣。"方士言上，祠黄帝尝于此也，致物而神者乃化黄金。……以封禅为仙术，黄帝是也。"

11. 明堂说及其索引。——此乃汉代的大问题。蔡邕："宗室王曰，人皆谓我毁明堂，明堂者，亦曰辟雍，曰太学。夫明堂者，王者之堂也。王欲兴礼，别弗毁之也。"据汉人说的明堂。——

房名个。"每十二月天子居之居各移。
季春土王用事，居于其十八天。
1.禘祭 2.宗祀 3.朝觐 4.耕藉 5.养老 6.尊贤

7. 饗射, 8. 南北郊, 9. 法歷, 10. 望气, 11. 告朔,
12. 符命祥瑞。 此漢人之經說乃政教合一謀。

封禪書"武帝元封元年，夏四月癸丑，登封泰山，
降坐明堂。明年，濟南人公玉帶上黃帝時明堂
圖，明堂图中有一殿。四面無壁，以茅蓋，通水園宫
垣，為複道，上有樓，從西南入，命曰昆侖天子從之
入，以拜祀上帝焉。於是上令奉明堂汶上，如茅
帶圖。圖子監之辟雍似之。據月令時明堂亦會
祭五帝。余疑之出於漢武以後，而又加入五氏
春秋及礼記。它以為如五都内。王莽傳"平帝
元始三年春，安漢公奏立明堂辟雍于长安"。亡後，
如建國四年及天鳳四年莽兩次接諸侯茅土于明堂
月令或即王莽時造，蓋此皆在方見室引其。

12. 災异之說及勢方一 洪範"庶徴。曰雨、曰暘、曰
燠、曰寒、曰風、曰時。五者來備各以其敘，庶草蕃
廡，一極備凶，一極亡凶。曰休徵，曰肅，時雨若、曰
乂、時暘若、曰哲、時燠若、曰謀、時寒若、曰聖、時
風若。曰咎徵、曰狂、恒雨若、曰僭、恒暘若、曰豫、
恒燠若、曰急、恒寒若、曰霾、恒風若。" 此家紹尚書
即天象已。4是方災异，時別休，恒別咎。以漢人說，
重以災异言明堂。洪範五行傳在尚書大傳中，尚
書大傳有鄭玄之注。

	怪	妖	眚祥	痾	疴疹眚	
雨	雲	服	青	鷄	疴	（參看漢書
暘	夢	詩	白	犬	口舌	谷永傳。）
燠	疣	草	赤	羊	目	
寒	鼻	鼓	黑	豕	耳	
風	孽	脂夜	黄	牛	心腹	

中國通史 36

漢人與諸羌爭鐵，休徵濟為封禪說。武帝前發展祥瑞，以後當陰災異，王莽篡漢大伏災異。

13. 讖緯書的制作。——讖，預言也。緯屬緯經起，初本不同後會化。直綫為經，橫綫為緯。古傳上有許多預言，"讖學"始見于史記趙世家，記"秦讖"或出揉卻？燕人盧生，使入海還，以鬼神事因奏錄圖書曰"亡秦者胡"。因有圖書，而稱圖書，或古時記預言者。七畧中尚未見，或起于王莽時。光武帝以赤伏符受命。"至劉秀發兵捕不道，四夷雲集龍鬥野。"（後漢書光武紀）

光武时有西狩獲麟讖"乙子卯金，一光廢倡帝，立子公孫。——漢家九百廿歲，以蒙孫亡，受以丞相，方者當塗高。"公孫述見之望自己貴為皇帝，方者亮者霍亮也。後魏丞相胡操以篡漢，亦以為當塗高印證。

宗教
┌─────────┴─────────┐
鉛   芳逕
┌───┴───┐   ┌────┼────┐
鬼神 神仙   陰陽 讖   五引
郊社禮家望 封禪 ─   壹   三皇
廟   三皇 異 緯律

中国通史、37

第十七講
唐代度量之制

度量長短，量稱多少，衡稱子輕重。
"丈夫"最長怎麼都不到一丈。
漢書食貨志說每人每月要吃粟一斛半升，每天要吃半升，合今廿兩。
左傳載頂高了樑一百八十斤邰乂。
都因為度量衡今昔之制異故，昔小今大故。
度之產生，無論中外，其始也均係乎己身段的標準。中國有沒起律，完善鐘九寸，但何以不長伊秉九寸？
衡，天平也，橫秤也，衡生於先。
兩下為錢，唐以後才用錢。
一石千二百兩。
因黍生度，因度有律，由律秉而生量衡。
現代之度量衡，較古為大，事之變有進化，此無容疑。不過考其每實之遠，是外實不易。
日本有唐尺七根，象牙的空，雕刻甚工，與榷中尚的差度甚差七寸。其不精確了然。古文獻也有明言端傳而已。尺有固語之尺，有創筆之尺，前者為小，後者為大。官有標準尺，民間行之，言有差異。
孔晞在春秋，而沒調查始不齊者齊，出於自然的因習，故度之相因襲之。
秦兼併天下後，度仍商鞅之制。最大改更則在了胡亂華之物俱毀，中原淪於異族，江南諸晉善欲建設，苦無所依。故多創筆之制，唐宋隨之。

周器者有文献可考，以前无着。

麟凫钟出于王城东郊阙一墓中，据考证出春秋时物，有铜尺同出，其大小与西晋同。

昔者均泥周尺与汉尺八寸。 八寸为尺之，申尺四为寻，掌、寻为常。

春秋时十寸尺与八寸尺互用。

六寸绢为幅，一年备。

度——古1尺＝今7.2寸　　今1尺＝古1.385尺

量——古1斗＝今1.937升　今1斗＝古5.161斗

衡——古1斤＝0.38＝6两　今1斤＝古2.633斤

"丈夫"者，八尺之人也。合今5.76尺。

第十八講　　中國通史 38.
佛教之輸入.

佛教之輸入，其時與地均有聚訟。歷史之治學最能訓練人的品格，蓋作考證時常常先固執其成見，沒有勇氣，對其修改己見，率然試擲一人的字引。此問題並不宜輕易放棄，但因史料不足，還頂好老脂的膽話。當漢代交通不太容達，其事也微隱，簡直不能斷之年月。我們暫言不免武斷的舉代用道路，不過當畢有史料，也可列其經代之大略而已。

佛教初不為教，起來時不過少數人的團體而已。大概以恆河 Ganges R. 流域為發祥地。釋迦生前已並無不傳教，但因教壽的短之關係，沒有擴掉及而日覺減。百餘年後，阿輸迦 Asoka (Açoka) 印阿育王，為十國的霸主，勢力極大，皈信佛教，有石刻為據。前僧老之藏之記載，華人之愛據。石刻上亦記載 Ionianσ的 Yona王，亦信此教，殆沒史取人。因地理上的關係，尤為了鐵。當時希臘人，似乎已久為沙門。見于 Megasthenes 的 Indica 一書，早此，但有西句證希臘來引入，經印土，有萬土，富留羅門，曰沙門。書民等為使于印度，歸而記述。紀元前一百多年，中亞細亞的米蘭王，亦信佛教。其後不久，大脫人因為奴所迫，轉而西來，其近于西印度，侵侵入印度，建之貴霜王朝。其成王曰迦膩色迦，亦極護佛教，至是時西印度佛教已甚發達，佛教漸之傳至中亞細亞，又傳漢武時功。而文化接觸自有了的。

今舉兩種傳說有勢力的，不得不辯正一下。一為

歷代三寶記關於秦王辰人傳教,並沒有宏據,記載
其往來方的交流,僅及緬甸而已。日本人以為楚王
"英不譯祠,蛭是出西方","不譯"即 Buddha 之譯音
題尤是附會。三寶記的作者很荒唐的給多不可
信。——好鬼更釋老志。每一私揣测的陳述
而已。 三國魏時有金佛像,漢末笮融首塑之。
漢武帝時,印度尚不有刻像之風俗。蓋有拿敬之
意。金人或出中國入休屠王手,而又未回呢。
臨兒園即 Lumbini.該園有二神,一曰佛,一曰沙
律。印度很早的時候無多记背經典。私心伏生。
漢哀帝時已有佛經。連世家说漢時沒有佛
像。漢時已有佛像並多人精經,但錢在"俗"上。
漢桓帝時有辛子陈理惑論,中已引四十二章經,梁任
公与Maspero 均證霊恒時,才有佛經。每不可羔。
桓靈時已紹之營運了。桓帝並且很信定,动事多
陰陽路。安世高漢經紙多,文識每有重要的畫为译。
當時洛陽長安,用杜,徐州,廣陵,揚州均為佛教
盛地。笮融丹陽人,陶牧定馁免軍無住丹陽,
金壞子涎涎諸敦千人,丹陽令奉命一帶地,笮融
旋於又建佛寺,多营三千人。可以说即今隴海鐵路
的經地。
那時佛教的相信的是,1.信鬼神。(佛教本不相信
鬼,以及中國人的老思想。)佛陀与老子咸了兩个絕
高絕的神。 2.重修身。佛教徒受断色,当
漢時紙以為特别。 3.重仁慈。什麼都印
了施子。 4.是祠祀故宗教。(小蒹英善方経)
信佛教典盛有三因,1.西域亨通。2.天下大乱。
3.想藉著老方士之迷信起乘說為一雜(宝氣功之乱)
敦當不信通佛經,並擇亚沉地去世善女人。均為道人

中国通史，39.

4. 六朝隋唐佛教为文化之主潮流，尤原因为
三国晋初(东汉末嘉)一般名士，皆尚老莊之言玄。
故又转而遵藉老莊好言玄，以无不色遘信之。
(universal connection = 共相 = Vyapti
 = 遍通 = 不相离性。)
法称主张震响。

中國通史 40.

論魏晉南北朝間之民族同化問題
方壯猷講

I. 晉初北方外族之分布。
II. 晉之內亂。
III. 內亂後所引起之外患及民族同化問題。
IV. 中國民族之南拓。

今日最單純之民族,莫過於南方山中之苗人,然其文化亦最低,毫無知識可言;反之,越文明的民族,其來歷與歷史愈為複雜。

中國民族苦極複雜,然有一定之原則,二民族同處,則文化高人口眾的民族常同化了文化低人口少的民族,謂之同化作用。二民族人數相等,文化程度相等,則苦混合之結果謂之交化。今日歐洲文化之高即交化作用之結果。蓋交化成的文化恆高於同化成之文化,此定例也。中國文化常引同化作用,因之不但擴威自己的元旦得不到新的融合。

晉在內亂以前,有外族謂之五胡,實際了謂之三胡,即匈奴、鮮卑、氐羌也。匈奴分兩種,曰南匈奴,曰北匈奴。當時南匈奴分漢,勢日減,後漢嘗用女人與匈奴和親,意在同化,並用以來制第三術,一方面離其內部,故漸服服之。北匈奴後西被逐,而為現今之匈牙利國。南匈奴住於山西一帶,曹操又分之為五部,仍居河水之上。繼匈奴而起者為鮮卑,自東北與匈奴為一勁敵。

253

此匈奴败走，徙外蒙，鲜卑大部自内蒙降服。魏晋时此散布之地域，较匈奴更广。氐羌民族东居西藏，晋魏时渐入陕西、四川各地，因引汉族相近，同化甚早，当时洛阳东晋都，亦有其民之踪。

司马氏辅曹魏，尽揽大权，不能免害，惧其子弟，司马氏各为阴谋逐，大封宗室。武帝元年子弟为王者二十七，后至卅馀，分为三等：大国二万户，兵士五千，（分上中下三军）次国一万户，兵士三千，小国五千户，兵士一千五百。一时全国各地尽属宗室，以为天下若盘石之固矣。及武帝崩惠帝立，遣叔汝南王亮辅政，因书杨俊反对之。贾后揽权，杀杨俊，败杨太后召司马亮入摄政，徒卫瓘同末。楚王玮与亮有隙，恩究指，乃告贾后以亮瓘有阴谋，遂尽杀之，八王之乱因以肇发。贾后像恐真情不密瓘，时有贾王俊者，逢迎贾后意，其下人劝其倒戈；商太子非贾后生，因说废，俊之漠也。俊恐以患起，乃因报贾后、摄政。使惠帝为太上皇已由弟，与诸王俊同起者齐王冏，事成废冏引兵檀，调之出离，冏不平，是以拊俊。乃聘阳河间王颙，成都王颖，杀齐王俊，因又为长沙王义所败，颙与弟等复会攻义，败之，东海王越适苟至忠，乃举义，檀营颙颖于手，立颖为皇太弟，逐惠帝走长安，东海王独迎之，後颙杀颖，立豫王炽，即怀帝也。乃引刘渊以为助，致子内乱。

内乱常引起外患，八王之乱卻引来刘渊

中國通史 41.

1. 劉淵匈奴左部之酋長也,以4女繼漢朝,為檀檬,三國皆曰漢,並奉劉禪之神主,每日哭拜,以漢為名也。後改趙,初都平陽,後表長安,席及寫章。大屋疆宴使二弟永者祝引屋。既而殺之。晉南徙,劉淵稱蒼(石勒)足由強趨,土地拓大,統一此土,後秦燕俱起,北方更大亂,皆為異族所割據。五胡十六國中,漢人為國者四,餘十二國詳見晉紀。

中國歷史以漢族為代表,為農業社會,習慣安土重遷,土地房屋,視為至寶,而不欲犧牲,此其特色也。北方民族生活強游牧,無定居止,逐水草而居,水草之豐,南多於北,此胡南侵,自意中事。生產既不恆,遭荒搶掠,漢族有靜無攻,乃甚失策。

亂華之結果,東部漢民南走,南方文化漸起,北胡人口為廿,而受同化。晉書記匈奴人多通漢禮者,向習中國子弟。劉阿則喜讀口穴毛詩關氏尚書左氏春秋,史漢諸究皆好研究。劉聰並擅辭賦,與漢人不殊。鮮卑慕容燕容氏,亦習國漢文,提倡教育。立東庠祭酒學官,親策考試。張宇青太上章及典誡什三章,匹羌之苻堅善學中國,作禁諸子之亂言。
中國同化力如是大。
三代之高庭,魯春之文化,史記最大緣之。
漢祀,陝西為每出將之地,而東為河南齊魯之地出相。講詩書易之經師多齊魯人。河北岳秀。
前漢書人才略統計,山東26% 河南18% 江蘇11% 陝西10% 河北10% 山西4% 甘肅4%

四川湖南此產東西一人都無。
後漢好統計。山東12％ 河南39％ 江蘇2％
陝西15％ 河北6％ 山西3％ 甘肅3％
揚州因東晉之亂而繁華至唐為止。
蘇州於東晉後更人多出該地。
唐朝的統計 陝西20％ 山東7％ 河南17％
江蘇6％ 河北17％ 山西14％ 甘肅4％
南朝有名儒行多人。

	明(進士)	清
山東	5	7
河北	7％	6
河南	6	4
江蘇	11	10 (17狀元 蘇州)兩榜 37％
陝西	4	4
山西	4	6
甘肅		
湖南	1	4
湖北	4	4
浙江	14	11
廣東	4	3
廣西		
江西	11	9
福建	9	5
安徽	4	4
雲南		

中國通史 42

貴州
四川 5　　2

Campbell, Origin and Migration of the Hakkas
客籍人等源於嘉應州(梅縣)，其言語南腔之引用，最喜沐浴，婦女的輕盈也好。最有魄力，廣東人呈妒嫉視之。有70%都受過教育。中學生為三０十。出身全一般人多讀書。能從廣東打到地方表是第一次社政治上的表現。現在有一千萬人以上。旺盛武梅州客家人有1686戶, 6989口。清道光268,193人。原此方人，或為純粹中國人。不与土籍通婚姻。第一次运动昂东晋时代。经江西而至梅州，一支別入閩所謂福佬。第二次因黄巢乱, 王緒王潮王審知葉逐壽州及光州迁至閩南金州等地。遂為十國之一。第三次為南宋之迁。

第二十讲 魏晋南北朝佛教 汤用彤

假使政治上经济上发生大的变化，则佛学也要发生变化；不能离唯他失而独立，故仍依朝代分阶段。东汉末乱生至至隋才告统一。其为一阶段也略略自明。又何佛教思想活动，当然随之起伏。此段佛教，小乘虽旺，但其精神不出玄学，前东用玄学实而伪，后东周玄学衰而黑微。玄风之起因姑置不论。三国时见正始之风，清谈者猖狂自傲，养生守虚，不守大节法，而佛教乃出世，加之当时印度概为空宗，引为上理论上，均相籍以自重。佛教之搽入玄风也必显。佛典初来东不易晓，不择不附会宗旨而生悟解。包用名词，均染玄学色彩。佛教解经，不免滥用。晋初有名僧即有支遁，刘元真，魏武时辉谈，完泛刘遗佛教。孙绰为之作传曰："诸经剧饰，映乎用然。"竺法雅东有若之真证。均以世俗第解佛教搁入诸玄络字之上。其实对元真其人並不详知悉。真正信佛者，在三国时盖绝少，而西晋东晋后之，佛教升为佛学，拾去一大地位，魏之手不可追慕。道安出玄学入佛教，为中和者，不多偏诱一方。一时称雄，又造之释道安时代。   而晋末来苻姚，及东晋孙年殷浩，均玄学上权威之士，均以尚不出到仕，为长笑谱之事。玄学之势力的有想见。当时风气，也玄结虚，考书店，入亲清道，娴诣壮养玄学习之，僧辈无时之。但僧人者好文更为喜尚，故尤为时重。若名师者多向庙中争去。足此乱离危，豪杰之士，出家出世，纷纷不乏人。凡言之统营与有僧寺。当方西二京潭等均华诸士侯高士。王忱

中國通史 49.

乃玄学祖师，加以久擱者少。玄而求信者漸多，而未兄傳。
至黠譯經者始才華之士。故方羅什时代。羅什成功
之因，於时已備始。並此时南晉此秦异乎一時，玄通稔
便向羅什之風而授業者，以千数。一部分長安派，一
部分為廬山派。長安一派，道安之力所致。廬山一派，
慧遠所致。羅什採印土本色，然輔之者皆玄學中人
產生。玄典中三老莊周易是慧遠甚通也。羅什部
授等純，無条縁翻？ 南此玄学屏揉作而南此
佛学發生异相。蓋胡人统治成功，願意建設；而士
大夫南度，玄風南翔，乡此为化。北方魏太武帝，大毀
佛教，以是更形南朝之盛。北方佛教，後便産引義
学喷南盛。北方戒律念佛獨盛，但北方佛教功到
圓滿盛，南方佛学降為奴婢，改后遂漸統一。迨
隋唐繼大統者推此方佛教。

佛教有盛後之影响及反動。─不但思想，即文字上
均被其譯。要相變，造像字母，以及聚卷，無不靠
寫而起。 並且和尚在经济上有各种上有許多
特殊。甚至國庫大部均為佛教之挑撥而費。
蓋起反動，北方多訴諸武力，壞僧毀寺，並用道
教。但南方不尚道教也，何以南之不停不若是手？
南方至資不囿限制与少汰而已。此外兩派异處。
南方承玄統故。據经根据的。女有对之言譯者：
一派于政治有碍。一派佛学不通，徒誠識宣傳。南
方道教有名者以陶宏景（梁武时人）陸修靜（或辺
宗时人）均信玄学頗深。 北方魏太武时到有延
讀之，造作許多经典，極力专弄道教，畫笳奏宠。

因佛道有爭，太武毀法後，尋在戰爭中，既而周齊侯儲，周武周發之。佛教于此受第二次之摧殘。以下隋因以為佛不如道不如儒，唯儒當于長。中國自未好道統要繼續起來。此要思胡人，極力漢化，追承儒家正統。南方漢人反趨再從言嚮。再云異矣。候隋俗再一，儒風又搖曾，後在運動也。隋唐以前文士與佛教多生關係，李唐一代除王維白居易外少有真信。

佛教宗派均起于北方，如天台、禪宗、華嚴、法相、律宗、淨土宗皆起于北方。

南中尚引宗廢為三論、涅槃盛矣。（隋唐時既衰）勢力的中心，六朝時在洛陽長安。南北朝時為建康最盛。隋唐最重之地為長安。

隋文帝不但統一南北，並集僧永長安者數之也。禪宗淨信故，這些戒律均從北統。唐中尚并秘密宗。北律而南律。隋唐之士大夫改擊佛教者，言論同韓愈，以立場相關。

中國通史 44.

第十講 隋唐統一後之政治制度。
　　　　錢穆

科舉制 —— 統治階級的來源，於此見。此一節固然非常重要，直至清末，一千三四百年都由之。秦漢有察舉制，魏晉以來有九品中正制，兩者有制度運用上都捨之在上規折者。不過一歸中央，一歸地方耳。隋以後科舉制演為客觀標準，取捨之法法。具科舉制為機會均等之競爭多投機諸習。

① 隋の進士科 —— 北周已引納死九品中正在此朝廢除，最初用策問，屬于筆試。可讓舉身列，即隨況報名，而投考也。九品之引物中正之不成。察舉為多定期，賢良舉為地方臨時選舉而科舉不定。較前進步，隋時並加秀才進士有特殊者了為秀才。進士最普通。但必比考生成績佳者，始稱秀才。唐朝沒之。

② 唐 —— 有先後，鄉舉（自己報考）制舉（無特設，無定期）之制。鄉舉分三，秀才，明經，進士是也，分階不同等二，可自由投考二，沒有選舉易定，最有標準用妥。進士中地方官舉秀才時須連常費考，人多不舉，流行之有明經進士。明經試經義，進士試詩賦，有若策問。無若孝廉茂德，等是比政即同。隋有先舉，因而詩句題，有韻，不能活動，於才也難擇。唐高宗以策文為首場，即詩賦試也。詩賦即必應運路，此及格後才置對策之場。於是專在以詩賦為中

明经。明五经也。古称五经者三经者一经者无学究。唐朝重贤良。唐亦重进士。明经治一经或两部。一帖经，乃测验经房。出字也，掌而口口口。不过一夕填对便妥。明经者十赴试或廿。后渐加试，强其加墨释。出问经者七八矣。是惟勤能管到即到。众人看着无了矣。但考试照样格式。不视标聚。试了路势，因苦心诲及思想省诚。无有高深标聚。道德无可防辨。如此多人谁堪为政？当有步骤。辛讨出书制度勒清选笔选好。绝上政份的总战著第者瘦明甚。所以一千数百年未曾大乱之由也。当述德者，宜发心问题。当时争为进士甚。为政出途故。"三十老明经五十少进士。"当高时尚经。唐德宗沉湎每年明经了数百人，进士二十人。此士贡中取一二。明经十收取一二而已。唐制僚仲甚觉。入场时可以己□□□卷秉给考官。(以卷平时所作文也)慢之变至宋况严。无论中外，最重政治者"慎政"笔择。人人都善出为政，今年落选，当有明年。总有奋发及不成，则已若老，落举帝不够矣。此种政治制度无若危险矣。但年前举已进步，门阀之势习已扫除多体，亦非书门第了。当续书明月。

官制——为统治阶级门组方式。

日宰相，为天子私人，渐据权柄。尚书，中书，门下为清。尚书司天子文件。秦朝有四办事。到唐时尚曰掌事。丞尚书。汉武以后，尚书渐大。东汉三公无政权在尚书。精近侍于皇帝私下，竟为太监充之。

中国通史 45

曹操时中书权大於尚书，尚书已等丞相故。以下更下，訪為侍史，賣化為達大後，晉朝以下，以下為漸重。機要之權，均在中書以下手中。尚書即丞相，享司令受改，無要權。已近僧化。尾均僅以代筆切之務。中書以下為宰相，政事書敕皆遠，皇帝命令中書出之，而經以下，有審查權，可封駁之。至達尚書者，即指引之。案階三省之官品並不高，大約三品以上。政議事會於政事堂。三省議首即令事也。地在以下省。尚書令多不多加，有中有左右二僕射，因唐高祖祖曾為此官，後人諱之。平章政事二僕射多之。因中書以下三品，後別都可參加。高崇時，改中書省中令，太崇時，改令為中書以下判。連稱之名，隱略為會議。議為新加，地位即斬重。遂有翰林学士代中書事。玄崇時也。訪為中書舍人紀室之士。翰林本菩薩殊。三省有此之機關，尚書省分六部，吏戶礼兵刑工，在都堂舉事，為引略機關。戶部本名民部，因諱太宗名改。礼部司享祭事。六部下有四寺，即九卿。太常光祿，衛尉，宗正，太僕，大理，鴻臚，司農太府均漢舊名。太常司宗廟礼儀，光祿司宮居廿戶，衛尉司門禁屯兵。宗正司皇室親族。太僕司輿馬。大理司刑法。有所采色法度，皆皇家私官。鴻臚司封藩諸侯蠻夷事使。司農司錢穀是國家官武積。太府司山海離穢售埋實是也。與社稷民眾不甚關係。太常司宗廟，博學士屬以之，光祿為寧之。

宋初中央集權之政治　　趙萬里

睿宗時，賀拔延嗣始為節度使。後節度使權漸擴大。米全忠遂以之篡唐。五代時，猶存其制。

由節度使而得政權者，三代也。唐莊宗(李前日屬)開國之說。晉立代為雲麞威塘。

第二次以篡得政者為唐唐帝(石敬瑭)者唐莊起始。第三次得政者為周太祖郭威。

被擁戴者對擁戴者，有一移轉務，而奉之一美銜。即布為節度使也。擁戴法，無有次第，可任擅求及擇錫焉。3者唐義避諱。

宋太祖信至歸德軍節度使。在周武功尤大。周世宗時，政治中心在開封。陳橋兵變，趙匡胤為帝，節度使有李重進(世宗婿)李筠反叛之，石守信平之，為一節度使也。

宋朝官體偏重。對於道源，宮殿及業官皆設乾儉，以求簡廉。成功宗代財政遂荒。

唐分天下為節道，宋分若干路，府最大州次之，又縣。宋代兵制，①禁軍　②廂軍，正曰常軍陣。③鄉軍，保衛鄉也。④蕃軍守邊者。

但政軍之結果紀不好。時諺曰："兵無常帥，帥無常師。"以絕兵為國家觀念，加以倉速時起，多起抵抗功。真宗時患永契丹，仁宗時擾於西夏。

高宗南度後，重繫唐前之軍制，置宣撫使，於後授備官者阿錯軍，當時有三，是發兵中錢也。寧陵者一中大功軍網，任意徵加等權。

264

中國通史 46.

中古時代佛教以外的思想
胡適

① 道士　② 儒生　但二者很難分開。

後漢書云第二世紀晚年有襄楷者，舉方正博士，山東人也。同鄉有道士名宮崇，其師曰于吉，有170卷的太平經的大著作。現存一百十餘卷。獨知襄先生便是太平教的信徒。他欲提倡這部書，並且領打倒宣宦，必得到道士的用天文書的基礎。

道教 ① 黃老，神仙。
　　② 西漢的陰陽感應的儒教。
　　③ 民間迷信。

再看以後的一位大書家，名叫王羲之，身被儒服，卻最服膺道教。

今用東說，可先提及這表，上表即第一期的道教。第二期便是久後有曹佛教。以模仿而抵制漢算。

後漢(二世紀)信道教的起源時期有兩派出世，一者太平道。于吉宮崇為其起人。一般信者均拳自儒生。184黃巾出。張角為其首領，有組織勢力，以致四百年來的帝國一時瓦解。二者五斗米道，又名天師道，創始者為道士張陵，沛人也，後至四川傳道。

張陵 → 張衡 → 張魯

張魯赤臘有才，先令太守漢中(190-215)信首曹操招服，但他將其教實感"的俗化。三斗米教，在漢中二三十年，並未沒官，亦皆有銀印綬官。

荼盐夹一也。各地有斋会，同教者可得食粮，社会式的。但又挟走，曹操很赞赏他的法术，等之治侯，直到民十三张大师才取消了。

两晋时代传布并甚远。许多世族名士均致'师范'如殷仲堪、郗愔、郗鉴、王羲之等。陶侃也不为这斗米折腰或即是教徒。大寇为孙恩卢循亦是教徒。刘裕把他们打下，并得有异术。斯时经典亦增加了。王羲之号为许道攻传，现称为许真人。而许穆许翙梯义造出一部大洞真经（又称上清经）。陶弘景有真诰一书记载杨羲家中降仙的事，因而有真经出来。陶景是一代大学者，用科学方法考定一方面却弄出一部说鬼话的书，奇怪！了解时代便就是了不得的。葛玄（葛真人）葛洪（抱朴子）乃江苏人。也是纪了不得的人物。葛洪的後辈有葛巢甫者造灵宝经。今尚存道藏。

南北朝时，分道经为三洞（洞玄、洞真、洞神）七部。各派的经典均承认之。成功一个统合。大概在陆修之階，才是上一个大教系统。那时南郊有陶弘景陸修静外尚有顾氏冥通记。献给梁武帝。宋齐梁陳均崇佛之。北朝有寇谦之（—448）当时有大政治家崔浩，颇有种族思想，利用寇先生新起之道教，介绍给道武帝，打倒外来的佛教。446有毁佛之事。唐朝姓李在西方外族。及作皇帝，统治中国後，使獄告李耳辈，当他的祖宗。封为玄皇帝，尊道教为国教。845唐武宗後大毁寺院。

此种思想的考虑一句话了。是有Credulity，此因

中國通史 47.

西洋一樣。

回頭再看中國本色的思想是不是還有呢？去道士好？那麼高的都遯出世，而替社會團結為核子那是誰呢？這般民族尋為廣大丰多數不大出名，如諸葛亮、羊祜、杜預等均為地道的儒生，韜對書齋，黑而廣之。西晉有王導、陶侃、陸侃到范蠡這些更有些興起的氣味。溫嶠也不錯。使我們不能不感激陶諸這般人。

晉朝太平時代，有裴顏等人說。

北朝有崔浩，高允。

唐有魏徵、陸贄、裴度、李德裕等。

張神菴王荊公曰：「當以佛漢，妆拾不住，均歸釋氏耳。」

中國通史 51.

禪學与理學　　　　胡適

佛教三學，曰戒定慧。定者禪定 Dhyana. Yoka(瑜伽)与 Yoke 通，治心行術也。第一步用數息法，再用對治法。以四大与空氣氣的結合為這些東西寫我們必生氣。用不淨觀對治淫欲。最高處曰四禪定。結果可以得到六神通。以上說的是印度禪。中國的一般學者乃至朱日尚，都知禪的重要。中國的佛學教史以抱著想起末了也沒是禪宗史。這印度禪而東到中國禪。五六世紀時菩提達磨来中土。教人以一個"慧"字。其後慧有辯慧，時稱"三舅國儴禍氣信主。"未覺，与廣信慧統稱為統。

心理時代 700—1100, 神秀死時。
聖是自然的特別是菩規的。所以是心字的反動。
臘月卅日夜, 生死事大。
大苤 1050 字。
理學時代是中國再生時代。代表一个一千多年的宗教之反動。這時刻板書出来了。學校也有設建。都給抵抗外貨運動以相互助力。

中国通史 48

第二扮讲．王安石的变法及新旧之政争。赵翼曰：当时情形不得不变，安石又娇于正安后。究因有：
① 外交失败。——此宋时，国势弱甚者，擅仁宗朝与西夏有事，秉太后又专权不得已，使富弼直接交涉始安。迨西夏不时扰边，来宾求贡，经费无用。西夏契丹均缴币，宋为筹兵，弱郡国基于此。
② 财政因难——此宋因财之原甚多，为进贡记外人也。医三年郊记一次，破费顶大。礼毕，宫吏均获如亲之赏赐。来宾有一首赏等。仁宗时，礼时赏赐加赠二倍好美。机关繁多，宫吏俸禄均。宋宴曾为宋宫书，记载郊记事。
③ 军费之增什——募兵动戍，召募不计资历。法廪秦凤等地，古不低入，为募兵之调地方。饶宫佛外，还有公用钱，亦由费而出。又每年赏赐与郊记费相伯仲。当时局面如举不足。裁军政策亦必一也。研究宋代之经济史，不可不看国朝诸宮奏议。赵汝愚编，中有刘献方、张方平等上书，即议裁兵事。

神宗时，有范仲淹等，省倡变法，即推十策与王安石变法有相合者。（看范传）为废貢奉，均公田，修武备等是。欧阳修有缩本编，提出两个宗旨："天下之用莫先于财。""举天下之吏，莫先于兵。"王亦举之。有若编要求故。王之变法，仁宗最表同情。仁宗死，英宗立又不久，神宗年青为先帝主政，即立意变法。及信后，即起用荆公，不久拜为相。荆公为自知肃事，对青苗花利防务有尝有之经验。

均輸法，唐時劉晏已復之，荊公稍改而採之。
青苗法引时弊生，為反對者攻擊以囗囊。
市易法，近于全統制，但引起纷纠生，參考漢武时政。
其餘多出于周礼。王安石有周官新義一書
現在有学说，甚浅薄，今佚，後人有辑本。
诸经新義書經新義為王雱与呂惠卿所作，
均佚。

大学中尝有武学讲座，当时元恽任之。律学讲座
及医学讲座，華佗医任之。前者的结局，左武经七書
今在。

中史中党争有四：①東漢末党锢。②唐末
牛僧孺李德裕之争相。③宋朝有規模的
党見之争，以國家科学為主旨。④明末東林
党争。

初，范仲淹（为天章阁待制时）与吕夷简之朋党相
峙，有著名朋党論的文章出。是為北宋党争之初
基，生發為"慶曆党議"，不甚激烈故。
王安石变法，著作反對者为名簿，载王十大罪状。司
馬光劝告不宜太急。
蔡京为政，頗厲，黨籍碑起暴動，为伪托立宣華之
才脑，山东之宋江等，但不足印卒。

中国通史 49.

韩镜清　宋代之史学　赵万里

远神宗至太宗间，宋书渐次均得刻板，虞以前已备。新唐书始仁宗时刻出。旧唐书及勘书者为崇文院，欧阳修等，皆第一流学者。此宋刻书，以史最著。崇文院异于三馆者，群书均归之，后称曰馆。大学士以相兼任。

为相者有时政记，以事纲有建炎诸略纪。各朝亦有公议录。皆著，不过有佚者，今不见耳。更编日历又有日历，记皇帝起居，名起居注，会要都司检察分数日历焉。次代纂前代日历之会要，各朝共有七次。实录是日历之简编。皆为纪传体者，为国史即有功绩。清嘉庆间有徐松者集宋会要五百卷，今存。钱若水订定太宗实录，今存廿卷。宁宗实录见诸刻本残，即村大鑑，另有辑补藁草。隋请唐实录是人夕见一照耶。

大都杭州已刻。他處有書均刻。建陽（福建）為一時之文化区。建安為属。四川眉山，刻书极盛。郑樵（作通志）陈塙，萧时举均闽人，为一时之史家。四川所产之史家为李焘，徐梦莘，李心传，彭百川。会要等宋本朝均未曾刻。金元时书均不刻。元朝时修之会要名经世大典，大半选儉载制而成书。实录均仍用刊缽，但不刻。崇文院有图立图书艺文書目，亦尝书有玩要刻書有闗到書目。(秘書省亦崇文院改成) 中興館閣書目。凡有書均引陆高代學者方開的動靜。

通史之書始于宋之資治通鑑，据编年法，政治紀体。李燾有續資治通鑑長編向茅方鉅徃北宋之事。後續未書者也甚多。元有陳桱有通鑑續編。至宋之亡止。明有薛應旂有宋之通鑑。清畢沅徐乾學有續編，未完備入。另名司馬光。清是尚氣左人，居官甚豪的，他的都分为他的眼足。畢沅费多巨大的给他的副料者。他的包收不免太雜。鄭樵之通志卌卷也是有志有略，為典型的擴充作。奠定以後後学基礎礎。紀事本末作為二者之間和並用的意思。南宋中葉成功，宋之已列三四本。陳邦瞻承之有宋代紀事本末及元代紀事本末。楊仲良有續資治通鑑長編紀事本末。地方志起于隋，普遍化还在宋朝。宋有太平寰記，至道有元丰九域志。南宋歐陽文有輿地廣記又有以都會為中心的志書。以嘉泰吳興志（該編）邊記地志者羅羅明年。圍其有22種。校勘学起于漢。近代最的校勘起于宋。劉承後漢書回至見之。今不存。徽宗宣和殿收之代銅器而研究之。各州孝厨釋出与銅器，各多以為，结果成功一部書傳俊！吕大臨，劉敛沉拓等有名人物。後来銅器路名字，全依宋代考之字。南宋与金以准位界，劉商埸包括埸，藍僵軍屯史收贸包失去地。高宗朝最得色。研究石刻者有洪适，沈括陳思。苦于渑有班球疏這紀宋官數錯误組多，人多加中国画史 50.

以不客气的批评、审之虚给有意抹煞涂考异

第二七講 宋代北方民族之送奧   中國通史 52.
                                張星烺

中國通史 53.

第卅八講　元代之斥力與中西交通之發展　張星烺

元太祖—— 其民族為遊牧的生活,用物 等甚簡單,騎在馬上,飽未飽苦,厭飲為自由。他的種之條件,都于戰爭是便利的。在蒙古克魯倫河一帶,東至里融河,是突厥人與東胡人的雜種。當時有許多部落。外蒙古 Selenga 河流域是優秀的地方,元之祖先生長在此。其他部落有了。1) Merkit 蔑里乞。2) Keraite 克烈。3) 泰亦烏。4) Naiman 乃蠻。5) Mongol 前三部皆信基督教。Wighur 也信其教,其餘部落都沒有文字的。

元朝入主中國後畏吾兒文,用八思巴文(是藏蒙合成的文字)於在下流,所用之,今之蒙文還是畏吾兒文。Khwarzm(花剌子模)以外便是回教的地方。木剌夷(Mulehet, or Mulahida)即大食(Arabian Caliph.) 再有南部 Kipchak (欽察乞卜察兀) 以上各部不久即被太祖統一,在西邊倒使勁打了一下,因為太祖募信的那個太子跑到此地的原故。私花剌子模去的到。花王名 Mahammed, 年有韓才, 領土亦甚廣, 則者也。每英主也, 成吉斯汗遇之, 兩雄相遇, 乃不能容, 遂起戰, 有四百蒙商往過其地到西域買易, 花王敢師奪之, 為戰爭之一因。相持六年, 花王兵竟敢紀, 算大敗之。莫氏西征, 其子 Djelal-eddin 札闌丁南走, (子西名摔) 終也失敗到底。莫在癌死小鳥，其母男女被掳，札蘭丁亦被毁。高山深谷，大寒大熱，蒙兵實苦之，追莫氏之二將為 Chebe（哲伯）Subutai（速不兒）。蒙兵緩西退。Georgia 及 Shirwan 兩小國亦遭毁。既繞裏海，復折回一長城（有似中國）弓有數人令土人代答，有四小民族 Alan, Lesghn, Caucassian, Kipchak. 二將用 Caucassian 離間策，敗之，繼追至鄂羅斯，因俄銀賂兵。是時俄有三王部隊大王寨布斯老（Mstislav），苦戰軍敗退，藏入一芦葦叢林中，候俄兵未被圍，全部被殲。後命三晝夜遍周邑裏海北岸而退。其中最著名的一戰是在 Khalka. 元太祖死後，轉面南上。大儒南宋，其太〇定太祖宗，第三子 Okkodar 即位。其兵蓋為搔乱欧西，列向不敵。俄國之敗，其統不一，因而一因，又以蒙兵騎馬，出沒詭摘，以星交通不多森林為阻，又以木為城為屋，夠說撲城。頂多兩个星期便下一城。百战中，蒙人死的並不多，其他致死眠的民族，被擄為兵。已而告退，向东南去，以方遠遠結俄国酋長，馬許裘封納貢而已。其不幸的原因，在于以夷制夷，只知窜一時之成。满洲好改，能力比他们高的多。 欧洲团指有 Kief 小城，城主先赴五人日甸牙利家的夺，你们诸到那边去也许你们此地太小，不完你的大领略。蒙人信之，Liegnitz（德萨东南）一战貴到，敵方诸候因之围的时

中国通史 54.

集。访蒙古使节，辞等设计，大败，王 Henry 败死。南向匈牙利，现捷 Bohemia, Moravia 二省附属，Buda-Posth 攻下，奥国之 Carpathian 山一带，战为困难，山麓国都千里，三日袭亨，印到，察出人意外。女王 Wahls 十世，已男同，後置奥王秘称孚也。直趋至隐蔽小岛，蒙将 Kudan，鹤议之南北，但争不见，远野而西向，奥兵於 Kornenburg 及 Venice 均告败。直至 Naitinsburg. 有信差飞至，谓老王去世，请速归。

元宪宗时，亦有进展，华南克服。宋军御砲城十万。蒙古军马数万，布置勇气偏也。雷州西南，亦有攻之药病。与木利亚城，攻击历时且才胜之。至西刺伯，蒙古军不佳 Bagdad，地域第二而已。Baadud 王 Mostassim 骄奢，以是患之。西刺伯，时已有大学，皆已分科，有大坟堆的圆。化学字宫多芳色等的。现在的欧西科学，皆首受于西班牙大学的亚刺伯人，许多名词均源自此。为 Alkali, Alembic, Almanac, Algebra。而亚兴蒙兵把天文台圆等都毁掉，於文化上一大损失。回教于时亦有变化，王与教主分开了。後向 Mesopotamia，未用费大力，叙露撤登埃兰有 Ain-i-jalut 城，都陷。埃的王 Kuttny 召会议，决定抵抗，有兵十二万，愈到无处退，以蒙荒祀故。蒙兵第一万，一对十二，辛败，大将死亡，退据阿（幼发拉底）西。

以至殘忍特甚，殺屠唯列。回教徒幾全被殺，
後王Ghaqan（合罕）精心信回教，另波斯人張好，
波斯設字中（王）Wan,（鈔）Chao, Paiza（牌子）
Khan（听令於行營強）均蒙人專語。
在俄國叫Elkhan。中亞叫Kipchak Khan.
及Golden Horde. Chagatai等。
又通过驛傳站，由蒙人主之，文書用蒙文。

中國通史 55.

明清天主教士之東來與中西文化之接觸(上) 陳受頤

明末教士來(十六世紀)乾隆末年(18世紀)才去，中間二百多年。材料可是非常繁雜。考據甚多。中國固然受到西方影响，而西洋受中國之影响或者更利害。教士們在明末，比清朝走運的多。湯若望等在明份量也作的大。在清朝不過皇家的點綴品。

談到這個問題的是十九世紀的日人歷史教科書，如久保天随的書，稻葉君山的清史，中間有很大的錯误，給巧刻史篇史的樣子。他們都以為只是傳教與堂許天算而已。但不能此，了悟文獻不足。西朝宗教一書乃非天主教徒與教徒未從的書卻。中外都對它重视。 中世紀的基督教的中心，是羅馬教皇，因為非常暗澹，西洋的史家也非常感觉到缺乏。

元朝西洋派遣過修練教士來朝，但與此番不同。教皇派代表來元廷，不是重要的，乃因耶門爭之關係。希望中國出兵，幫他們之助。 利瑪竇來到明朝，他說中西這未接觸過，動轉而多了笑。因為之與引以羅馬廷相之同領。然而利氏之來，實是新的追象，因為西洋的文化背景，已當再生時代，如新思想倫為自我的，出世的山居的變為人間的，城市的活動。主观之擴大也。一方 Colombo, Da Gama 發現了新大陸，客觀的方面也擴大了。中間又有几何的科學的進展，西洋以有新有的風氣。1934，美國教宗晚寄罪言，徐树民族站在反對的戰線上而招了民族主義講的。繼而各國首先与日尔曼人讲和，並与土耳其訂了互惠條約。

中國当时的文化背景，是心学的猖狂。迎异于正统的儒学。未来学问的两大流，是儒价值论的偏重与知识论之偏探，前者是主觀心的崇拜，後者是客觀世的顺应也。王阳明打倒了程之朱觉了摆脱檐梁而拿出絶对的良心来，周此心中有力量對人便发生坏的影响，但革命精神与梁了同。

当时社会末，固然有许多人向往，但一般人因为文化潮流的關係，不能不注意的。利瑪竇的重這一点，尤为注意伦理者的灣遇。除耶穌會之外还有多明我派，方濟會，其他諸派但势力都不大。

耶穌會在歐洲主了許多学校，製造了許多学者課程除神学以外，以科学最好。他们的中心问题，正在要解决歐洲的統一，因为宗教的見解，大陆的発見，其把歐人给拆散了。方濟會先到了日本，日人的意気志，先被了回至中國傳布，再及日本。这位老人当之就動身了,結死在上川島上了。死前的遺囑,是希望后来者继未華傳教。利瑪竇克重而来了,他是Gregorius的徒弟,鏡民是修改陽曆的大天文家。中國請言了不易学,学了政羅马会了回國的,这中國走时,除了不過一个九升而已。利氏在漢信一名國家子教,周他们壽聪好,二年而通,並且会说好幾地方的方言,文字方究利的是艾儒畧。傳教士的生活完全中國化,极力应会中國正统文化,讓中國元代之前泥天,實与邪教一中國通史. 56.

承。明末，一般高級的知識，無不尊儒反釋。天主教拿了古儒相同的倫理去攻擊近儒，一方面以比較高明的天文學，攻擊佛教中的天說。利氏對於崇天的中國觀念，加以發揮標榜，這與崇拜天主一樣，祭祖的觀念是慎終追遠的倫理義，祀孔也是不過崇慕教師的深堅發展。利氏辛勤，繼之者于此意多發揚之，及西洋教基堅發，運命固流長了。一般人以史家都說他們拿科學來論中國的，但真是不了義。

利瑪竇有天主初函及交論。天主初函有說"友者我之半也。"而王肯堂給他改作"友者似乎我之伴也。"可見他的用心與真心了。他活了63歲，他對力字是首要弘法，不惜因人知道。他並以西洋醫名看護。李之藻病危邀友看他的時候，利氏不辭一切的侍候他，終致于他的虔念。李氏遂奉了教。有見此等人謂他是有機智的外交家，未免過失，出于宣教之必需的辦法罷了。

艾儒略到過北方杭州、福建。他的著作都在杭州與福建。他費了很久的時間與李之藻與楊廷筠漢論佛學。楊氏有姊太太，而艾氏始終不允許他入教。後因葬向馬之清入閩，與近儒佛教及民間迷信的對頭，廣為辯論，有三山論學紀一書。以勢力擠家，是以後動干戈，他終亡于閩，可看出他的志向了。

湯若望學問更來得高些，他會造砲，在崇禎年間造了三百多尊砲，以禦盧的寬榜。而清朝入關以後，他便一等地忽造。楊光先告他，譯年向新式于造砲有阅。

南怀仁，优惠于屈斜炮，予宴三藩时砲，都是他造的。一般教士给朝廷的贡献，是娱乐宴乐的画，言实科就靠引流。这也是一流的人物，绝路于中国的教案。

利氏最懂清用，想迎合明朝的需要，以精奇的器物，探知军队的机别。以远镜引事。

教区(1644以前)的有京明章快州肃广。一年的入教人有1500人，有一年700人。太监也有教徒，宫禁都有更影响。只是他们不愿去宣扬科学了。

广东人冯应京读到利著，决定宗教，于1603(万历31年)至京师，积极捏偶与刊引宣传书。纯粹是个教徒。

李之藻奉教在1610，利氏之未在1601。他的科学造诣很高，按洗礼初不敢奉教，後回病而入。周夔田杭，建教堂集西洋教士传教。1616，教徒被难，摩住于李宅，信教者益多。他译了一本名理探，是思想谂别的书。

徐光启信教时自曰："佛入中国，千八百年，人心世道，旧不为左，成就怎样的译人？若奉信天主，忽使教千之间，人尽做罪人居之，世道祝唐宴三代且远胜之。而国家变千万年永安長治多款。可以理推，可以一乡一邑试也。"(与数人书)现他是个极别的教徒。而且有些独化的历史眼光。他为准备饥荒而著野菜。用多种方式也挟他爱人不奉教。

中國通史 51.

杨廷筠议娶了多年未律也的夫人，品奉教，劝她返还母家去。他有《代疑编》《续代疑编》。

大琳金声，休宁人，随父宦商湖北。同经府元考卿丁忧不仕。後奉教，後又归佛，戊辰以谏言争编修向高，清疏死。时（乃唐晋第四子）艾八弟兄撰有异志，藉戥手拼音行坟文书，与教会中稽（疑）查接近。事後，教会受牵排挤他以此。

德沛汉人，是教徒的问题，恐与义致，他承袭了天子上地球"德日上说"。伦理上他永念大我，自破小我，对於佛教建信亦大典排斥。彼为掌宝，故自隐而不敢昭显为教徒。

通巴建煙客，八咗久淳海不知吃终，盖主为神，逸切未用，乃渡海去澳门，习拉丁文。林咸引时，以三十岁，乃领洗罢马。抵澳，三年通拉丁语。返浙宣教，改萄名 Simon à Cunka. 但不敢明言，以是毫不好在未减。

度勤的人首为袾宏，与李濂好友。其《竹窗随笔》记万历三年刊出，大贬天主教。答辩者不详，周刊氏1610已死，答辩述为入边，後若辩答遗憾。

沈灌遂告天主教诸友。上书後，未及沼命，拘教徒一百余人处死。1664，教案为杨克完一回徒一死，又复大捕教徒，上书理由为挠西洋新历，有涉底宽。顺治原放杨若望，称：老先生已七十岁，周此被捕下狱。老人执庭，不能言，更为杨所延。偏以地震出獄。

中國通史 58

第卅講 全前題 (下) 陳受頤

西洋人文學問之輸入。——稍較[圖給]一部分,但人文科學亦頗受影響。如哲學有倫理學,有利氏所著《交友論》(1595) 建安三閒刊未,後來又曾摸鐫。多為討論交友問題,利遂著此一百章,又作模倣 Cicero. 凡在京師已刻板流通。譽為"雙珠白璧義精粹"。物教徒陳繼儒認為可補《朱穆絕交論》之不足。又有童汝榜摄要校注。二十五至二十五章,廣論主論。

七是為歐迪我所著,所責者七:傲,貪,淫怒,饕妒忌,對治七:謙,捨,貞,忍,淡,友,勤。內容兩截,西筆按言故事,生動動人一時。

中人韓霖,李九標有證書。以奶太祖墜諭倫告題,活舊意新。主天主創製,採西洋故事,更精財說。相信天上有大父母,首宜孝之。

倫理之外有倫理學,傅汛際事艾儒略,傅乃葡教士,与李之藻共譯。最為心,難為對處,尤為苦心,凝五年[博議]、譬譬以之而句。此外,教士教徒所著之章多尚好除境,或此之實況人情之模仿,受其影響,但不是訓。

音韻学,因要楚文入中土,韓韻漸有滓些。以二字切一音。利氏之來,方法更迅,用羅馬字分析漢字音素,以羅馬標漢音。程氏墨范中有萬譯之,初限言標,初限[語]韻音。金尼閣有西儒耳目資一書,佐言為據动之子以调音，声母韵母子。明末方以智有切韵声原。杨选杞有声韵同然集。刘定献有戣韵混。刘最富语言天才，一方言写出二三里外。他晓得西洋注音方法故。以上三者，都间接受利氏影响。

一般说变化，子以西学见为代表，为西洋学术输入之报告者。 地理学，利氏有万国舆图于1584绘成，为最古之地图。（参看明史列传284, 五朝文献通考289。） 职方外纪六艾儒层著，1623成，共五卷，潜之本洲。中国最早之沿海；康熙(1708)47—(1717)56, 中国新式地球绘成，只皇舆全览图。十三铜版对威得而印。西藏画面艾泽，为后刻不及。利氏有西国记法，今不传。万历三十七年著，是专研究记忆法。短文为利氏的尺，二三萬印就。艾代里写中文文章，与中人所写不能别。

西洋的然科学之输入：—

历法与当时密切。当时有二历，日大同历，回回历。以朔望为标準。我依能饿，起于明末，每每错误，故历法不能不改。於中国历法代有所更，秦始皇以前改七回。以後至东汉之间，三国至唐十二回。唐五代宋 南北宋十八回，金元三回，明末历法，另着耶稣历书。康熙改元为授时通考，清朝才改历。数学有几何原本，由利氏与某藤苎译出六卷。直至咸丰同治，遗印此书末用。句股义徐光启做。因反算指丰之藤译，中含代数。此外尚有又数通方。

中國通史 59.

李之藻說中國算法與西洋算法不同處，西对中錯，
即同之法，西捷中遲。清康熙間，有數學家梅文鼎、
王錫闡，初偏重西洋法，而後中國法已有之。梅有曆
算叢書，有幾何原本補編。天文學方面製造之儀器重
要處很多。湯若望有經天說。日躔、彗星考，並製天體、
地球、地儀、日晷、星晷、大儀像都造，並有望遠鏡，以
太陽為中心的說法，有用好望遠。

拉铿代子孫有甘肃许常識傳入。牛妒乃康乾時人。
牛前力尤引四引說。即以多重型法入。裏有設一書，介紹當
西洋武械之傳入。——

中國兵器分三期。上古時代，夏代用玉兵，商代用甲冑。
春秋用弓弩砲石。戰國用火攻。元朝時，攻襄州城
破城将為回回人。為第一次用礮。永樂四年打安南膀
後，做佛神機銃及神机砲。防塞另有力。萬曆年海
疆危磁由澳之紅夷(礼)砲(1623)(如呂佛郎機砲
葡萄牙即佛郎机。)但①鑄法尚未②火藥不良③不會
瞄準，以故失敗。崇禎三年七年十年十一年，火藥庫都
有爆發。後又威固害上奏，請派兵造發均用西人。
像日的用砲，气先驚自吃死，壽砲的将军孫之紅夜
清兵變圍平，不能近城。四年打滿洲嘖，但1621
1631，砲由歐發每間以不久，湯若望一手造成。
崇年兒倒東城，四国乃砲名也。湯氏著火攻摯要。
远鏡一书。湯古對漢眠，朝旺人利用之，坑敵。
崇武中有耕武人光漢著，秦西水仏多翁南之情

既往。而明朝極力攘斥，而卒不救。亦在党争与闇昧人意见。1644. 蒙镜逐鸣.

西学東来之階段：——
① 神宗——明末， 传教运动时期.
② 康熙——乾隆， 科学发达时期.
③ 乾隆， 宗教改革时期.

元人優待末儒，廣用西人。而清人廣比於漢，西人、唐、故不能多用。

華北西斯之概况：——
① 重農思想. 下註
② 搞革命用中国思想.

中国通史 60.
徐中舒

第卅講 明初之東北及其經略（遼東北之）

(I) 元末之東北—— 遼陽行省 有七路。（元史地理志）
東寧路、合蘭府、水達之路，東寧均漢人。
其餘均今東北境內。軍民萬戶府，均女直（即女真）人。明洪武四年，傍加達之地，仍元制。北至奴兒干，東至鴨綠東岸。兀者野人吉列迷即在極北部分。
東元之東高麗王朝復之。（明清之際，李成桂篡位，才改名朝鮮）其國有王名忠惠王，其妃奇氏。其弟奇賽因帖木兒因城北女直，組軍欲踰伐，李成桂殺之。猶言帖木兒被擒去國。及明威，高麗臣服，于明使使要返國議賽及元失地。高麗不服，欲動，李成桂乘勢張權獨与明構釁，而廢其主。其子及信，向明要求將祖墓地（鴨綠江東岸）歸其管轄，得允。東北之西 納哈出據金山老哈句一帶，為元功臣木華黎之後。
老哈威之時，軍民有四十餘萬，常与高麗戰敗，洪武七年，東向，盎敏。廿年太祖命馮勝討之。從喜峰口西向。紅巾賊之亂，蔓至遼東，其及高麗，因此而經內地越西向東北而下高麗皆戚，共二十餘萬事諸經過强隘，相敵于高麗之地。 明海軍以太倉衞為主，部兵母師。海運至元已威，有太元海運紀事。明北師有功于東北之平，亦此因也。

(II) 女真有三種：① 海西女真居松花下元 ② 建州女真居古遼等地，東建州至長白山一帶，西建州僅延至內蒙。③ 野人女真多帶管部屬。此就地方与明分看，於政治關係不大清楚,大概是一种人。建州为唐裔。女真人与蒙人不同,以獵为生,故有"打牲"。皮毛業以盈威。有城郭,云墓式木製。满州人的頭扁,或因枕压之故。也有一种部分遊牧的。唐人有耕种、織棗等等习见。

兀良哈"義为林中人。哈,人也。濱海,本指女真之林居,而以后清人移指蒙人。有作乌梁海者。蒙古与满州人的摇近。明朝对内对外人的置衛。

兀良哈之衛乃洪武廿二年設。蒙古逞王降明,設三衛以居其民。東海兀尔喀,诸居鴨緑江東,唐起文为同族故之。清朝入闢,漢人很少东北。泰彥諸用故

[四] 洪升:燕起未,李朱脫福朝东斯,漢人很多,洪武时有廿七衛,倭以欺瑋争乱,陸害关邑。明韓遼州等制及査束都见,属山东布政使。因王禎䡈以海道州鄭方便,遭以倭寇扰擾,海上莫气戎敢,逐改衛制,洪武十七年於遼陽設孔子廟用察蓀祀礼,诸儒之考試者集于山东。周錄取为室内地者不多。(顧亭林志)女真人引袁记与漢多異,夫死守节者甚不少。

[四] 明势力至奴兒干,(左內朶賓裔内)周东旺逸碑,明宣德時重建永寧寺石碑。永樂十一年,勃修奴兒干北寧寺石碑祀。(日人读此捷访记了叁) 光绪十一年曹廷述号至庙尔探訪,著書曰伯都叶等签记。奶绿及其地尚方明建之碗息,不但當人走到虞屠業,即苦夷(庫頁人)亦臣服。正走林者咸地,気时什哈薩摩崖[四]。
紀尊于此遠航,接促奴兒干。叁東志載己書色

中国通史 61.

奴儿干都指挥使司，辖130卫。卫设都指挥。因其地偏东，太偏辟，为军镇。除都制置，设女真卫一百八十余，所、站置都督佥事、指挥都督，及百户千户镇抚等官，令每年朝贡数次，实贸易之变相。中以建州卫首设为明初之出。建州左卫首领为猛哥帖木儿，成祖召娶阿氏女为妃，用之以招女真。襄锡中主理猛哥及其皇亲。毛先哈为宫中崔宦——中宦。利用之招抚女真。朝鲜史录中记成祖曾派女真人张童儿、王咔、王教化的等至长白山地，招抚女真部落。

下 宣德九年以后，奴儿干卫已不通，但有造朝人陷没于海西女真部中，势力不逮。吴泰、石琮、马彪等遣使至女真调查，以后使不成。反刺激了海、建等女真之变。猛哥搥三卫内犯，但在刺激的范女真。女真因争相建，但后时，朝廷礼遇不厚，故时为犯，年数十次，造成边墙之变迁。正统七年，军都御史王翱，请辽东筑墙，以木栅为障，设烟火备警，倚以防朝鲜及辽东地墙之始。

中國通史 62

明之政制与士習　　　　錢穆

明无宰相，用内閣制，有清承之。唐有宰相之名而有専責。經宋，路唐三省分而復合，明遂不设相家。元亦有下省，為達中書。至明太祖洪武十三年胡惟庸之乱生後令罢中書省略智。固廢中書，令六部尚書戶禮兵刑工也。分司国政，实為君主獨裁之制，六部平等故。无宰相之官而有其實，帝自為故。黄宗羲之明夷待訪錄有原相之，但不久有内閣制起。朝廷有内閣（中極建極文華武英）二閣（文渊東閣）殿侍讀侍讀編修，檢討，翰林。翰院值日起皇廷，代皇帝语向机宜，诏書,策諭册命制诰教等之起稿，然後用一批 擅書人，署名"掌捲"。

奏｜本　掌奏代帝改批之抚文，同意便依之示書，否則另議。

奏本之上刻，不由内閣檢閱，不够莲大。因有直接駁案主心权，故势大矣。唐時有中書会人代帝改草，但权較微，莫等改矣。明朝内閣多為王臣，高掛名翰林，其但权實侄。（永樂閣臣引。）初为解縉仁宗以后，内閣权更大。當時楊業場溥楊士奇諡為東岕大學仕，宪度周後，皇有奏，皆由内閣。由是大学士由一品，他往寫于尚書。世宗時夏言嚴嵩尤援麗。但有明一代，有权臣而无大臣。名不正言不順終宛引尹静植之故臣。清朝沿用之。接匹帝王弄權之理，但更有接匹于帝者，为宦官。故更有廠而后，宦官有閻礼監，司帝王批引事，批下阿接至內官。萬曆，司礼监之卖事目说公事上，於內臣故支行之蒗就。实陪都是宦官于中靠地戲，皇帝之庸懷均。偶帝昭寄别事批，聽诸内阉。有某筆記，记世宗时宦官違禮大学士張子敬東时，為之讨封，寒言未，看地一下，及嚴嵩末，為戚筆封躬。于是宦官有千歲之称。

明朝此御史制，六部以外有都察院，連改引大理寺，都察院引斜勅事，通己到弓章奏。大理寺习平反。都察院大夏，合六部为七卿。院有御史言官也。下有御史中丞，左伯史之属系，为天子耳目。又有給事中一庋，司封駁，原为行下有事，继引出六科，周弓部始。可参加意見，直说之科参，评政得失。原未是:—

天子 —→ 宰相 —→ 谏宫

宋以启谏官制度便不明显，谏垣獨立。给事中夲谏议大夫遺桷。

府 ←→ 对立 —→ 谏垣

言谏夲不宜編奏，分立之制，每有相当益處，事之别能找出，故改府若束，谏宫必面，當别束束西函，得用谏官夲末中逼御史陪子者去考制裁婚。既为天子耳目，实为皇帝专制之进展。言谏二官，合一而归御弗，空設宽。太祖最专制，废相立樑，罷勵百官布衣之意，谏官見权於天子。给事中与御史合为耳目，奉制引敞，天子更昰方便了。杨防权益，为僭奪与皇帝衝突。

中國通史 63.

遂斬嚴刑待之，如罰鏡廷杖，激起气節風氣，既獎倡之，又蹶止之。

气節素之相｝連之以揚之為的
獎善素之言實｝事却以干涉。

故成北士大夫之气節。

廿四史止於清末人，明朝亦糟，宏統多隨，而因科舉制之不定。宋代科舉，王安石主張經義，廢策試等矣。但結果用功膚淺，不如漢註經解。及程朱以為注疏，以講訓詁大義為略。朱子有四書章注集注，章集注，兄弟子有書便集。後之科舉，加杜使左傳陳注禮記，通注五經四書。引三場，先看思想，二場試定四友，三場試見識。慢之變因為教官為考一場之卷他不意及。元朝既已如此，永樂時有四書五經大全為進士之範。後因巧工，注目於題目之偏向。于是試中有瞧壇子都廢而成硬字經史之謠風不讀好些都不讀了，名經中詩易裁斷書因卦都不讀。慢之變因為與主題風不取，把可考之題目家，都作一篇範不好裁，于是清先生，就看他能給多十題目對八第篇，不知讀經了。先生所以揣摩之精而飯碗大。于是有墨卷之刊刷。明憲化八年有八股文之起定。八股之後有破結，有隨聲屬字心己的意見。後就流進許多的明朝字事。既而為詐說兩派自之十餘，此是運股士夫說到政治事者，沒有特立獨引之學者，故人云亦云，一"運風"。明朝的气節實非真气節，趨炎附勢之風知感，总之多字词，多特定独引案，科举之不废也。明清之事制实极，明清之士大夫人每太糟糕。唐朝囿于考据，无大意气。

明末历大子士张溥居乡有病，朝居诸邑士建议，拜素伦忠事，大家出钱，魏下谥告。摩西青洞迎居正，居正喜加圈者，便引为举事。嘉靖时，为魏忠贤造生祠，于是当地为分孔子称二圣。西山碧云寺，即其别祠，有义庙处，便有魏阉生祠。后魏案破，二吃宣报如报割的割。便砒霜成黄苓小宦，而官气森之，然成一束林党。因群众之争议，士大夫之习气，故愫嫠童生。一上一下，均无意果。

中國哲學通論

胡適

司馬談云：

夫陰陽，儒墨，名法，道德，皆務為治者也。直所從言之異路，有省不省耳。

印度哲學與這套絕不相通。中國哲學是人生，社會政治上的產物。那末，中國哲學不問政治哲學行不行，它牽涉的部分是很廣的。可大可小的。老子的"無為"，孔子的"知其不可為而為"都是關於治的態度。朱子的勸孝宗處國難以正身誠意。看聽很簡單，若上上連環套，則可以平天下。

政治的起首是神權的。春秋時代哲學家的背境，都有中國教(Siniticism)的色彩。

它的特色：

1. 祖宗的崇拜。——以卜辭啟示。
2. 拜神。——自然界秘之勢力。
3. 上帝，天，昊天。
4. 信卜筮。
5. 天人之感。

從殷民族至周民族這老教的勢力壞了一千來年。有一般人，專司巫祝卜筮的人，他們是專門的知識創造者，文化產生者。殷亡西周兩個時代是這些人倒霉的當兒。遺民為教育上的權威者，混飯吃的。詩經是最主要教本，易經是卜筮的教本，禮記是宗教儀式的教本。詩經中包含最廣，有信天的，有怨天的，有革命的，有罵貴族的。凡是想起於紀元的一个？等裡。詩經表現了許多的問題。孔老皆是

中国哲学通论②

这时代的产儿。孔子至死，自认殷人。他们都是国家的柔弱的知识阶级，靠本事饭食的人，上知天文，下知地理，这服人叫"儒"，"儒者一方面弱文的样子，一方面有志气，高级心态也。且当时所殉葬等的野蛮而不令人满意的行为处之所以给思想的出路。老子看到些不死的政治的人，他们也去做，什么儿子报父，父私恩妈，弟与嫂戾呢？文化太高了吧！休矣哉！5色令人目盲，5音……"皆知美之为美斯恶已，……皆知善"……。文化诛毁灭吗！故有他的理想国，对当时文化给以一个严重的抗议，步伐一些吧！别建设吧！休矣哉！你能造一朵梅花吗？你能造一个鸟吗？自然为是，比较无为？其实他没有反宗教，而是超越当时宗教的一种宗教，无就是听其自然而为，就是无为。

孔子以为老子错了，我们还在这下大的历程上还有些建设的可能。他那般身践仁的任重道远知不可为而为的精神宾修正了老子的无为而产生了中国历代政治家的责任的果子。"学而不厌，子思不及，及朝闻道夕死可矣"那种大的知识欲，与老子迎手相反。

左阪出来了，你们都是倒孔分子，还还开记续顺的墨翟来说之吧！他的老师是史角是宗教的假戴者。他给宗教以一种新的精神把它扶植起来。天是有意志的吗！兼爱而不兼恶是天的意思。有命则你善恶似乎没关系。他们有团体

有钜子为教主。Logic 是辩护用的工具，欲护正
街道，解除种种疑难，笔它作奴吏。佛教的用因
明，也不过维护真理的难点而已。墨教实际是古
书谱，啰嗦。并且经有用呢。没有命吧！

这以三派思想的发动，一时纷纭，新出了许多
反反思想。庄子说什么都在自然之中逃不
出的啦！老说不完的是天道。荀卿说庄子蔽
于天而不知人。老子蔽于独而不知伸。天有其
道，我们不管，我们要做人事。要制伏"天道"。"制天
命而用之。" 荀卿子韩非及李斯，李斯都造了一
个统一的国家。直到汉朝，还是天与人的冲突。
中古时代，有两个思想。1、要做圣贤 2、要做菩萨。
精神上跳出去世界。渐之为民间的风俗和气。用
功了都要做神仙，不死是死坑里。列子就有生要
做成死的样子。外国来的这一派更来得凶。同时，
有水神墨的"狐教"出来。可看汉书中的郊祀志到
此篇。外来的宗教可大啰，天就是三十三的个，地方
若干之，我们便小巫是大巫了。做人的功夫没有了。
身体了做蜡烛。中古化到极处。到宋代才注重大
学的修身。这佛教下爬出来，又做人了，回复了。

中國佛教哲学

李証剛

中國佛教哲子假空有二个時期，以兩个人為主桢。即鳩摩羅什及言洪是也。

僧叡種著有榰義一書，榰，榰融也。以為兩相比明為義。道安說他迂而柔東。"用愿濛附會，佳之失其原義故。佛教初東多用老莊之義比附，後又有比附儒家者，蓋言說之起，有契勘揀分齊者，不能穿會，此舉頗覺失当。

僧法深入榰去一个意義。就是"本無義"。他說未有色以前先有無，無先有前，有在無後，色之去在無中之土。老子有似說。但無若为斷滅之無，則以为因緣而實生有哉？原宇宙无斷滅的空間，若以空間为無時，無时之義不成。且老子認无在相對又又有說無故。則僧氏更无援手。道安无立之本無義。有意匿正僧氏說。其主张有似於老子当无有用之義。他說色均緣成，緣成有相待義，無單獨生起故。而相待为假合，假合則无自性无自侯，功用用之獨有自侯则不需假待也。有色，色是假待而成。故空无自侯，空无自性。以理由則无實证。蓋凡空有其自性者，不待緣故。

支道林知有"即色本無"義。是色均假合，當待而无同伴之獨立。蓋性乃功能之動機，苟功能不动時，两能有色，无有色則不有性。色中无色故空是。当色即空，不待斷滅。蓋当前靜態，今日有，昨知后有无功能繼續，未曾究成"，去无之說为或。

神敦有神无形義"。精神能遍到，物质拘於方隅，神不有敦，不名形故。形有空而神无空。由是知精神用之不盡。榰此之相待，功能相应也，是不相

到而功能相易，于神之義是中字顏妙。功能相通相
應，其間不答有斷滅。以甲物与乙物相定，其間為
有道，為粗形末見，細相总有。在他不与兩物相固定
的差別中，其間固有道矣，神形不了相唐也。可惜之
于法用有"識含義"。他說識为神所含，有些像
唯識之説。世間有众生在分別世間之因固在此，而
訟不到窓則多破壞。他説"識神"就是連夢的
主人。三界空了，識才了斷。識神依三界故，迷夢之
醒三界（欲色无色）感池。此些義不合佛教。本三
界義，只領過了，得有色。己色過了得有無色。界為假
空故，若待三界感掉，識才感，是之顛倒向为里，其
唯識説，分別智識，在于分別，但皆多分别，亦不
成智了，此説又妙。
　　支敏度有"心无義"：僧溫無"有心无義"支氏以
為心之功能了起萬物，在于萬物中，所以了能者，
心无故。僧溫說"色空"非色无了，心不緣色才是色
空，不是色沒有了。支氏尚有相當理由矣。僧溫
以心色為固空，不能相到，功能感掉，不知緣感，
故劣。
　　"緣會"是佛家一勝義：于道邃竟認緣敢，緣
若敢了，中有斷感之空，功能不通不有信故，此為緣
會。（以上為羅什以前的时期）

　　聘羅什来者為姚興。有名之物是相待而
存，此有真的斷感的，假説之而已。佛有真實，出
世間故，破界具故。勿是與世間具，世間时空不能

固定故俗諦（世間）不有。真俗若固定，則不能並有，有則全有，無則全無。總之，皆無固定，真俗和不可分。此姚秦之說也。

羅什筆一論，真俗不可分故，無所謂空義、假名、俗之二門也。（空指性空）蓋常人均以肉身為我，他與我相待而假名也。眼能見，耳能聽皆晤不能辨，耳是我，則眼不可使。肉身不成我義，精神是我，則精神何在？彼謂即我，何可固定？去之為憂之原，願獲我見。釋迦出世，旨在破我也。任長短善惡，全在你用之巧拙而已。有的藥吃了就好治病，有的藥對某病則不宜。善惡則用之適宜不合而已。且藥無病，病無藥用，病與藥無無相待，相待均成就無無自性之義。獨有則何待，藥之名對病而言而用也。羅什筆足當百部，許述依無以計其……

同時，有廬山慧遠，擇無生義。佛主無生，恐不堪說故。有緣聲不通寬，不可信則不能思。法本無所從生，非他生非我自生，非共生，以成無自生義。無生非斷滅，無生才有生之妙。

僧肇，羅什名弟子也。有肇論一書，第一篇為物不遷。物界要動全是，成不變義，故諸要不變。第二篇為不真空。對妄假而之真，則真相圓滿，不能斷滅，不能固定故。無自性，為"空"均為假名，無是空故，此是真空即妙有。第三篇般若無知，盡有知則有不知，著名故。般若不有知，而能全知。第四篇為涅槃無名，涅槃本有不生，不得對妄說對機不可說，故涅槃無得無名。佛皆覺義，但對著什……

廣固定的東說亦說了的佛亦假名。淨土者心
之影响也。往者人況淨土佛亦等有，猶於淨土即
人心也，人皆淨心，皆不自甘於穢故，為而不屈。若
求備于一心，弥陀豈奈你何，誰能持你至淨土？

竺道生知以淨土即人心者，主頓悟之說。
（以上羅什時代。）

吉藏，著大乘玄論，為性宗之創立者。
（以上羅什以後。）

真諦首譯唯識諸經論，有轉識論一書傳世。
指示人的重心在識，不在外色。不要壽境，要壽心，要
轉識成智。
（以上玄奘以前）

玄奘，譯經較義備，所從與真諦亦不异。
唯識之唯遮也，遮境也。一切唯"唯識"，此識亦
要現故。功能之所在也。成"唯識"論了依代表。
有大弟子窺基，著有法苑義林章，才見"唯識"之祕。
（以上玄奘時代）

真言宗，宗之說均屬人為分。又稱密宗。引
為宗祖有大日經等論。言以身故而真，真亦多義，
等藏別功能暢達。親切相應。"身口意三密相應"。
密者功也。應者結向也。以密教之說，三者相應，
功能轉偉。任出一途，皆真言也。此出而佛教衰。

此外尚有禪宗天台宗暨賢宗未談。但天台宗之性
本具善惡，外釋如此說。
（以上玄奘，以後時期。）

中國古代哲学 1.

中國古代 哲学

李記剛

21. 11. 9. 2—4.

假定自唐虞氏起至荀卿止為古代哲學時期。
欲講我國古代哲學有有兩條事不可不知。——
1. 古代哲學有它特具的精神。
　I. 遺傳的材料太少，但屬於人生論者多，可以說以人生為中心。
　II. 貴引不貴言。因言的目的在引導具有它之同心的，知識是無用的。故多用簡單之文字，氣引的還多。
　III. 意在"明德達用"，故多不作系統的研究，不作辯證的形式，多以結論得著者之。
　IV. 古代哲學可由幾項的意義表而出之。——
　　(1) 宇宙論——本"明""誠"二字以致"中""和"。
　　　("明"即明白通了。"誠"為真實。"中"非孤零零的一個中心点，必顧及全体之中故中即全。"和"即相和之和。)
　　(2) 人生論——以"敬""愛"而達"道""德"。
　　　("敬"即互相尊重人我的範圍，而不破坏。"愛"這中和而来。"道"即共同普遍的通全。"德"古即得字，非限自得，乃共得共受之謂。)
　　(3) 宇宙論——實同"一"而成"變""化"。
　　　(實即正也。"同"萬物之所以一也。"一"萬物之所以立也。(清曾之說)"變"自他之變，互相往来。"化"自變也。)

研究中國哲學有兩要求。——
1. 洪水泛濫，以前文物不富。秦火書厄，文物殘闕更甚，以些微遺考證臆說而推古史，頗難斷定。我們只好取固指見日語，做多幾句話，来見到他們的主張。

中國古代哲學.2

2. 此時代哲學在主引及暗示，故不重辯證形式，然並不背乎辯證原則。當畧其形式而考其精神，且分析辭章義。

此時代哲學可分三期，姑以周易為中心分之：——

1. 周易以前的哲學。

(一) 庖犧氏 —— 易繫傳"古者庖犧氏之王天下也，仰則觀象於天，俯則觀法於地。"（天者形而上的主宰或精神之意。地者形而下的物質也。相者表相。法者法律形色態度也。）以故上取天之表相下取地，以及草木鳥獸之情況而造八卦。

☰ 乾(天)　☷ 坤(地)　☳ 震(雷電)　☴ (風木)巽
☶ (山)　☱ 兌(澤,經由)　☲ 离(火)
☵ (洛水)坎。

兩作用曰"消""息"。（"消"物之存在的範圍或位置。"息"物之養蓄生長也。）

以上稱"十言之教"，即八卦及消息也。一者同之表示，二者差別的表示。這異至同則吉，這同至異則凶。同者吉象，異者凶象。其中宇宙論知識論均備，而人道符等關係中得引出之正否，無待論也。

(二) 神農氏 —— 教民包犧，闢內食之兩象。嘗謂一夫不耕，天下有受其飢者，一女不織，天下有受其寒者。一人的引動即全体之利害影響，一言不可輕也。

(三) 黃帝 —— 有金人銘，可看出他的主張。慎勿多言多事，忽是微微，其大也不可圖。

(四) 帝堯 —— "允執其中"是他的知識論。中者善惡大小等相對的依之体也。有此"同"而後可知。又說"堯咨峻德"，哲者通達無礙也。由家德而九族，萬邦同德也。擊壤歌曰："日出而作，日入而息，耕鑿井而飲，耕田而食，帝力於我有哉哉？"這表示當人民皆知盡自己，而他知依我，當以力得諸寡。

(五)帝舜——

(六)禹——禹問治天下之道于皋陶，對曰："在知人，在安民。"禹曰："知之人則哲，安民則惠。"即要以生養之。

(七)湯——後有盤銘曰："苟日新，日日新，又日新。"新即去前舊對之現實。過去未來之意味揣度，皆以擾其為新之道。

(八)伊尹——出入皆在與人民同去取，則與民同利。

(九)盤庚——"設中於乃心"意即將此心擺在全體之中去。

2. 周易中間的哲學。

(一)文王——詩云："穆穆文王，於緝熙敬止。""緝"就是達的感。能於自己的範圍內自得其分，亦能完成人家的德而敬止之程。乾卦辭"乾，元亨利貞"乾，剛健不屈也。元从二人，二人同應也。亨通也，人己通而方有利，共同之利才是真利，貞即正確穩。

(二)武王——"人之所欲，天必從之。"天即人民全體的意圖。

(三)周公——"惟聖罔念作狂，惟狂克念作聖。"念以今心，現實之心也。罔即无字，克者能也。

(四)成王——"惟命不于常"命，天命也，知人民共意之動向也。其訟注之處甚為常的。

(五)太公望——"明者見兆於未萌，智者避危於未傾。"

中國古代哲學 3.

我們只要隨現念而轉，則未算未停之勢，肉眼人不能使者也。

3. 周易以後的哲學。

(一) 管子——漢書藝文志把他列入道家，是有以也。物以其有形（形指範疇）才能有名，不過是一個代表的符號而已，卻不宜執著拘泥也。

"句內相人，異內相拒，是攀相反相拒，是以故知繼人之同也。" "鎮心在中，萬物為度。" "四維不張，國乃滅也。" "心全於中，形全於外。" "動皆相從，靜無不依。" "自充自盈，自升自沉。" 均不失為名論。管子清淨此也。

(二) 老子——了道之道即眾意之所趨，不道之不常，故非真道。有名則惟名非他，非一切的範圍去，即萬物之母也。眾即眾緣意。無名有名固是名色的言，是後名而已，連言都言起來，那末才到妙門之內呢。

(三) 孔子——他的知識論是"思無邪"，邪就是虛妄的去想這未來的事。不"知之為知之，不知為不知，是知也。" "子絕四：毋意、毋必、毋固、毋我。" 意即志也，志之所之也。名者自立異而使他迷之也。又說"下學而上達"，下即形下，上即形上。 "人之生也直，罔之生也幸而免。" 是他的人生論。

(四) 楊朱墨翟其立足都在利與用上。

(五) 荀子——性惡之說，蓋致正人之勸，向於一端，則矯枉有點。

宋元明哲学概论　　冯叔倫

这三朝约统七八百年，哲学上为性理学或理学。但元以后史时，只有道学传与性理之说。其实名虽不一，而所指一也。其背景有二：(1) 政治背景，自唐末五代社会之不安宁，政治之混乱，故有宋掌握，民要和平，知识阶级更要求长治久安之策，故着重教育。(2) 学术背景，孔学至唐而衰。唐太宗又首倡科举选士，不过佛学当极一时之盛，又于唐臻顶峰。而五代时各派均衰，乃有周生出来。北宋之文人虽有相当贡献，都不能脱离而上。创新多不能表现出来。书院制度五代开端，谢同文为首事者。后胡瑗的书院，成了普遍的教育方法。太学亦仿之。内容就偏重孔子要义的一方面。而欲理学说归者还要推李翱的复性书。不过此学无继者，未能成派。

他们为了人生而研究宇宙，期望与宇宙一致。其用功也，一种是静坐，一种是格物，亦各有偏颇。静坐的方法，无损什么问题。而格物因解释的不一，故异说纷纭。自郑康成至今未有确说，但大多数均倾向穷理的说法，盖尊二程。

这种学说的发展并不是进步的，而是退步的。孔子时候为研性之善恶，而不是性之本体。

宋代理学家均把周敦颐为开山之祖。他的人格是很好的，但其学说的来源问题，使很有人怀疑，其遗书为有太极图说及通书。当实是一部东西。但其有易说颇见奥处。太极图说尤为其学说的纲要。其图与参同契同，参同契亦汉濂溪學乃唐三代道士為，程顥人遂認他為道士派，深惡之，出家痛詆。最攻擊他的推陸象山，說他"無極而太極"這極乃道家說，儒者不屑言之。其實如誤解。無極仍無窮也。周濂溪引用繫辭裏的，如同孔子之用魯春秋一樣。貸藉一表方式代表他的學說而已。"極"如人之脊，不可接觸，故說沒有極。太極即卒俟，凡中國哲學，離不了易經。周說多言動靜。他使用白黑代表之，稍嫌泥人，故又說陰陽表之。太極中動靜無端。太極生五氣(木火金水土)而順布之，四時引矣。陰陽五之引會和，化生萬物。第四章又說，男女乾坤之道，故萬物化生。無極之真二五之精，便有神出來。而後有知。人之所以靈於萬物者以此。(生)不同他。"性是周濂溪書裏之中而已。人好引為意"的中正仁義而主靜"動靜不偏即中正。愛之實際為仁，愛之方法即義。靜觀萬物，悟得最好好在於靜。靜乃安俟不動，無欲(念)之說。
程顥是周濂溪的弟子，可是他自己說，善有別字，性天理二字乃己俟意。程頤是周濂溪的弟也是胡瑗(安定)的弟子。兄弟如有地方遠之，說以道承繼伊川合他一樣。他二人都是周易的宇宙論。繫辭傳乃孔門弟子記。太極生兩儀，一條毫不易，一則絕對的變易。易是往來上下，是無停的變動不居，周流六虛。太極即易，道，神，生。
明道講性，實際講出來个東西。告子說"生之謂性"生命與性命通用，明道講性就是講生。易經說，"生之謂易"，萬物就是一个生命。人生而靜以上不可

馬叙倫

不濟。易經"達之者善也，成之者性也。" 善是維持宇宙生命,得常之道。合於善者道德也,即仁義禮智信。他說義禮智信皆仁也。"維持生命"義有等差之宜。智者知此,禮者引此,信者踐此。
伊川固承孟子之說, 另倡感應之說。感者有感, 太極自身之用也。宇宙之成有兩系列,一者我,二者序。伊川認有本然之性,有氣計進,後人講這個,以為二元論。氣禀色含形體習氣,已外性内事,同禁言始經。

邵雍 的是極建卦與易經全是兩回事,以對斗說基礎。但不同西洋的經驗哲學,總以"四"來分說萬物。但一气又講三又講二。程明道說他是加陰陽。他自己承認自己也說是夫禮。似唯心;而又說以物觀物,以物明物。總之他的玄說無法講。

張載。有西銘。神經之前信李房。陰陽配合之生萬物,與程等說大同。但他說本體是太虛 太虛湛然。立清氣一大,此道說之本。

朱晦庵己宛未有定論。

象山不多言性,喜深教化。說"吾心宇宙,宇宙即吾。"單刀直入。玄而已。

中古思想史

韓鏡清

中國哲學史 1.

中古思想史第二期

渾渾噩噩，是為國寶而莫辨。若輪迴若異報，均非國粹。這先已有楊朱宗即有何麼的話。而印度的業報說（Karma）則既有系統又有理論的了。吾國古時：惠迪吉從逆凶，有時不能自圓其說，出奏向強天而庇全那？然而印度的三世說，輪迴不已，意識上容易取法，遂成為中國人唯一的信念。比鐵一般的確定了。吾國古時家神，對鬼事包說大略，誠的不多，而外來的新穎的印度思想，卻有三十三天十八地獄，無誠的太多了。可是我們現在以為是自己的老東西了。若由旬若剎那，若僧茶佛，均為梵字，而今不覺也。

印度人本亞利安族，印高加索種。其語言紀[?]，如 Veda 與 Wit, vid vis 皆同原。

四種階級（Castes）以下為不可觸階級（untouch）
修引有三種，——1.苦修（自苦） 2.靜觀 3.祠祀。

吠陀書中已有泛神的哲學思想。從 Atman（小我）即是 Brahman（大梵）。天地與我為一的思想，不異此。

孔子 551 — 479
喬答摩 560 — 480

最多哲學觀念的民族是印度人。（思想最細密的民族也是印度人。）

我——持續性 Continuity 主宰性．

佛教頂高的掉子便是"因緣"論。
周叔迦、中國佛學史第一編
　　四大時期：——
　　　　I. 原始時期　①齋祀乘　②般若乘
　　　　　　③三學乘　（漢一齊）
　　　　II. 華化時期　①涅槃乘　②燈明
　　　　　　乘　③彫零乘　（梁一唐末）
　　　　III. 蔓衍時期　（宋元）
　　　　IV. 衰微時期　（明清）
湯用彤、中國佛教史講義

原始的佛教,完全是革命的。但在宣傳時期,一出就
不再未純粹了。
佛教是个叫花子的宗教。
四十二章經,任心筆寫寫之,則嫌多事。或真有一本在
供課或教徒的提綱常要。
波羅密多 Paramita
念佛的：—— ①想念佛像　②念彌勒佛往
生兜率。　③念阿彌陀佛,往生淨天。
(amita) 多量壽多量光。　南無 (Nama)
nama amitabha.
佛教思想的華化是"禪"。
彌勒佛的肚子漸之大起來,觀世音的臂漸了
山下去。這不過形式華化的一些。
阿羅漢 Arahat "應真"之義。
安般乃安即般那之畧。Ana pana.

中國哲學史 2.

初禪離愛欲. 二禪離覺. 三禪離喜(Joy).
四禪離樂(ease)
　　淫 —→ 不淨觀.
　　瞋 —→ 慈心觀.　　思惟觀
　　會.
四禪後的功用. — 四無量心 — 慈無量, 悲無量,
喜無量 捨無量.
四空處 — 1. 虛空處.(無色定) 2. 識處
3. 無所有處. 4. 非想非非想處.
五神通. — ①如意通. ②天耳通. ③他心通.
④宿命通. ⑤天眼通.
星槃 Nirvana. 寂滅義.
四五世紀時,印度的思想界,正當涅槃經權威
的時代,此由譯經上看來. 討論的中心, 多在佛性
問題.
三階. — ①最上利根. ②利根. ③鈍根.
達摩引入四事. — ①報怨行. ②隨緣行.
③無所求行. ④稱法行.
古時的瑜伽師地論, 大概都講禪法, 故又
名修行地道經.

　　　　　　自唐以後, 禪列為專營於佛教

Kashmere 唐言罽賓(534)　(574)　(627)
康(日本){23. 吠舍. 24. 金剛座斯. 25. 優婆山居. 26. 毘修羅
傳燈錄}27. 毘羅察. 24 吠舍. 25. 毘舍斯多

③ 商羯羅等
27. 僧伽羅叉, 28. 菩提達摩多羅. ④ 優婆毱多
26. 不如蜜多, 27. 般若多羅. 28. 菩提達摩
可見二十八祖表, 就亂七八糟的, 表應不可靠, 所以一般大乘書都在那裏為了主義或目的去造偽。
中國教 → 墨教 → 儒教 → 道教。
宋趙武肇 張方平對王荊公云："儒門淡薄, 收拾不住, 皆歸釋氏了。"
陶弘景 真誥 鈔四十二章經十九章。
南北朝時，有三教同異、三教吉一之說；三教同行之用，魏氏為多說。亦有三——褒貶出家者說。(書佚, 大藏見雲笈。)"凡濟育者皆然"雲笈云"蓋子已寫之摩某氏"。
續又繁佛家言, 了奉道藏; 道藏起晉, 雲笈七籤 (四部叢刊本。) 則較簡易。
韓愈, 李翱為九世紀之代表。韓為古文運動, 李翱為文藪續興。是似續古, 實為革新。六朝之先靡于駢儷, 思想閉塞已極. 韓李運動, 即玩所謂"疾虛妄"是也。古文指經論孟荀子史記漢書. 不僅為文字運動也, 重思想。韓道之異曰佛老, "老子晚沒, 聖人之道不明, 楊墨出亂, 天下葦然, 孟子出而闢之, 今楊墨之書猶在, 將何以方之?" (大意)
謙佛雖未嘗成, 但又不願環境, 大異于朱子等, 終為難得。韓真確地中國之道, 可注意之點。
①"左之治淡泊以心而誠正者, 將以有為也, 今也欲治其心, 而外天下國家, 而滅其天常"把道誅的由虛玄而達於平實。
李翱為道之後繼, 與澄觀密宗甚交, 多納其說。

中國哲學史 3.

廿九、隋續僧書三篇，空佛家妙義，述引之言之菁華，其餘糟粕乎棄於道也。謂戒佛言，但中經信佛理。（此說為妄）蓋禪大盛，史廣倡言孔子為性命之學。

中古時期 200 B.C. — 1050 A.D.
近世時期 1050 — 1900.

唐代詩家如杜甫忠君愛國的思想，於中亦顯露。古文運動實為文藝復興 Renaissance. 李翱等以禪宗眼光；易經述說為宇宙觀，中庸說為人生觀。大學說為政治學。一切古書，均賦予新的意義。中古儒家思想之淺薄，漸轉濃厚。由出世轉為入世的。昔日之宗教色彩一降。

此時代的重要變化：—

① 印刷術—800 年前已有印刷術，燉煌包出八世紀刻本書現藏英國。審峯塔有 975 年之刻經。馮道為大刻儒書。

② 學校—宋朝有太學院，為學術中心。胡瑗倡新學風，以經義治事導生徒。

③ 古文運動—李商隱、楊億為古文運動發動，柳宗元、孫綽、歐陽修等復興古運。石介痛斥佛老、楊億為三怪。（唐之古文運動僅持時至文恪之篇渡家、未化深儒。）

范仲淹業於慶曆新政治自覺的改革，超重點是倚病懸，純為向外的、入世的。以兄天下而憂樂的精神為替身「我不入地獄誰入地獄」的口号。

300 — 1600 A.D. 印度思想傳入後，思想界呈出兩个潮流。①道教一份佛为教,代表民间思想。思理学三家合朔,以儒作招牌,实际把释理论从印度出世道论入世论。前者印度思想华化,今者适反。

庆历中的变法,是范仲淹,思想的代表却是李觏(字泰伯)。他笔周礼及易都曾成"改论书来看"。礼即教,教之神圣,在使军民之事且吕公知百作,皆有部主。他却不赞成,读书与为科举的引诱,摆摇身己心,养生送死"才9。

礼的内容:一是刑政,仁义普。为具体的法现故,放在人心为他太向外了。说:"不求诸内,而竟诸外"的话。他答辩道,内外不可离。他提倡富国强兵。(庆历1043—1045)范仲淹死于1052. 李觏死于1059.

神宗熙宁中的变法1068—1085. 中心人物为王安石. (1021—1086)他代表新党派。同时司马光(1086死)为之反动派。理学便着于这个时期生。1085神宗死,哲宗立,高太后摄政。因幼宁年,把王安石十数年经营的新法,完全破坏。高太后的年号曰元祐(1086—1093)为报复时代。太后死,哲宗爱新法派之言,改年号曰绍圣,为绍圣时代。又为大报复好时代。即说"元祐党禁",不能自由活动。元祐党人的名誉尽是张高。理学便是这般人的成绩。

王安石是组了不得的人物。百丞临州全集中有答曾子固书。"读经而已,则不足以知经。"他自说书不读者,佛书医卜星柏,小说都看。蓑衣女工,都有部

中國哲學史 4.

肉:"毀莠而隐灣"也,共詩感事寫民间痛苦,並亦"三代子百姓,公私無異財。人主擅操持柄,以天捲斗斛,賦予皆自我,慈并乃姦回。……"
詠菜:"孔稱均无貧,此語今可尋。譬若輕夢錢,舍農人貨……" 集中最長者為《上仁宗皇帝書》,是歷史上最重要的一篇文章。意思是當時不乱治度,因人才不足,則須教養取任之,不當以致害也。當言之用,用必致害。"由天下之力,以生天下之財,取天下之財,以供天下之費,自古治世,未嘗以不足為天下之公患也。患在治財無其道耳。"青苗法即政府出辦的農村借貸。在他主實收依縣官時卻很有成績,熟不能要之天下,用人的關係,使它要的糜爛。

司馬說:"民昏雜久别,頗妻,此病引已十三年,下戶素愁苦,上户足優便,眾議論識,已是悉不一,若不於此降決去餕之,恐異日的菁管厲之嘆。"……
總之两派之思想不同始。王荊公的方法的哲學,司馬光的名為的哲學。二者求采征書文中。

摆寒山拾得二十首,题曰:"謝曰:'秦晋巨之等亡國,勿使主行除商君!'均暴露其有的思想。
蓋:"氣世如夢多顛劇,勿謂求心皆空寂,還爭黃串随塵境,成就何沙夢功德。" 這是他信佛家禪宗的東西。 老安他以為无知事任己的做为的政治,何有好的結果呢? 這道家禪宗的見解也特别好。
同時他有很絡練的一篇上時政書,很可以代表他的有為主義。有云:"趋逼目前,而不為久遠計。" 一切政治的毛病，他认为不出"因循苟且"四字。
没大学中的工科，改律学式子等，广施史横坦
精神。考试依经义至黄伯思写重文章的精
神。有人说八服君吃他起妈，使不显缓。
他的诸般施设改革先全为了民利的，便引起某
辈障碍。谁之咎乎？一般亡人君子神手蒼觉。的用
人不当。
三不主义——祖宗不足法，天变不足畏，人言不足恤。
他纸赏慕商鞅。"今人不可以商鞅，商鞅确合
政而行。"
他有两诗表示他争夺的皇帝的思想，"首道戎民夫
即助，不尔况用牧箠儿？"（对楚灵义帝的事）
黄庭坚重剑亡这义气，为："一切因任自然之拘
势，而精神之運有所不加，名家之间，的么不察。"
对范睢事故云"贵中忘唇绝报仇"。但他的有
为精神，失败了，被推了四百年的功夫。
请人蔡上翔有王刻公年谱考畧辯王先生仲寃。
考出後以诸毁他的诗史料，並韓问之辨悉谙
今人知其为商末以出。宋人乐说八种中的诋毁亦
也是夫这他。蒙四莅子不同故。
有的是用人的精神材料的未经些事矣。
气为顺的首领是司马光。克为克时理字好先学
（七十四卷仗仃书）他係遗典型的历史家——资治通
鉴。是个了不得的人物。于主安在时争失意渴落屈洛
京。邪罹二税，均罢徂唯案。这书多了代气的流的之
气象，盖以颂达不遂，以发引之现了。自龙日迈变。

中國哲學史 六

① 迂的原則 —— 收功益遠，獲利益大。
② 虛(靜)(不變) 天地萬物均不變，善惡不變。
③ 無為(因) 無為讚："治心以安，傳體以靜，進退有期，得失有命，守道在己，成功則天，夫復何為，棄如自然。" 掛了儒家的招牌，但引道家之途。他表面上很反對佛老，但有人向他以二家之說問起，他以為斯高取其空，道士取其無為。
④ 治心(向內的) "小人治迹，君子治心，苦者修以礼心也。"
⑤ 帶有宗教的傳統主的思想。
他的文章為性善惡對大極無極之論，都是理學家注論的先聲。對於掌家，不以形容為主，另有境界存焉。 他道教的之檔子神也。瀝過。既把他趕出去才對，完全中古時代的宗教修養。那末為何用於政治之途？可引起一般的功夫呢？他上書說，治亂存亡之道，都在君主之心。修養之雙层，固不可求諸用於政治，每有一訪到之用處，而呈服以為為之，豈有不精光者哉？
程顥上書，則以為政明在君主。有海上素者，極為信者，有不善的案故。"為民之大象，牧民之要道，大理之不了事，民人之要事皆以生。" 諸如不等。另引交部名事，才足以佐政治。
以上所講為道學或理學之起源。
道家的思想掛上儒家的招牌，是反動作的哲學。
理學是對的反對釋老的即假的製造。

| 王安石 | 有為 | 向外 | 干涉 | 悲憤 |
| 馮道夫 | 無為 | 向内(己心) | 放任(向由) | 樂觀 |

這時陰陽有當今之天畢，是失意的改良派，均繫于此。必當弱程朱之業。邵雍無異，言降云："每這般做法引，幸苦樓毛屑，無有實明色。喜曰閒相宰，必欲弓于人京，就自弄有，必欲出去實，豈能得長久？"復轉治治為干涉政治了。真以出人愛不了。自古教在便了。樂觀者是滿意于當前政治。悲觀者反是。

他不說我有主宰，①為中國人 ②為男人 ③為上層人 ④生太平世，⑤聞道義。尤其安住在陰陽更甚了。有伊川繫傳集行世。他的眼裡總是太平世界，當相去就有幾年，麻煩人家幹什麼？而王安石卻老些事。而李賢誼那派長太思長法第的學覺。时至无講而大逸覺禁，卻不知託後舉逃出路來。由政治的活動，移到了逸的活動，這是反動派之所以走程朱路上的大原因。繼而反動覺得之為世況有加程子伊川留在世上。而一般弟子都是失政的生意。也可使舉他作了反動派拚命的鎖鑰。

以其期短促，令以理學的特色去看，具備一股班
① 政治的理論化，推而至于理論。② 宗教的民族自決，漸之由歐陽修的本論及李覯的言論，而不復有韓愈的標表面的武斷式去排斥外來學派。拿出自己本具的東西，代替那未知的獨佔市場的政權。所以他們都不是純粹的儒家，可說是道家。

道教 ⟶ 老子（儒道不分）
道家

中國哲學史。6.

邵雍用發展觀察完全是道士式的。种類陳搏也不免是儒生道士的化學工業品。傳种放沿著古老路，挿了書生的招牌，暗引出寰區變革案。那一套先天八卦的說法，用的時經故，以象數多少容易。我們看他們是道士而不疑。但當時他們在社會上活動，不屬于儒生。有如六朝之陶弘景等等，因當風從業，以讀中國書為中國人對了外來宗教而佔之一條戰線上而至与儒生有先後。宗代文化導緒，後與民族性格宗教運動。程朱有照遶先生引状，很值得我們注意。"涇灤于諸家出入于老釋，反求于六經，然後得之。" 運籌的意思以為家的素描。又說，"根于庶先，窮于人倫，知畫性至命 (窮理盡性以至於命) 皆本于孝悌，言神氣化由通于孔氯。" 表示他們与佛家的不同。儒家講性那他们也有，窮神氣化何嘗又無。不過講的性雖是世間的，實際的。"排異端似是之妙，爾蒼未將之尉!" 末引伊川之碑文云，"道之不明，異端害也......良能滯神氣化，而不迷以用為戲務，管管至元用優，意外處于倫理，窮事根據而不以入意外道。" 二程思度寄合于時代问题，當不免加入一些宗教。

以入世的文化代替出世的文化，以人的文化替掉非人的文化。適用了所條路，—「體兼引因」
①社會政治的 — 王安石，范仲淹，李靓 歐陽修等
②學術思想的 — 二程等，以安身立命 (窮理畫性至命) 為主，唐韓而後性理。材料以太子中庸集記。(老莊子佛語錄) 等語等。 目的是入世的。

打倒求仙成佛的方式，而继续尊孔还是国故那一套。走第一条道未免犯了欲速的毛病。造成一个新的生观，努力入的文化。拿旧书的书予加以新的解释，这便是理学。又名道学。邵雍："天使成有理之理者。命之主成之谓生。生之主物之谓理。"这种说法，也引入近于科学，但不能不受时代的影响，已经中世纪的毒素。他仙都抱着观物的态度，对於世界事物，采昂的精神，是轻玩味旁观的样子。不动感情而也不参加。即先生顶喜欢，已说 Contemplation。他少年时，立志欲要齐家事走四方。晚年家居洛阳上黄泥，拿出"以物观物"的把戏。咸有悔心，用是得非静的客观。他说观我之事太大。"所以两不相伤"。花闹不如喜花落的烦恼，4者都忘去。"只有诗集的自序。)"观物如以目观之也，观之以心，观之以理也。最好的法个重叠词吧。最喜的成就，变了一个评判家，一篇好之情，要反观，要无成。又说以物观物，性也。以我观物性也。性明而公。情偏而暗。这是中古抒情的气味。唐朝最利害。一部部因是为自生事的的思想。自己忘了他的诗，颇满志："物有我无物、有我无之，人有哀乐、事有庆典。"物不知感、事不知独知、莫痒送起、贺思甚引。"

太陽	日	皇	易	性	月元	129600	並有太剛柔
太陰	月	帝	書	情	耳會	10800	皆十剛柔記
少陽	星	王	書	形	口運	360	起畫
少陰	辰	霸	夜	体	鼻世	30	

中國哲學史了

他寫了橫渠世一書，是他腦中寫出的歷史年代。
他的靜氣是審世的態度，不拿加不動手，置之花
底。
程顥——"萬物靜觀皆自得，四時佳興與人
同，道通天地有形外，思入風雲變態中。"也是
觀物的態度。 "天地之法地之常，以花普
萬物而无心，聖人之常，以花情順萬物而无情
故君子之學，莫若廓然而大公，物來而順應。"与
鏡子一樣。還"无將迎，无內外。"人之情皆有蔽，而
自私用智失患多矣也。"自私則不能以有為為
應迹。用智則不能以明覺為自然。" 懷疑懷疑到
這之不建己，不用私的字樣。与事別实，实則經驗
則映物而无累。表面上反對私智，但骨子裡
还是那套把戲。像人沒其主靜之樞。"
張載——（橫渠）"盡心以妙，收存以自得。""体
天下之物。""与察万物，有心為累。"
周敦頤——提出"誠"之一字。後世書已佚。
文字上的誠字，不過家而已矣。他也是說"誠者
誠無為實无不動者，誠也。感而遂通者神也。"出于
易經中庸，寂然不動乃形容卜卦的寫筆靜而已。直到
戴東原才明白。他們是寫筆讀的客觀，是玻璃鏡
子的客觀。"一為要，一者无欲也。无欲則靜虛
動直。靜虛則明，明則通。動直則公，公則溥。"
近代哲學參考書——
宋元學案，明儒學案。（原稿是黃梨洲的）
未完全相當等補完備了。

朱子語類　　王陽明全書中的傳習錄。
二程全書　　陸象山文集（鉛印本）
敬、靜一、無欲、不動都是寂然不動的專名詞。
"終日端坐為尼塑人。"這是大程子的功課。小程則
笑他。這個是中古時代的態度。
仁的態度，本是古代孔子的抱負，至程敦等書與中
古時代的意思相投而成為一個信念。注"筆能與物同樣"
才叫作仁的態度。又說"仁就是生"，是麻木不仁的反
面。血脈流通便是仁了。
"天理"一詞不出古代。新儒家把他含中世道家的
道結婚了。無處不在。仁便是無處不在的。本仁也
仁便是桃杏的生命種子。所以我們要識仁。
張載是頂有氣派的學者。也是這一套。西銘是他思
想的結晶。歷史上很傳頌的。但文字頗不通。
"天地之塞吾其體，天地之帥吾其性。民吾同胞，物
吾與也。"是法律論的宗教態度。天地之塞氣也。
天地之帥理也。把中古時代的道教的精神附到倫
理的作上。　大程子頂注意天理。他以為天地皆
我授受，而天地是他能依會出來的。知天理這原
來像萬物皆備于我的說。所以說"萬理皆在于
鋪放着"了。原來增不得一分，原來減不得一分。不會意動
不會轉了。也是寂然不動，感而遂通的。那末，都永遠照
天理而行的"循理"了。有時說，"天理具備，元無少欠。"
但壞的事情誰做的呢？在生問題下，二程想法好
表示我們的家教。曰"天下善惡皆天理"。或過或不及便
是惡。天地之理"要恰恰有對"故他中夜起舞，不覺手

中國哲學史 8.

上達之意，謂之了。摩尼教好象更強烈就是如此。不過"範"字的出現，實為思想上的一大解放。戴震這位大思想出來才更把理看重。他說究竟公否公理，是否有你晚時的理呢？把理看成意見了，真是精采極，太把理看重了。朱子說理是"渾于天而具于心"的，尤為戴氏攻擊的鵠的。說理是解放及戴震倡揚的成功。晚末時代一般學者爭自由爭民族解放的，亦近此等傾向。晚末學者皆坤田倡下來之勢，而理尤要之說。

"格物致知"的觀念。——
四字出大學，但未明講出來，唐人尚未之注意。宋人才察覺四字的重要，因為是平天下的最基本的元素。司說，格，扞也。物，欲也。　二程對於此觀念亦不甚清楚。說格者，至也來也。後把來的意思去掉，產生就"的意思，標文義曰："即物而窮其理。"這句話，不免又犯了"格字解經"的毛如治字上的毛病了。前廿数年，把"格致"二字來譯Science一詞，可見其觀念之長久。二程以后，朱熹依孩子之言，作大字補傳。(致者盡義。) 說"即凡天下之物，莫不因其已知之理而益窮之，以求致乎其極，及其用力之久，而一旦豁然貫通焉，則物之表裏精粗無不盡，而吾心之全體大用無不明矣。"這是他似一程朱子后一的治學方法。物須為對象方重，而心知為 faculty方重。當是中古時代大激大覺的禪宗的發展有了。

二程—楊時(龜山)—羅從彦—李侗—朱熹
(死于一千二百年)
二程河南人朱熹李侗始福州建人。程顥是頂聰略人物，可惜死的很早。他老弟伊川活到七十多岁。較为迂緩，重功夫。晓得弓是廓然而大公；知未顺受的态度不太够。所以他不重视知識末。知是矛之兇是里路之灯。有時他講得近乎元句含一二诸。他以为裏知是合引併在一起的。为豪傑諸凢者，漢唐时較空諸者，其色迥异。 某錢程早成仁，撥駁科道州有使知者不引。真知者了不著意而引。他是告诉大家说，知與實踐，别看的太窑易了。似乎都受了禅宗的影响。其弟子問程颐"涵养不尽之經神"。答曰這，"學是豈え了向。是揀難底向？"与禅宗对答多是。有弟子问"天下何思何虑"。答."是别是有必理。豈要着漠太甚！" 他说，"以等思等慮而得者，乃所以涵思而得也。以等思等慮为不思，而直以为不尋索之而也。"一反義和不動，威而遂通之常語。 張載一方面提倡学的風気。伊川教人思考，舅舅的人，用謹快記下末，迨他搞信他，才能指予向他。斗流謀百偏的人，若学乃難出末的。不思慮而得的是思的結果。是中古末礼教引的都偏天下为了一个问题的解决。讲尖到了理智性，不過差了種純釋。伊川有名的槟言，"涵养须用敬。進学則在致知。"朱子尤讚美這旬話。理学之所以為理學派也此也。把它们範圍扩大屋，程颢说道："自一身之中至萬物之理，但理会得多，相次自然豁然貫贯雾。"不但方面多，並且這的滋也不环。又说，"浩大大，至天地之高厚，浩其小至一物之細以微，学者皆当理会"，"一草一木皆是理。"简直natural的全体都包揽無餘。他们到了这步"

中國哲學史. 9.

認說"理"接說根近于科學了。沈括有夢溪筆談，音樂等莫不均通。科學知識無不具之。張載正蒙一書亦深饒趣味。李誡的營造法式是中國建築工業上原理要說書，有書有畫，非常精密。實在夠得上講格物。但大部份士大夫動手動腳都非常不屑解。把很大的範圍都縮小了。程二先生又說："窮理者多端，或讀書講明義理，或論古今人物，別其是非，或應接事物，而處其當否，皆窮理也。"只成了讀書，論史、應事的program了。因為大的計劃，不能不丟掉，不有工具故。後來王陽明生着看竹子，一種格格了幾天，反把自己格病了。當然從沒有遺下那個科學的背景，當"已無人理"故。靜坐的習慣，讀書的風氣，好議是非的嗜好都有了，都很深蒂固了。所以縮小的範圍很少。原來中西二千多年的歷史，同是以舊大，所以不能有創造指者，因為研究自然的遺傳是沒有的。而Euclid的幾何是二千多一千三百多年以前的成就至今絲毫不動。而我們的歷史中竟未有個Euclid 和Archimedes一樣的人物。太若Plato, 標其內容而且不僅議自者不過八。Aristotle不但有Golden means, 與孔子通回了是別忘了他是個極大的科學家，他注重試驗注重標本，而筆種了各種子，早育于是。Democritus老早就在提倡原子論。而墨子裏精之有很接近于科學的地方，到現在才有人從自然提出。中世紀Galen真真莊莊重之的角筆副尸體。我們的來原是ethical political, "答務為治者也。"他們的來原是科學的那个哲學家Theles便算宣白鐘。我們自然的重哲字

出来好早，而自然科学反迟。自然科学方始出来
好早 (1100年时)，而哲学的发展却没有想到。严世
戚依祖宗应付一分责任，或是象的文字的影响，
以及一。自然哲学出来的太早，不信鬼不信神，结
果未做到的，没有彻底的迷信与科学思想相攻
击，以及二。程子反信，此宗即此。太子生也写蛮书于
成政治，这种精神都是积极的表现。朱子搭对以
为先师的道路走不通，赞成他的师伯。"天下谁不可
胜穷，此皆备于我，而物是外缘。" 君和请在
况他老师的说格物的证。谢良佐(上蔡)便以
为道是家的。致二常思惺惺(佛家语) = Conscious.
= 不昏不敬。总觉他们老师的道太正。"穷理必是各
一个是实。" 名与数 "所穷的理，固出于一，而搭
物。" 都可代表回复中古宗教的态度。
李侗(延平)才又提倡程子的精神，"理一而分殊"
"任选一事印当且就此事反复推书，以致其意，待
此一事，融释晓落，然后别穷一事，久之自言有"脱然
贯"家然疑凝。
朱熹是李侗的弟子，他死于1200，著的书最多。不过他
注重的是四书。并且是个大文学家。清末王懋竑有
朱子年谱，强了一番。(附有考异及附录) 王号曾母其
书为学者年谱的模范。是传记文字的代表作。
朱子的思想经几战胜，以致歆胚了七百多年的思想
王守仁是朱子敌派，曾造一部伪书，叫朱子晚年定论。
王著考异，恰分详析，严斥其伪。
朱子的方法是"通来须用敬，进学则在致知。" 朱子根本
错

中國哲學史. 10.

承意包道路, 務加修理, "致知" 要用涵養, 涵養要用致知。"二者偏廢不得。敬一字是提敬處。朱'知識'一等一敬, 都從這裡。積極的說即"整齊嚴肅。" 小事至灑掃, 總要減敬。敬者不懈不忘, 涵養也是要靜氣。辭讓只是兩條路, 朱湛別有一條路。讀讀章十八。及大學誠意方法最精采。路者窮究徹底真見得決定出來。为个 certainty. 因己知的未盡, 未達的未達. 成功以後, 歷史料'定的包含樸學的方法. 有人主張中國樸學的起因, 是由於西洋教會來華的影响。因為樸之大'师及有个不是數學家。朱以為不安, 蓋治樸之末. 出於我國地書界想. 記出於逃亡. 擴出方刑台. 窮究上下功夫, 即 exhaust 之說. 概氣都可以一貫与室逊肯幹. 中國士人, 每一事專審密私, 出据以結案.
十二世紀, 也是中國思想的盛期。

```
) 朱熹 1130—1200 閩學
) 陸九淵 (象山) 1112 —— 江西 (金溪)
) 呂祖謙 (東莱) 1181 —— 永康 (金華)   } 浙學.
                    1193元
  陳傅良 (止齋) —— 永嘉 (溫州)
  葉適 (水心) 1150—1223
) 張栻 (南軒) 1133—1180 —— 湖南
```

因為中國古時很費事, 都是寫本子, 可以精致的兼子, 經文進叢了. 靜坐的把戲, 倒州常爷達. 朱子也曉得靠不通的, 因為天下的事情太廣了, 也沒好縮小範圍, 所以讀書窮理卻是做得到. 用了七百年樸雜学的皮滑, 以至于就在整理國故汽路, 近有人搜集了些材料, 叫做朱子辨的遺著.

他把書縮力到經，經又縮力到四書，認為是記思想界給久好四書集註。並以或問輯略提綱輔之。此外有易本義及詩集傳，以文字天才的文服充注釋，未實為非凡，但不免受人的攻擊。他說易經是卜卦之書，切勿隨便加入己意。以好說的添了一鱗胳子，便掃去一部分光明。

（圖：讀書、窮理、踐履）

詩有不用數處，說之"叶韻"是朱子的特見。後來用了左韻好研究。他對於古文尚書的懷疑，直到現在的顧頡剛都在考據定。他是想不能完全解放，是因為他把教與致知當作不可為好道理。朱子記其弟子諫之曰："窮理以致其知，反躬以踐其實，而懋敬者，所以成始成終也。"陸低只知反躬，折子只知致知，書好都包辦了。
陸象山——1175年，呂祖謙請了朱陸二人，到鵝湖開了个對論會。（陸有兄弟）即謂"鵝湖之會"。陸九齡與其弟研究對敵，有詩云："孩提知愛長知敬，古聖相傳只此心。大抵有基方築室，未聞無址忽成岑……"
象山云："……易簡工夫終久大，支離事業竟浮沈。"九齡也寫朱："留情傳注翻榛塞。"象山又云："苟知本則六經皆我腳注腳。""六經注我，我注六經。"朱子批評他們，以為忘記孟子一句說："先立乎其大者。"他們也承認對好。朱派主張以 knowing faculties 為穿理，而陸主"心即理"。千古儒者書內儘好聖人，此心因素，此理因素。"但為何下手當究，朱子便以此問她。

中国哲学史 11

她没稳恼味，研究的愈明理而是理者不离己性也。
在你们手上看大学也可以，陵师说有也可以，讲不到什麽
学了。运程弢子固然有毛病，但手给个人增气张且
发揚個性。檔又曰"尊德性"、"重人道"。天给我们的
是什麼，我们要看重以待人。不過强久体諒的毛病
或遗之坏處。因为看自己的理是家理、真理、玄理、公理素
理，看的太客易了，反到沒有下手處。马到这些人格上的感
化。

浙派于朱子較同。倡之者為呂祖謙，晉東萊公。呂東萊公
祖，世家子，以吕奉河，公弼、公著均为卿相。其祖学
向，正值北宋世时，為一時學宗。公著与司馬光同時，並均同意。
甞学固然是南宋的，但这樣有形勢的世家，他们读书
絶无隔世的難難。故祖謙為学清心。但偏重歷史
易古論："君子以多識前言往引以畜其德。"為他的思
想的主幹。特看重歷史的文献的認識 —— 致知的
工作。進学即進德。"講貫通理乃百代考是通論。
学者緣此支離泛滥，自是人病而却是法病。"一切走
陆派批评他的话，文致知之積极精神蘇近朱
荟。呂曰："知猶識路，引猶進步，若望但究便行，
則舉足一步，直入沒滞地之境地。"同時毎重引，則曰
"論致知則見不可偏論力引則進學有序。"要不察不
理不明察。"作功夫下二字哩，譬即"我實"。心性的
問題，浙派不大讲。他社稷敦厚，主諸實用，差不多有
于王安石的精神。認為當時的学生 —— 國子，不限于
貴族子弟，乃國家作養多子。要他们知道經，通達
故焦，因为他们将来就是统治階級。致用的致知

学，表现的非常好。說："生天地间，岂不知礼天地軍乎。"不要当頌了平時，違法子関，应先重歷到施用的人生引动。大程子号稱是後的豪志"的法。
吕家敢他首，易经说奮绳，而程先生却说意画是現特豪志，叫人不懂。
陳亮(同甫，歙州)气魄更大，有気　其文章纪好，乃豪傑之比，思想並不怎样了不得，可是膽子非常大。
在他们以前考至同时的歷史论讨，都用心用忆，等論王霸，学到了辨，于此肯定，乃是道统的问题。
若講道统，列中间空掉一大段。
　　孔子→孟子→思子→全→　周程。
至近祖澳才说："總统一代宝说之说。適时維持此事。"他以为前庚有鉛，後庚有薑代有事秘說。
你若程先生莘之以黑喑看中国一千多年。与辛疾
(辛適：習堂記言(敦鄉拴藜東十)歡心文集。)
斷为润唱和辛心眼了，其润有云："4良芳满世界，游人未賞，都为与董孔燕！"　"事新說揽出强壓別，把当年一樁大義，折用收合，據c地"伊吾在奈。
蒿里摆股動骨这法橝写成瘀絶！天地怡大户倍關藉，算于中，每堡堡銕！"他是絶到畧的功利主义者，人家著他也就罗心。他說："功到成處，便是有德；事到濟處，便是有理。"是人形容他的法，大概能代表他的精神。这同人家又对实用主义所道："What works is truth, what works is good." 有人批客朱的態度："功有道成，何数有德？事有倘済，何数有理。"这指紀批对於歷史上漢磨观觉的肌定。陳

中国哲学史. 12

更颜亦反对，曰"心之用有不善而亦害民，心之体亦不備而亦害虐。"他这样看历史，岂不是以才俊(侯)侵（陵）王道与霸道之标準是天理与人欲。陈亮与朱子讨论这种问题。以为以"实用"作看历史的镜子。管仲寿齐，都扶植起人，都起得走事情。夫是"天地毒運，而人為毒不息。"我'为如人好事虑，那事到了把一千多年史事都忽略了吗？希望人做个人，不依傍儒者。他的说法比较奇对孩子的一派。"凡得不得之绝孩子者，皆耳目不供，見闻不贯之故地。"——这是孩孩子的话。他们看历史是不斷的须数的应用好，並不是刮去白。自以他们及反孩子孩子之主人。才有人心，便好许多不乾净的朱西，或者稍稍度之差。但不以绝对之標準，要拿历史而输以光明示裁于百姓的几个儒者你们何思。你好標準史上亦不有暗合的機点。结果把朱子气个半死吧。还有一个问题使朱子生气好便是近思錄（朱召合作）中的太极思想，而缺象山起初。 陈亮读他们自以为圣人之道天下之纲者在于己。吓哇他的情代不得了吧，他又达那軽于誇理学好人道。"以端愁拷身为传，以徒引缘说为用，藉茶不可穿淡，以荒老少者，一翻一紋，皆以为不是自道子聖人之道。呈士者死言文章引氣亩以畫心流流孩毒育者，此言政事，而由子遵着人，相誉相赵。以壹虐天下之气，绝于百事不理而已。"以谬害时之毛病.

葉適，也等是致用历史批理的態度。同时他是个文学家，以的文章所常動人。他对于孩的事蹟考畫出到了周分，才注意到孔子，礼刑要事。像孟、孔子，因为是个历史家，搜補文獻，述而不作。孔子充實，或言修己，或言悟思，或言傳意。他讚孟子"用德廣，理法璦寰宇世",有此說,"治道。這叫先道,千載绝学矣。"他評周公络擊辞皆假造。似常有歷史的造就。他正是由外不多。因事說理，所际之通浸也。他经除要依房擾察人心理常于事上見緣。给太逵書好人張楊抛二字本不達激,"以此知趋给简池,末窝亦而终易感也。"

印度佛教史 1

呂澂，印度佛教史墨。
1. 長阿含經 2.14 a. 金七十論（內學院出版）.39
2. 解脫道論（上座）.6
3. 異部宗輪論（內院藏婆本）述記 .42 共3.53
4. 俱舍論 光記
5. 成唯識論
6. 般若經之一種

教史之注意点——其繼續性."佛說"問題。
雖有對大乘譏之為舊瓶新酒（New wine in old bottle），但吾覺講佛教史要看其推演之迹。般若經雖非佛之初說，但其精神是一貫，總切與原始佛說有密切關係。其發展性，其繼續性，始不宜忽也。後之經論，不過於前之經典之延長或解釋，且後起龍象多善擇菁華，不捐字句之間而已。尤其一也。一般宗學家之研究孔出此。於繼續見同，於發展見異，是為經，否則佛教史不立。今之人多忽畧其間連續。

阿含畧說——'阿含'聖典或'聖言意'（Agama）
金七十論："阿含是聖言"為原始教理之依託。通說有'四阿含'或'五阿含'。即長阿含，中阿含，雜阿含，增一阿含，小阿含。長阿含有巴利文本，但大同小異。巴利文本有英譯本 Dialogues of Buddha.

佛教以前的思想界

佛生年不可詳知，大概在西前500年左右，可謂之佛陀時代，其前是吠陀時代，約一千年或二千年之久。此時代尚未造成'印度民族'的氣象。雖厭世而不悲觀。

據"吠陀"經典可知,"吠陀"明義有四部。一較晚,初有三明。長阿含中說謂三明經是。中多歌唱,如用於祭祀者,用於禳祓禳灾者,及用於讚美者。但非印度土著之黑人"大宴"皆有,乃史稱貴族之阿利安人的文物。(Aryan) 約屬此部族,年代不考,只知很早的。其末世,分兩支,一支至波斯,名伊蘭族,亦与阿利安同种。一支至印度,名阿利安族。印土著初為魔鬼教,而阿利安人則為神教。吠陀為很古劇,或說時據未考,尚武功,習遊牧,故多部落。其最崇奉之神為"因陀羅",在中旺細亞時,便已有之。代表一位暴風雨的凶惡的戰神。可見与後来之厭世觀相差甚遠。先据印之西北部,漸及東方。生活容易,遂化而為農業民族。可是還沒有大的戰事或重的問題起来,而安业現世。所集成的歌詠集——吠陀,可知其要求非常簡單。對於 Pusan 二神,清水澤田先當亡數見。唯其道德觀念,然後有闕。Mitra, Varuna 二神,引理世界秩序。有見於世界是一個大系統,是有秩序的嚴重的不可忽畧的。解脫的觀念尚未萌也。因陀羅頗居逍遙,最重報復,侵人而加福祀之不遭受理的殘暴。 輔助祭的人謂之婆羅門,盖用宗教於左右社会政治的秩序,而其婆羅門業遂為文化政治上的最高階級。當時對於祭祀,都以為不可缺者,他們認為祭祀的一种引為祭眾為之,實有大勢力存其間。神与祭祀,祭祀兄於神故,既与土著相處久,便染巫術魔咒之風習,

印度佛教史 2

巫者益盛。土著并有輪迴厭世的觀念，阿利安人一併納之。佛教未生前，1.神之觀念已衰，祭祀意義乏味，道德見解卻日新。神乞精誘於人，并不能幫你解脫。 2.祭祀另更形式，婆羅門後之輪迴才會倍增加強。 3.輪迴代替了現世的沉悶，要求的方面增廣。此民族的覺悟，極可有感，与中國春秋，西洋希臘相輝映。

佛陀出世時印度學術之大勢

在新文化運動中，最有勢力的人物，推釋迦而已。其時婆羅門派的聲價倍，一部分被淘汰，一部分卻有改革。此派新婆羅門的見解，即 Upanisad（奧義書）一支，蓋与佛教有密切關係。釋迦牟尼嘗者 Upa.，但非一切人都崇現，信徒多佛徒。此方中剎利階級人較多。斯時政治上仍為部落，不過長稱王而已，並不太尊威的。出於武士階級，阿利安人之侵入印土地，武士自獲得相當地位。婆羅門腐敗的情形太多，故佛陀每斥之。長阿含卷十六頁十二。三明經第七即攻擊婆羅門的話。

佛後婆羅門的一生分作四部 ——
1.梵行 2.在家 3.林居 4.遊行
林中居住，為少煩擾故。

"孕薈三部" —— 1.吠陀(本經) 2.梵書 3.經書
（釋前二部 有八支）

大人相通常有三十二相。

四等量 Brahma vihāra，慈悲喜捨也。梵住

精舍。vihara 宴坐
三明经一篇即佛与婆罗门讨论生梵天问题。婆
罗门则着重报恩而佛教之四无量心及之，尚慈悲
喜舍也。
长阿含第十五卷有种德经亦反对婆罗门者。
梵引 即同字案。（梵 Brahmana）
Lokāyata 若专望经典而言，此字系用于顺
世外道。（Loka 世, ayata 顺）
卷十五页七，说为婆罗门之条件有五：1. 血统, 2. 状
貌, 3. 颜貌, 4. 持戒, 5. 智慧。
卷十三 阿摩昼经亦对婆罗门。
摩纳年青也。
"黑冥法"指土人之法也，说此可见世时之新运动，
受土人之影响。
"邪命"命者生活或职业也，如八正道中之正命是之。
卷六有四姓经了参看。
佛对释迦族也有不满意之处可见卷十与页十七后面以下。
"沙门"唐言息心，或勤志，都出家。
释如如沙门，其派则奇髪，三衣，一钵一罐一杖，乞食
略备医药。
卷十与页八说苦行事，沙门最重之。（优形梵志经）
裸体外道，偶形卧牛粪上，至今有之。
苦即教徒误认为外道。
苦行意在戒贝之修养，过则成为外道引。
偶形梵志经巴利文中说之为师子"乳经
耀婆塞第有名调连，（挫婆达多）以为耀婆有道变引。

印度佛教史 3

太鬆故，遂起分裂，教團遂分二，說之"破僧"会刹佛及目犍連，善为维持，妮未散盡。釋尊之修行精神，於此可見。調達一派，法顯玄奘至印度時，猶見尚流。

長阿含經最有名的名的一篇，是卷十七的沙门果経，有三四个翻译以上。表示佛对於其他师们的態度及關係。但本文亦很有问題，有好多不同的本子，不辨真似。不過吾人要知当時世尊的處周自己在其實如見，同時，其它的用材料每不能用先前時代的问題。

長阿含經卷十与堅固經。宗教的目的要製造超人，耶教就以为耶穌能造出许多 Miracles 称曰超人。Yoga Sutra 一書说引 Yoga (=集中) 能可得解脱，雖有神通术亦不为奇。佛陀不同意，讀经便答堅固說："我但教弟子於空閒處靜默思道。"

梵動 (東音作綱，動 Jala 網 Cala) 經卷十四中。在破種之迷信。佛亦不絕对強迫不教倾向，以苦意不需此也。第二部分，在破梵学——所谓六十二見。於身心之大關係便知修值。

六十二見 { 1.本劫本見，——現在的，現實的。18見。
          2.末劫末見，——将来的，结果的。44見。

十八本劫本見 { ⓐ. 4常見.
              ⓑ. 4半常半無常見.
              ⓒ. 有邊无邊四見 (边 Anta = end = finite)
              ⓓ. 异問异答 (Shophesta) 4見.
              ⓔ. 无因 2見.

末劫末見44個的研究人的归属問題。佛陀都收之，不遺也。

吠陀末流，已不信神即天。佛則視若4百人，故言眾生、天人均在內。佛的態度甚為寬大，應机方便而說法故。但後繼者，卻以佛等於神大違佛意，深堪不幸。

沙門果經巴利文本，美極。中文譯者並不見得。

羅閱祇即王舍城。

菴婆，果木一類之名。

耆舊童子即壽命童子。

此經中記敘与師等說拂別同經名异。

富蘭迦葉即滿迦葉。富蘭華言滿。

六師中第二名末伽黎拘舍黎。末伽黎之含義乃邪命邪道不相信假定。拘舍羅Gojala与耆那教之尼犍子，同一僧伽(集众義)，同一教令，後二人以見互違，遂各立門派。拘氏主邪命外道Ajivaka 者那(Jaina) 命(jiva)靈魂義既異義。邪命外道或持命外道有命論，廣大分析。考論善惡，与苦經八百四十萬大劫，即了解脫。最後觀等无義。

散若毘羅梨子，巴利原文現已"捕鱔"之派。

阿耆多翅舍鈙婆羅"唯壽威"等見論。

佛教无我无魔，无因，於中華間，建立中道。以後大乘諸論，即宗此法。若謂大乘非佛說，確非妙論。

轉法輪經(佛第一次說說)云不在極端，獨立中道。如是如是，佛說似多有可取，但其建立因善嘗者。

印度佛教史 4.

卷十七第十二，金剛般若經乃辨我空在第二。
Abhisañña nirodha. 想、識、盡定，佛以外無有說者，巴利文中說此多至色，漢印手均空。有說此想（ideation）乃至因六識分等。

世間果經中有云："有因緣而想生，有因緣而想滅"。
十二因緣是佛之特說非斷非常。

想（ideation, consciousness.）
想（生，Jiva. Self. God.）感盡。
常人都謂想生感，故有 Self 或 divine self.
若則 Self，便是非常。但不合 Self 者便不受之義。

義，artha → object 目的，鵠的，或手段 Means.
meaning. 又作財或利益解。金剛偈說的"我
含"含是利益也。

佛辯小說辯，若援人溺，在拯出耳，故勒直入
滅"是直的。
佛成道時，各經都謂其憶得四諦及十二因緣，
為這末說未有。（卷一）
長阿含卷十第十大緣方便經，乃講十二因緣。
"有是生緣"，"有"印等說"存在"。（being）
"取"梵文有攫意。（Grasp）grh
"愛是取緣"之"愛"字 Tanka = Tistifia（希臘教）=
Sorrow = 渴 = Want
"受"（feeling）對外界的感受，不離感情。
"觸"contact.
"名色"名者心法。色者色法。二者合而成一体。斯係意
有構成個体之道，個體別言。

行"造業義"。

若曰十二因緣，由佛獨具？為何其他各道皆不能？但十二因緣，奧義書已有十二緣起之論。此偏於分二支，一支為數論，一支為佛說。二支有許多相同之處。數論以苦為起。金七十論："三苦所逼故，欲知滅此因。"亦即佛所說慧。彼又以為：—

25諦 { 自性 →1 覺 →2 我慢 →3 五唯 —→ 五大13
                                    └→ 十一根24
        ↓
      神我25

自性即三德之別名。神我是立觀者。自性是苦諦觀的對象。三德者，喜憂闇也。合成作覺。喜代表世界的運動變化，憂代表收歛，闇代表未來重物質之活化。無明之別名也。即貪瞋癡也。癡即無明。覺中有識，我慢中有名色。五唯以後，便有生。與佛十二因緣，貌甚相似。其分別甚大。佛說神我故，破自性故。均為 Substence 故。空無性故。十二因緣本示無常，不空，却有生滅義故。

    神我。
  ～～～～～～～
    自性

初轉法輪時，教五弟子，得無垢法眼。勝事法輪經："一切有屬，必須壞滅。"
長阿含卷四，頁十二，引一。"一切萬物，無常存者。"
外道亦不能了者在此。

印度佛教史 5.

苦聖諦——以感情之苦為中心，而兼及慮、功。英有 Pain 与 evil 二字，此盡後者。"苦聖諦者生即是苦，……怨憎會，於愛別離，求不得亦是苦，簡言之，五取蘊，均是苦。"五取蘊，五蘊即色受想行識。取者言家積而感好耍之，故以家積為因抓住不放——取一執。人之種々欲業，皆有果報，因愛取故。維持生命，而有業報。即 Will to live 故苦也。故苦之苦，親因是取；因有取故，輪轉生死。Dukha 意義甚廣，故由此云用此苦多，代表一切不好的方面。且与苦苦互用，因苦苦即苦故。

集聖諦——集即愛 Tanha。"集示能周"，苦之以屬於十二因緣，業為因，親故。愛為緣，疏故。因如種姓，緣如污水，果如微生物。且業係為思業之要因為内心活動，而非外表引為。思者主義，想有之外（意志）故。以苦為果而愛之，遂有十二因緣，業亦包括之。"愛"之解釋甚多，執而聲，而即緣于愛。

滅聖諦——滅愛，業苦即失其用。猶以琉璃之置桌上。

涅槃 Nirvana 本有個義，如涅滅也于之。總佛典中有兩種觀念，①消極——小乘佛教多重之；②積極——大乘提撐之。小乘如滅盡滅，而特滅愛，煩惱等等生死苦，而用到完竟安之實像故曰為涅槃。竟為何境乎入故。阿含則僅言斷去煩惱。後之大乘，表示涅槃即是也。离一切因緣造作，造者為如不生。金七十論"積聚皆代故"，積聚是多物，他指神我。

離人世愛欲便狹，再令有些義，佛弟子會刻佛死，或向佛曰："汝神何往？"佛經云无處寄。淫槃經遊引經中，佛先入禪定，後禪定入涅槃，禪定之乏漸導人愛欲狹淺之手段。最後至滅盡定，想受滅盡故，為禪最高境界。以世人見諸積極主義，誤解甚多，故阿含等諸經，注重導引。以後教理多信涅槃演出。

小乘中有兩種涅槃 ①有餘依 ②无餘依。
依業有果報，業為緣故。成道降生，業印未閒，但有身在，苦不入輪迴，而名有餘依。既去身後，為无餘依。服（Pari）圓也。涅槃寂也。故曰圓寂。

據論世界為自性神我三方面。既見自性、生理界世界，變化无窮，自性又不變易。佛教阿含展破之。

㈠ 無本質 哲學到問原 — 昔人講空寂，而實為无自性之性。

㈡ 无常 — 十因緣 的教具，皆有不同，略與寫得業道理，至上座部便有"刹那生滅"之義。
大乘乃真已之等生等滅"之論，生則滅，而不住，由某本質生或帶滅，故謂之不生不滅而无不。

大乘空寂不講主宰（自性）真无有玩氣界。真動者即變化，本体不動即動，故動者見其諸名而云不動者旅兴怡性而言。動者欲不動，不動必言動，一切之動皆会全体活別，即会活性。无動不活別。動者一部分活动活性也。星球皆動，而全宇宙不動，因動別不全故。宇宙大而无外故。不動即動義，无等外无他故。

印度佛教史 6

(三)至人生——義澤無形，佛仍說法，多針對人生故小乘至個人解脫。1.哲理与人生有接關係，以需餘力，不獨進地。2.人生皆性為一事之兩面。解脫為個人即全体。1.去生.捨身,李係。真的[]真的之法,小乘已有,大乘似佛口說,宗佛說進而來。

長阿含卷十講十二因緣,名色沒有精神活動之身体;其意在眨无我,无我則无常、无主宰、性空故性相之宗向生說出也。

五藴——色即物质、受是感、想是取相,即 conception, ideation. 引是要想之前心外之心理活動. 識即心意. 我者即以五精聚成。雜阿含十二卷有云:"世俗皆說,色身无常,众物是我,佛告弟子,有更菩賢,以心识為我,真不解,四大、假等,百年、識之有地,刹那生滅,更其无常,五藴任一切皆是常,告印无我。"

阿夷多(外道)說人是七分会成,散則解散,也合則人,死後焚化,四大归原,意識归空,只為是色身无我无常,此予佛說,似有同處但断断見。"空執无因,皆若緣觀,究竟是有,畢竟其空,窟黎外于此又執常見,均偏而不中。

業報——因緣不斷、无我不異,業報之說,印士多皆力在不信,印欧西遠去,相推商年有同見。十二因緣,无明緣行,已示其意,見力識狭,故有三毒,引本業意,乃尔有報,引緩緩識,依次而往,因果更當說有輪廻,便有善恶。業以引报,而類无眨,故心无我,以火喻業,草壁人燒,人灭業在,業能引也。

353

① 佛教最重心業，身口意業，意為主故。若人殺世，而無有心，不受果報。動機重於表現故。尼乾子反是，而重身口。中阿含經儈彌離經，佛与聲聞討論及此。

② 佛說輪迴，特別伝意，對論之。神我自性，我与性異，附於"細身"，是即異魂。中土之說，人死為鬼，鬼了受生亦甚尋常。佛理异是，但於業力出是之說，是依空間地上獨完空而克現。業力相傳名實性隨。空寂小說不受，猶會主宰說。儒子部言，佛既說我，又出煩惱痛苦，種之負擔，必有負者，必是有我。重歸邪見。

③ 業報之說，根于三世。然"過者已厭"，未者未生，何假為現？而續不得為斷三世，中有業信。望为外說，惜无實見。等生等威，空宗斯究，西洋二元論者，皆說識之記憶，以為主宰。同發外道。与我之說，正教苦衷，而澤混言。而佛說獨存。

以常人見，續生不朽，孰不欲喜，即人不知，反以為若，乃求速离，故修无生，无生境界，即是涅槃記修之法，勿說回環，非佛獨有，古印医方"病集風道"，瑜伽外道苦集風道。佛以此說，另附新義，与我如對，为聲心要。

印度佛教史 7.

道諦即八正道，婆羅門亦有之，分別甚微，部分言卷九
雜經、卷十增一經，三藏經等數經，于佛教教義
諦之常較具者畫出之矣。

"正志"又作"正思維"，志是有 Will 或決定之意。
(judgment)
正見 → 正志 ┬ 正語
           └ 正業 ── 正命
                    (正精進)

正命（命者職業也）全体的表現也。
"正定""正念"是精神上的修養。以上偏就"戒"講。
(禪定) (四念住) 二者雖有目的與手續不同，
修持与內容不同，然內容都同。最早的解釋，要
推《解脫道論》，初看甚覺諸雜与枝末。但用味之，
啟示极多。如十禪、十一切入、十念、八定等不過
引類較多綜合之，不出四禪八定，至大小乘後
未大異于此。

四禪八定即謂"就"淺深之度，禪、禪那之略也。
禪定妙旨在一貫理行，用心修持为为當義，如說心
解不為了，要修習慣而常熙。如是始可解脫了
綜的狹小的人境。故有八解脫，或說四禪八定。

凡于跏坐禪以前要心注一處，(境 object) 即趨于除脫
欲塵之相。次後持常苦相于任一境。由特殊的
particular 而至其普遍的苦相 (universal)。用語
或信或有異于此，但不多涉之重要理論。

再對于此境作尋求"覺觀"(唐以前之譯語) 伺察的破
尋求较粗，伺察較細。如此初禪而起喜樂，萬物
起阻矣 (smooth)。已而境忘，但有喜樂。如入第二禪

引車也，初別尚覺車是車成是可，熟後馬則忘車，如以木楔別已擴張。

再引"摇"的功夫先平等而不動心。漸之以剝香句，而臻于如想非之想定。

四禪八定、一 ①初禪 ②二禪 ③三禪 ④四禪 ⑤空無邊處 ⑥識無邊處 ⑦無所有處 ⑧非想非非想處 (今經指有頂處。)

此只是禪定之各階段，意在去掉粗之纏繞。心注一境，緣其共相，淺隱之習漸之洗去。

一切世間皆以捨不得丢不下，因有我見，我見來身子。以不淨觀无常觀解脫之。 喜捨苦

喜捨之四無量觀。以四善法訓練心理。

次有五念或十念，念觀佛菩薩(想念佛也。)

四丹有"一切入" (地水⋯)

小乘的時最重禪定，由定得慧，最高處維實慧。

戒→定→慧 (遊引經)

起凡入聖即在人生態度之不同，慧度別以菩薩為支持者。後之佛教，擴大慧的方面，如般若波羅蜜也。

帶數目字的佛教術語，在佛初說時，不是絕對規定，以應機隨緣故。而諸弟子以已聲聞馬異常有不同。以後教團漸感，形感統一的團定的名詞，實為各方的需要。以免諍亂故。佛入滅後，有數"結集"

Sangīti. (San = com. composition = put together.) (gīti 唱也.) 結集法藏，或經論也。有經二次，有經三次，有經四次，但最少有二次。佛教

印度佛教史.8

歷史中雖有詳細記載,但總不可靠的,因'多太多。
長阿含中卷十,十七頁三聚經。(巴利文亦有的Sangīti.)
明為佛入滅後,結集時事,而冒為佛說者。阿含中
十上經因三聚。佛在病時,舍利佛代說。亦明是結
集,托言於佛言也。

結集或'結集時'即難唱之,眾聽之,各異言同處,
便記之。

結集:— ① 王舍城,五百人。 ② 毗舍離,七百。
此兩結集比較可靠。 ③ 波吒釐子城(華氏城)
一千人。只有巴利文載之,結集'多'別說'也。巴利文經一
度之結果集而已。 ④ 亦為一部分的學說,在
迦尼色迦王朝,結集一切有部經典。

結集的歷史,角度所站之觀太淺,顯呈紛亂之現象。
假定佛于西前500滅度。這西後一百年中,七事引
成'十八部'。分部的原有二: ① 戒律上的寬嚴因
教列頗廣,各地政俗風俗種種不同,不能適用同
一之戒律。故而修改。 ②戒律用于國族與大團
體,還難免殊而不同。

據上座部傳說,第二結集,固發起者比丘相信
戒律上的十事多人和之。"角鹽淨"只一事也,大眾佛
教,認為不宜多鹽,說比丘,則偶以牛角之量,
不為不淨。"二指淨"佛教日中以後不食,說比
丘以為不偏過于二指時,尚引進食。故于大會一結
集大會——中欲通過十事,長老等不從之,而比丘大
眾願贊同,遂分裂。長老等成'上座部',比丘大眾
成大眾部。梁僧祐:出三藏集記記律分五部。

唐義淨，齊歸傳亦可同樣之表示。

② 宗派上的關係——佛滅後，眾弟子目多而言殊，地廣而傳異，加以受種種外道之影響，遂大引其派別沉十八。

異部宗輪論說佛滅百年後，值孔雀王朝Acoka，分成兩部，因大天五事發生爭論故。(案artha，了義=判斷=目的，points=指=旨) 贊同大天者為大眾部，反對者為上座部。大眾眾重佛之精神，故頗精進，不大執文字，後之宗，印度組以種趣向。而相宗則較偏守精神于上座。大眾又引為二，上座分為四部，連大眾，雲山(原上座)為二十部也。上座大眾以外有十八，故有稱十八部者。(部 Vada 宗派意見也。如"說一切有部"即一切存說也。英文中之 doctrine, School 也。如若耶教中之引義以基督公理會長會之狀態，都于一"懺悔"故。倍仰周英語 Church 一字，意引部宗諸義是兩異。以佛去世時之提婆達多才狠破僧。) 因宗派關係，故各單由籍不同。漸演為後之大乘。其變化中心問題有四，後心分科，均起於是。

④ 佛陀論——佛滅後，佛徒對釋迦之印象大同。原書佛並不以支說為我見，毫無為教主之意。並遺言曰"依法不依人"。但佛國本土富想像力故，教徒愈多，而佛之人格，因而漸變。則釋迦之生起說法，均蒙瑞兆三昧會，以地動敬筆等。印中國之如孔子，但猶不然。加以佛教本講輪迴，故對其地之代之輪迴，發生很大的關係。希臘等地之故事

印度佛教史 9.

均拉左右，必驅蒙虎爰，及見真究而現佛像畫。證釋迦有前生之境，攙混造多假駆。大眾部便以世尊為神格。(參看世迦中卷二十餘頁) 上座部目的在成阿羅漢，大眾則在成佛。

出世 Lokottara (Loka-uttara) 是 nature super 之意。

一音說一切法，口手地印宣不同。(二) 音我'緒音，音為一義。 常人說話，用代替法，以觀念代事實。佛說是實相与實相不二，佛印實相，本身就是一切。(为柏格森 intuition 之時，不用代名。)

Mahāvastu《廣律》(大事)对律加廣，為大眾部中部書，但已不全，只餘緒論，講佛教歷史未原結集等事。出世部說諸佛均出世，一切律及巴利之廣律是。佛是意生，如画向生不飲不食無情欲，妻为屬女。女為人者，隨世俗故，在家生故，實超世間。獨基督教 Doceticism，主張基督即神。

大眾部已有曰"如來色身等無邊際"實相与为應現像故即有三身說。

佛滅後寬憂，对其好多傳之神，分以下為地位，無法可道之。而佛滅後，神信縁高，佛漸神化，凈土宗拜佛，遂日進宗教化。化地部"信中有佛，故施信者，便獲大果。如別施佛。"大眾法藏部言无菩即佛。"諸窣堵波 Stupa 奥供養業，記獲果也。"即塔中藏佛舍利拜之受某。

法藏部"佛寶在僧中自攝。施佛、别施佛果大如僧言"。

359

寧據假果傳等業轉實有來。

若我無源有二說，若我會我況，今緣繼由已。二者
我實無有，一切無事，而我定無。除此外，佛未言無
關身心等命故。"如"說無我，何有輪迴及per-
sonality? 心理情態連亲成一个整系统？
又於心理情態之下，是有主宰，是有能動力，
次第運轉，前後相接，主宰可掌。
以上幾个問題，乃第有兩層等層的答釋：~
　①犢子部——屬於有我（如西洋之灵现說）
　②大衆部等——第一難釋（如西洋之民心說）
真正以阿賴耶識即說，皆為我說之等層。

"無我"——①犢子部，最受攻擊，以犢部等我說故。
甲看俱舍末卷，成實無我論及成唯識起首。但他亦
有相当的普通見解，以記憶等爱，而承認我故。足部
宗輪論未卷記"補特伽羅所印蘊處藥"⊗
（補特伽羅 Pudgala 有譯作"人"或作"數取趣"
耆那 (Jaina) 教直認"物質"之義。蓋有質核等故。）
"依蘊處界，假施設名"，是念至念，一時至一時，中
間以 Pudgala 為依故。 因佛等經王蘊与我
之問題，而誤部不得不捏，他認"補特伽羅"為不
了說，原不認有了（了即 Known)，即說其地。
以不了說而避免問題故。 ②雖不主我，而
認有深伏微細之識，乃對見聞。據成唯識及攝論
均認大眾部有根本識說。化地部有窮生死蘊
說。經部有一味蘊說。前二異部不執。根本識堪
擔記憶等故，異他識。窮生死蘊不為生死而变始。

印度佛教史 10,

一味蘊即細微意識可輾轉引發的而需"轉部"
味蘊定有特性 essence 義。 此外尚有上座部師
分別論者，現存錫蘭之上座部說（巴利文）甲等為分別
論者，（成唯識論稱為經部）解脫道論可為其據。
此亦有引"識"義。(有 existence = bhava = To be
= being。 与 nga "因義"。全義為 The cause of being
之義。) 如無此細識，深秋潛伏而不現，及受激
動，便起而有心理的活動。有七轉"狀態之識"，"轉
心、見心、愛持心、分別心、令起心、速心、緣事心。"
成唯識"起置出心心。" ①有分心 ②能引發心 ③
見心 ④見心 ④尋求取 ⑤等流識心。⑥決定心
⑦勢用 ⑧返緣心。(俱舍論4卷之根本) ⑨有分心
總不出潛在心理之說。無常我，而有繼續性。
至攝論及成"唯識"主張阿賴耶識後，自己便沈為
另外深細之識。至少有歷史關係。無所"傳"之論師，多
有异同。

法的研究。　　（大眾上座的分裂）

"法"義繁廣，当英文 facts, principles, things 等字。
包括活生及活相之法，亦佛法法律等之法義，乃諸法
之法，或当拉丁文的"data"。因求解脫，故先究宇宙實相，
中有三面：心、色、苦（煩惱、業）三法也。以解脫有次有因諸
意唯分析宇宙之實相，達手解脫之境。于是佛教徒對法
的研究，不能不加以特別的努。Abhidharma (對法)
即整理法的表績，並予以窮晚。此論藏一出，問題逐发
紛披。佛說諸法，無常無義生滅不住，刹那輪廻，刹那
之中有去有今，去者已滅皆不見，現法若實而不住，豎必

"鏡花""水月""氷沫""芭蕉"虛幻言浮。佛對地水火風，並未都言只緣此組成人諸華施，卻不能說有心的元素，如不絕等，以往或未來而成人，現在緣會而有人之假名。擇未有何諍等。由是有說未來無實，有說未來都等。前說積進，大眾部也。後說保未，一切有部也。有部漸屋，問題發生，織本二緣起，故實有好，一方面有人類之心理机圖，一方面有對象性，然後識生，但鏡花夢幻對象何有？過去未來等實無，如何識生，喻出了曉。有類說元素為有，但人見諸蘊，元素等類，不必執有。上座的支流，分化地与經二部。轉變有說，不承先緒。至于義日迎亮揚，兩功之所恢于此無大爭執。般若宗出。人之墮落苦海，心性之蒙昧故，得解脫于心性明寬，"心性本淨"宇宙實相，即個人心性之本真故。但為此說，則不宜有親等子生。大眾部便以為個幻化代表宇宙本性，佛之法身即法性。由雜染煩惱，故說不淨。 人主苦海若假即實耶？煩惱之討論所見最記氣轉論。佛始認人為因緣會而生。因緣之解釋有方多元。從此因緣有一緣起論，當事無性，畢竟空故。 若徑歷史，特法性此相以前之法說，條出之其真相更多。"佛的觀念也是法的觀念。

"果"的探討
 小乘的得果，与大乘不同。小乘成阿羅漢，大乘成佛。阿羅漢說失理論之需要，因羅漢只須漏盡，煩惱都攄，似未相果。阿羅漢于未死前，与平常人，崇揚大我或法身之說，終不有也。大眾上座之最初分裂，因大天五事。Katha-vatthu
                                            韓論 事項

印度佛教史 11

為巴利論藏之一。中據錫蘭上座部的理論抨擊他案，
共第二卷第一節至五節，列五事，並未提及大天。①"餘所誘"
一事，除指天魔，阿羅漢有不淨。②"无知"一事，阿羅漢
己知，不多著人。③"猶預"因事生疑，羅漢不免。
④"他令入"由他悟故。(四事均對阿羅漢) ⑤"首因
声故起"小乗重禪不宜激刺念動，大天以為道念亦由声
起，不得共故。後有對羅漢有退義，不得無生智，
受餘業報。種種証明，羅漢果有多不極。"法身"即佛
佛即實相，以浄一切羅漢之勢更维。以罪生菩眾，
現身濟渡。人人有佛性，都可成佛。願西本階級見己
性，即亦為佛之重机。"菩提薩埵"一詞，釋含多義，
普編即覺，菩提即覺。薩埵(so=Sat(梵文)=eot
esse=being=眾生) 或者同 essence 之義，乃菩薩種，
以覺為其特性，"有情"的意思，指將未得果者。有称
菩薩，亦專指佛而成 普編化了。因此有十地之次序論究，
以達羅漢功足者，称声聞乗，亦菩提者，称大乗。

佛教分裂部時期之歷史：——
①結集—其歷史不多革義。革義者，于佛滅後約百年阿
輸迦王 (即阿育王) 出世，信奉佛教，現有彼時石刻發見，
可給明證，在石柱刻文中，有派人至遠方傳教之筆誤及國
土甚廣，教化大引。但包引猶為未分部以前之上座部小
乗較大乗為早，於兹易見。印度語巴利文佛経是最初最可
貴的材料。復有石刻，當勒佛教分爭之文，分部遂未顯
著，而問題己多。阿育王滅後，歷史若大海之島，島外均
黑暗不可考。

②分部——詳情不明，只曉己有教理演化，因西东傳也，

印土發生名王，曰迦膩色迦王，与漢与希臘均有關係，彼亦贊成佛教，但同時每有雜信如婆羅与申諸天。有石函出土，知其最奉一切有部，有部既勝，必有紛爭又对立之結果。大毗婆沙乃该王朝五百教徒所修記，內容複雜，廣示他說，是見其向辨偽之一分。並且該王与馬鳴為友，而馬鳴為大乘之開山，乃一般人之所相信。但有傳記有与馬鳴共三藏記別至少有二馬鳴。因大毗婆沙中有馬鳴學說，如是則馬鳴雖亦有部師，而為大乘一師亦可能。大乘莊嚴論中馬鳴自稱為化地部，化地部原係与有部相近。因之而大乘于其時有，不能否認。
但大毗婆沙中不久印分為西方東方兩派。分部时代之歷史僅糢糊概見。以後傳入中國，記載已繁，史蹟可于此推知。並代有大德，出陰五印，均有記。晉朝有後僧遊印，法顯有應遊天竺傳一書。中記彼于菩提道場部得大眾部律及論。中乘之經，或為阿含故大眾部，未聞別有專經自案。大眾部論律于當有譯文。並系一切有部，在印當極盛。又大乘於其時已有根本諸經，如方等（或方廣）經般若經等。又，犢子部每因宗試時有混大眾部即其律也。正量部學說，每有逸文。經部用晉末鳩摩羅什譯成實論，論中廣及犢子、一切有、大眾、化地諸部學說。經部之对立派也。
南北朝又加有楞伽思想諸譯，差法相之預說。上座部流引于錫蘭，覺䭾道論為果时，有傳南来，約自錫蘭，彼所譯也。上座部材料始入中土。
其各派在印土剖據情形可細參西域記及義淨等征傳。

印度佛教史. 12

大乘佛教發展之史實。

人、地、時均无詳細的材料。苦而下之，若以教權的中心，則迦膩色迦王時發起。中國的譯雜阿含經中即有大乘涅槃經（最早的材料，乃阿含一種。）無有大乘字樣，若嚴密指出何人提倡何時名何派、何地風氣，均不可考。然為演變之結果，却年輕。一方面不对外道之邪说時有申正。就梵思想，以宇宙實相為中心，而陷含剧堂照亮，与人生宇宙者，有置弗答。奧義書中所標示之真成大梵，實与大乘討論之趣同。或者有与成大乘之緣起。原印土宗教，初有少分婆羅門，至佛之世，神權陵衰。婆羅門重祭祀，而反輕神，少分根本不顾。然至此時（約迦膩色迦王朝）印度神教又興，今有石刻發現，可考之諸王奉神婆谨。羣信他力，阿含本主自助自度。而大乘思想中，他力说反盛。佛不但為宇宙實相，並具成为神權為崇拜之目標。原本佛主大悲濟世，大乘乃化身道。大乘後他達人。教理与神谈成正比例而發展。大乘部中之根意進版——大乘部，都為大乘之先鋒。佛说多事年成二義'。然何以生滅不尽？何以為有？佛答以緣生故。因緣和合，生滅生滅，有为法故。相对相待而有动的作用。有为即緊張，和合，相待等義。凡有合者必散，有生亦有滅，形之苦根，佛之所以不承認。故佛說十二因緣五蘊，均和合義中所建立者。由圖所尔所作皆无常。而有为与包作，梵文中二字混称為一。大乘印發展是義為"過去無体，刹那无常"同佛說之緣生，大乘之後，有說假部"因緣和合而有十二處，而有苦。"(說者主義之主張也，假者，假義也。) 但迢未能觉，现正有在因緣而有。那一刹那亦了指為現耶？故此等依，有為十二處、界、蘊等業，均生滅幻有，假名一有，梵文中即"施設"義。一切一切，均假名安排，均畢竟空寂。而有為的另一面，在名為法。不能以有為之道氣之。此如無絕有為法。此如有為法，狹執訶可了氣也。大乘眾起家向分支均要達眼部而在南印。大般若經說法起南方轉至蓮北。就"識"生于南印，字形宴翻印。後造中論，承襲佛說精神，不拘文字。

空宗的系統，建立較早。最重要的人便是龍樹。榮祥於南印。

另一系統，便是上座末。—

　　上座 → 一切有部 → 經部 → 俱舍 → 唯識

此稱承運，綜絡顯好可考。近人歐陽漸闢以二分，唯識、法相也。彼是研究其過程，群賢贊史精淳。法相為就，唯識為點睛。用此標準，衡諸諸法皆相同。原法相與正理大眾本少分別，不過一講空—講識。一切有部說有75法與唯識百法，組織完同，唯地列或稍岐，均以五位屬之。五位者，色法、心法、心所有法、不相應引法、無為法也。75法者色法11，心1，心所46，不相應引14，無為3。　俱舍亦法75法，盡同有部，經部于75稍有減'載'。成實論列84法，亦大同。　有部說三世實有。但以宾制即生滅故，於以世間所說有為乃法体實有也。俱舍論講三世隨眠，勢用不滅，最著有名。故法体恒有，解釋多端。阿賴耶識之經轉五同此。其不同處，在阿賴耶有不同詳細之講法。用成"唯識"。此不相應引在百法七十五法中均佔一位，中最要者為生住异滅。

印度佛教史 13.

因此外为心色，蓋皆心理狀態，而剎那生滅，似心識可合。"行"为有为，而与心不相應應也。引乃勢用，有功能力量以地大之外，生滅轉變，故有为之者。但諸含生含住含滅含異耶。有因隨相說者，生生、住住、異異、滅滅。有部以为，未免過濫。徑含實痛斥之。似皆徒之外有生等也。生滅等以不名，如可執言。遂含此說有猶豫之樣会。不相應引不過徒他起——依色心分位而起。則向理論密實之境，有條不紊。唯識学說起于西部及北部。我国所譯世親傳，不備參詳。世親本有部，受經部影响，方得含之宏著。受乃兄等著之影响，而有二十論及三十諸論。同時，印土之神教遺信，亦与大乘佛教結合。加了不少神秘色彩。于是佛教終不振。

印度哲学 1.
汤用彤演讲

印度哲學

總綱

Ⅰ. 史的敘述。
Ⅱ. 問題的敘述。
Ⅲ. 學說的敘述。
Ⅳ. A 佛教 B. 外道。

Ⅰ. 一時代 —— ①吠陀時代 ——
　(1) 吠陀經典　(2) 兩時期
　(3) 敘述內容 ── a. 鼙俱吠陀
　　時期　b. 梵書。
②沙門時代 ── (1) 時代轉變運
　B. (2) 宗計之警史 ── a. 吠陀系
　b. 沙門系。③敘述內容。
③整理時代　④印度教時代

Ⅰ.

① 2000 B.C. ── 500 B.C. (周發王時,佛生)
② 500 B.C. ── 250 B.C. (秦始皇時)
③ 250 B.C. ── 800 A.D. (唐德宗時)
④ 800 AD ── 現代。

① 吠陀 Veda 津借說。甲吠陀有四。──
　Rig ── 頌義　Yajur ── 祠義。
　Sama ── 歌　Atharva ──
　Rigveda 与詩經相似,第一首公的神為 Arya
　(亞利安是畢業系) 人之詩歌。此據乃希臘同方系

印度 哲学 2.

狼之於印度，犹之漢族之於華夏。
(乙. 梵書 Brahmana 丙. 經書 Sutra.)

a. 黎俱中，為多神的自然的。崇拜天 Dyāus，神中最要者為 Indra.(因陀羅)引雷雨。③ Agni (次). 三十三天即三十三神意。中又有福祸善惡的報應思想。所以這是祈福的宗教。人和神的關係是交易的商業的形式。如俸神以物，则神降以福。又覺得神和人是平生的，現世的。
(黎俱吠陀時代终.)

b. 梵書時代，Brahmana 与婆羅门一等。因此最重祭祀，典禮儀式非常繁瑣，精錯刻脫，以是乃有專习之不易。新印婆羅门僧人也，其勢力甚大，普通人每日有祭祀。最简者是朱詞。時間最久而繁者如吕詞。(現今佛經) 祭祀的目的，有贖罪，祈福等意義。还要以財物施婆羅门。违則该辈爲怨，敗坏祭祀，求財太奢，故不敷敷。反对者出，沙门是也。

II. 沙门时代。沙门色非佛徒，但有根地的。(沙门 Çramana) 其出現的原因：1. 民智漸高，辩論意起。对於祭祀怀疑。2. 神的崇拜衰，宗教主宰保守，但步迟，道德退取，迟步速之因陀羅為苦逼猎殺，旦时道德上沒有他的地位。3. 但在於人類總有对归宿的需求，遂有智慧的解脱論起。3. 僧侣的廣貪，此佛經中最大攻擊婆羅门的是他们太貪財。"使他们徒他信施"而沙门是苦行的，有苦者對十日不食，比丘一词，便是乞引乞食的意思。他们领正尤者的风气,故称为苦不?
4. 轮回报应的信仰出。即佛教採之。
(り时代对立之原因终)

②. a. 吠陀系,有 Upaniṣad (奥义书)是一种书的名辭,引申吠陀而为系统的整理。但与サモ之精神颇同。是大多數的婆羅門之聽说者所写集復
b. サモ系,有与他,重要者为尼揵子,後為耆那教,及拘舍羅。(佛教毎同时摄出。サモ系与吠陀系有些同点:— 1. 解脫輪回 2. 智慧最高,奥义执智义,佛有三学,智为最高。 3. 裁制欲望,者耶教更是厲害。 他们的不同点:——
奥义书——1. 吠陀系。 2. 有我说,主张自开的人之本质,差相信世界的自我,为"梵"。 3. 我即梵 亦译名 pantheism. サモ——1. 无吠陀。 2. 有他自己的團体与戒律。 3. 大多数主張无我。佛教最顯著像如向有之。
(サモ时代完)

Ⅳ 哲理时代,与サモ时代的不同有:— 原运之雜宴 — a. 吠陀统系,有学者为婆羅門之宇宙与论
甲. 数论 Sāṁkhya. 最早,有说在佛前者。
乙. 瑜伽 Yoga.
丙. 胜论 Vaiśeṣika.
丁. 正理論
戊. 弭曼差
庚. 吠檀多。商羯羅的吠檀多最晚。
b. 佛教统系——斯时分大小乘,小乘有十八部。

印度教

大乘有二派，一者中宗，二者瑜伽宗。前者又周称为法性宗。後者称为法相。前者的菩薩為龍猛，提婆等，後者的菩薩，為無著，世親陳那等。

2.論述內容 a.都重慧上解脫。b.都重方法。好記書字的以及求智的等。同的字出。一方面因为辯論急烈，就讀出个共同尊守的法則。c.對於宇宙人生的全體的根本義的研究是注重果。有这不注重者，則宗派耕之。d.宇宙構成的本體的討論。中年似唯物，实在，唯心莫論，但有地域別的個候不論。e.對於菩薩的研究。有能了解及對果的關係。一個問題下，又有許多派主。

f.有神教的氣紀，黎俱时，有多神教，但後別衰微。而重慧。以後後又還陽。此与佛教同皆是多神論即中國之净土宗，亦有梁神的色彩。

下印度教的時代。普通所了解的神教，崇拜三種身。1.梵天。2.韋紐天。3.戶婆天(天皆神是舊譯者天)凡是信奉这三个神的，都可説是印度教徒(印度教 Hinduism) 他的內容。1.信仰解脫，全是情感的綜合。2.密教形色。有空虚佛之密宗。三身口意象徵密意。久之自滅。3.精力說是崇拜女性的神，有空亂e八糟的事發生。4.童貞觀。是身口意的超之表現，与神相通。

(佛教為什麼銷沉。1.多人棄。2.回教侵入的摧殘。3.婆羅门復興。4.已入精微，普通人不易了解。5.紫密教与有神之精神，失其原形。与印度教分限灌急。一部份為婆羅门部隊收，聚起而为印度教，於是原有的宇宙的真精神在乎情怕而已。玄奘在曲女城，戒日王召開之辯論大會中所舉之佛像等祀以印度教之神。21, 10. 5. 2-4

II.

1. 方法的問題

　a. 起原——事實上當然先有討論事實後有方法，在理論上，則必先有方法。他講的方法，不必盡同於現代論理，現代論理只就理論的一貫部。他们又探宇宙人生的問題特別感覺興味，那秘須真的精詳，故有辯論之精密方法出。這種問題屬印度發生最早，並且最繁茂的。沙門時代更甚矣。甘於氣候之影响的，有相持不下者，便築屋比鄰，辯論不休。有挟金遠行，尋人辯論者，己敗則与之金，或拜師。金七十論的作者，即此種人也。他處出异論，遂集七十公案的書。那先比丘經，Naga Sena 譯作就是。當時印度北部有王名 Menander 彌蘭陀王，与那先討論佛教，遂成是經。中有那先問王曰，用王辯論法，還是用智者辯論法？ 蓋王者辯論必怪王，言豈可言。王遂從智者之辯。 婆羅門与沙門同要出家，出家後，苦攻思考，對於真理有所得時，便返引傳道。不要金鉢，乞食資身，宗派一多，辯論更盛。印有所謂 Nyaya (正理) 一派從此出。建之而出者有 Hetu vidya (因明)，也就是学问。因是故的意思。看圆兄弟時代的定义，有的揮"以宗出故"的話是也。

　b. 問題—— 什麼是理論的標準呢？有的這

印度哲学4

个字说就对哪个字说便妥呢？故有量论的发展。量有多种，有比量，有似量，还有三量五量与量之说。智慧是对于宇宙全体的一种认识，认识便是一切了解而已。理？理自己体会与体验，有所了解便有所智慧。故佛家有所谓转识成智之说。

推理一智识是展转的东西，故大部的知识都由于推理，由已知及未知。已知人皆有死（喻如一部）孔子是人（因）便推到孔子也必死也。那末，依着什么方式或规则便能得到正确的结论呢？因为此便对宗因喻的关系有许多的见解出生。

2. 因果的问题——这问题非常复杂，就我们讨论这个问题的动机也甚复杂。因为这个问题是印土的特产。印土对于人生的解决是要实际的了解的，不像哲学一般的只是理论上的好奇，一方面求真理，一方面因为他们对于人生有最尖刻的感触。

(1) 求全宇宙之因果。宇宙到底为何因事？便是求真理。从智识论之谈，所谓"欲知"。

(2) 求人生之究竟。

(1)' 在黎俱吠陀第十卷（时约纪元前二三千年的）中有对于宇宙，问是何木改造？木即是义，为古代的说 stuff。他内容又说宇宙是一个大精神的集团，但是一个什么神呢？此些皆问题，完全是本质与现象上之论。所以说是他们中间的因果关系，要说较量一，便成两层说，是真便成情繫說。前說說因中有果，因中無果為自有形起上的現象去末呢？屬說是因中無果，佛教說前者的軒宇說。果粗真理，故現象為幻。他們所以不像西洋的一元二元多元之引信就以其出之於因果論上。

(2) 人生苦要，要瘠滅苦，必先苦因。根本的苦就是無常，無常就是生死的怎麼。有生滅，有得失，故之因果故之輪迴。故佛教有所謂四諦，即苦集(苦因)，滅，道 (滅苦的方法)。

3. 自我的問題。— 無色接心理分析的問題
(1) 信仰的起源。— 起於有鬼論。普通說鬼，或有說之為Atman，譯作我神我，或命，無名此對象之長者。

(2) 何謂自我？一也就向題生出許多的解釋來，但是每一解釋都有他的來源。在釋迦時，對於自我的討論極詳。長阿含經，載了多的佛的教訓。中有一部份名梵綱(無你為主)便，每對自我加討論的。有的說自我是色(物質)，這个肉體便是自我。有的說自我非色，但想生。要拿英字表示出來，便是有說自是Soul的，有說是Self的。(Soul 情+志+思。Self 是主宰，是動作的或感覺的起源，他本身卻不是活動或感覺。) 昱知者，受者，或作者都是Self或主宰之麦，大部分都趨重這方面，但是廣指即Pure activity，而沒有內容嗎？

(3) 知者與知的關係。— 知者是純粹的主宰在末活動前就存在，但是所知那个对象，并不

印度哲学 5

知，而能知与达现象，不及本质。假使说世界是电子形成的，但是我们今见山河大地，并未见电子是个什麽东西。以此只在现象上接触，而主宰的心与外界的本质，不能相通，不能认知，其有碍也。且此现象属於心的方面呢？属於东西方面呢？

(4) 自我与宇宙的关係。— 黎俱吠陀中说有宇宙作神。换言之，印对於宇宙说是有秩序的有意义的，而人身系一小宇宙般的有秩序有意义。这有大我+我之关係出。但世界有缺陷（有罪恶）是没有问题的。这罪恶是在们本身有的呢？还是宇宙有的呢？

4. 轮迴业报问题—

起源 — 印度原先没有这种问题，同於那时人皆乐天的。什行时代此种问题才起，有说来是不灭的，有说我是依轮迴业报的路纪，看他依业的善恶，去时受的报不同，就有起出轮迴的说法，业之性质的问题。及何者轮迴？要有我与无我之说，均对此问题而发。佛教既说无我，又是又信轮迴，这在是佛学上的难题。详在知其创立前后，俟下说。

× 5. 解脱问题 — 佛教哲学後，不出解脱这。

3分三：— (1) 戒律 — 合理的动作的法子以後的法则吧。断颈之说属此，者耶教之之。

(2) 最刻苦的 — 耆那苦行者是，不但断其欲，还要苦身，直至现在印度者有此苦行之邪命外道。

(3) 禅定 — 戒律和苦行似偏於外的，此更内倾，以定慧解脱煩惱，達到不思議的境界。以此為主要宗旨者是瑜伽論（六宗之一）佛教亦採之。
(4) 智慧——智慧外尚有識，前已表明。此常禪之於禪之。体証而來。印度挡了不能解脱，必須實証。善業由解生，解由不迷，印度认為真我以智慧解之不必。智慧為何物？（佛）(5) 信仰——前四為自助解脱，此就他力解脱。如淨土之藉他力而往生也。印度教尤是。
即末，用那种來解脱最好呢？ 21,10,12.

印度佛教哲學

一、佛与佛經 佛生於愛比爾，印今尼泊尔，名悉達多姓喬達摩。因為成道後，說法教人，人謂之佛陀，又稱之釋迦牟尼，釋迦佛者他牟尼者珠也。我國古翻譯為能仁。牟尼又有智者的義。像晋了嵐的說法，他死于西前 483 年，印周敬王三七年。據說他活了八十三歲，則生于西前 563 年，周靈王九年也。大孔丘十二年。他是釋迦國的王子，但那時的王子，不過一小部落的首長的子。十九歲出家，得道後，傳教达四五十年。因為他的道很常通議，在世時廣布已甚廣，奉他皆同時的很多國王也。王都信教，北至新疆一帶，西至希臘，東南至錫蘭，遂成功巴利文的佛經。至我國西漢末漢明帝。印度有王曰迦腻色迦，加信佛領土廣及亭月氐等地。又傳佛教入西域，後遂入於中國。經過若干時间的翻譯，成功五千卷的中文佛經。東晉時傳入印度佛教講話。

高麗譯時入日本。唐時入西藏，經過長時的翻譯，成功西藏文的藏經，由此蒙文蒙古蒙古及滿洲的藏經。宋朝時西夏亦翻譯文，成功西夏文的藏經。巴利文中以外，还有不完全的梵文藏。了（凡）佛教傳布之處，各种說問皆受影響，其年代愈久，其間演進，遂有各宗各派出來，如其根本精神一樣。

II. 原始佛教。 佛自說過之經，當然是最早的佛教之經。通常研究這一部分，都根據巴利的藏經，而且根據最早的一部分。他的精神是：1. 重實用——他根本的精神在實際的解脫，不尚空談。對於人的性命沒有關係的學問，就不加察。梵經裡列有六十二見，皆即此也。箭喻經說如果一個被箭射，那末只可快請醫生來把一切不了竟去研究這箭是什麼造的等之無謂問題，以求得解脫之道。他也排斥迷信，不主張拜菩薩占卜等，同時，他教學生時，不重神通。從壁喻經現一班。他也不偏於苦引，那時苦引者，獨坐一木，一餅過日等，佛乃不然之。在未進乳麋時佛曾苦引而至形槁死，及進乳糜後，人漸肥壯。 2. 無常 佛教有所謂三法印，即無常，無我及苦。佛見到一切眾生的煩惱，主要在於無常。一切的事物皆出於我見，但那非常也，我且無常，奈有我的，而當時外道，則主張常識。佛便對於他們的挑著，加以分析，舉了許多證據，代表現的戰場來說明之轉而又說無常例，如大地，瞬息萬變。迨摧若了由这条路走的，就是分析的法相的学问。並且又由十二处十八界去画分析，大分说，又有少分。他一定不需要与心理学相似，他的目的，在求實相故。已身上毫无主宰，因缘而生也。什麽叫依軸子呢？不過是車輪車軸等的東西，除了車輪車軸之外，並无有車撑。從此便有十二因緣了。最後的枢要，在於染淨。当固有人的不净，便有苦的因缘。通别？故有实色也。彭業的連鎖，由奇而下，十二因緣是生死身。佛又說過四諦，苦就是苦果，集便是因，滅便是涅槃，道是方法。 3.涅槃 分析這苦的原因，是了造業由多多的，後勝的，別有方法修鍊，厥有三步。而最高的境界，就是涅槃，寂滅義。脱離了業苦，斬煩惱，生死等的苦痛，亦登彼岸，寂静圆滿的究竟景象中。这个最是不个思議的不可言說的，这是宇宙人生的真相，这是沒有经過矯糅造作的，所以这个内容，就没法說。

Ⅲ.佛说無諍 佛在世時，即有戒律規律了，为戒律也。後因發達廣泛，因時間地而起戒律的变化衝突。佛在世時，自己並沒有看为教主，後来因弟子們太崇拜他了，幾乎將他神化了，就有佛身論。佛主張我，後未也根著，不堪此说，而典争执。佛原沒有法相的经典，在谭宇宙之实相，後来的，對於法相的確定，數目及内容，會有不同的見解，又多崇尊心物，真假等的分別，理論啟的争辯。果之確定，而影響著發生的種種爭执。在說譯乘的的羅漢，後後記譯乘自此莅薩。因野乘时，是

印度佛家哲学.4

学的内容的秘之讨论。小乘有十八部，大乘分为法性法相两家。

Ⅳ. 法性宗　是这十来大众部所承的，在释迦后年的时候。这宗的人物，龙树提婆，经有般若，论有中论百论十二门论大智度论等，在印土无中宗，或中观宗。他们主张的是。

1. 因缘和合——万有均无自性。西洋哲学的初倒及演进，就在讨论自性，讨论本质。至十九世纪以后才有一般哲学家，废下了 Substance 不去问他。法相性的精神，也就有些那样的意思，不多我。此颜色声香之外，再能再找出一个特异的 material 出来吗？我也找不到的。本来如是，便是如是而已，此即真如。　2. 真如（涅槃）
东西如是，你究竟以名相去限制不了，更要拿你那语释逻辑的心理去解释不了，就会有自性哲学的错误，似乎在真实经验之外还有独立的实立。无常之中那里去找常呢？除假名之外，无实根。所以般若理有云，"不依假名，而说实相。"超假名而求实相不可得也。只有实缘。

Ⅴ. 法相宗　出於小乘一切有部中，一切有部要的经部，经部要化俱舍。俱舍一书而后大乘法相部，瑜伽之编有瑜伽师地论，摄大乘论，唯识三十颂，百法唯识论等。这派的人物有无着世亲，护法等师。这便是龙树的唯识宗，内容也极博大。它是对於万物或心与物的关系之解释。在普通的常识，都说有境就接觸西方知識。了是指現在的新'子虛'、萬有皆虛'化電子'，電子人是看不到，与看一一分別'的萬相。我们要說電子是实在的，則此豈不是幻相麼？知識不是錯误的麼。則此二元的或二重的論调，直到十七世纪笛卡尔，洛克等，才提出这論它的困難。而此唯識的解释，可以說是最徹底的解决，及转困難全因為把知識情形 Knowledging Situation 看差了。其实是根不容易搞敎怎的。就是在西洋博览書以後，对於这转倾向，無颜受人尊重。人總以為一切識都困在帝一身，心在身內。其实在身裏的是石頭、子等等，心不是狹的，心在見相私它之中，設心是在身裏，就是野蛮人的鬼在身裏的廣信。唯識者，境不離識也。　21.10.19.